영어 참견러's
연애&중매 십계명

정영숙 지음

영어 참견러's
연애 & 중매 십계명

초판 1쇄 발행 2022년 5월 15일

지 은 이	정영숙
발 행 인	권선복
편 집	오동희
디 자 인	서보미
전 자 책	권보송
발 행 처	도서출판 행복에너지
출판등록	제315-2011-000035호
주 소	(157-010) 서울특별시 강서구 화곡로 232
전 화	010-3267-6277, 02-2698-0404
팩 스	0303-0799-1560
홈페이지	www.happybook.or.kr
이 메 일	ksbdata@daum.net

값 18,000원

ISBN 979-11-5602-803-1 (03740)

도서출판 행복에너지는 독자 여러분의 아이디어와 원고 투고를 기다립니다. 책으로 만들기를 원하는 콘텐츠가 있으신 분은 이메일이나 홈페이지를 통해 간단한 기획서와 기획 의도, 연락처 등을 보내주십시오. 행복에너지의 문은 언제나 활짝 열려 있습니다.

영어, 이렇게 **연애**하라!

영어 참견러's
연애&중매 십계명

정영숙 지음

연애편

How To Learn
English

도서
출판 **행복에너지**

추천의 글

| 이동원 목사 (지구촌 Pastoral Leadership Center 대표)

지금은 바야흐로 국제화 지구촌 시대입니다. 지구촌을 넘어선 가상현실의 세계로 여행을 떠나는 시대입니다. 그런데 이런 국제화를 선도하는 언어는 아직도 영어입니다. 영어를 사랑하지 않고 국제화된 메타버스의 시민이 되기는 어렵습니다. 이런 시대에 영어와 연애하도록 안내하는 중매쟁이가 등장했습니다. 아직도 영어가 어렵고 낯선 분들에게 이 책을 강추합니다. 정영숙 님이 저술한 이 책으로 영어와 연애해 보시길 강추합니다. 그리고 이 신나는 메타버스에서 별을 따는 모험에 도전해 보십시오. 영어가 영적 언어로 바뀌는 모험의 신세계로 함께 떠나 보십시오.

| 정을기 목사 (미국 온나라 교회 원로목사)

정영숙 님은 내가 미국 노스캐롤라이나 샬럿에서 목회할 때 우리 교회에서 교사로 열심히 봉사하던 집사님이다. 1년 남짓한 만남이었지만 내가 아는 집사님은 이성의 예리함과 따뜻하고 여린 심성이 조화를 이룬 보석 같은 분이다. 어떤 명제에 대한 답을 줬을 때, 그것을 그대로 받아들이는 것이 아니라 reasoning을 한 후에 수용하든지, 아니면 새로운 답을 도출하여 제시하는 스타일이다. 이러한 스타일은 생각의 지평과 영역을 무한대로 펼쳐나가는 다양성의 아름다움을 창조한다. 이 책은 그러한 맥락에서 나온 책이다. 그래서 흥미와 재미가 있는 책이다.

| 서진구 목사 (경주두레교회 담임목사)

저자 부부와는 23년 지기입니다. 이 부부의 이름표 앞에 수식어를 붙이라면 저는 기꺼이 "열정의 사람들"이라고 붙일 겁니다. 세상은 뭔가에 미친 사람들이 일을 냅니다. 영어, 너 누구인가? 라는 본질적인 질문으로 40년 동안 영어와 사랑에 빠지신 분! 연인 관계를 넘어 영어의 중매쟁이가 되신 분! 오랜 시간 영어와 연애하며 발견한 저자의 심플한 영어연애 프레임! 심플한 영어 프레임을 통해 여러분 또한 영어 사랑꾼이 될 것을 믿기에 기쁨으로 이 책을 추천합니다.

영어 참견러's 연애 십계명

| 위연심 교장 (분당 한솔초 교장)

이 책은 해나가 영어와의 만남과 사랑에 빠지기까지의 과정과 그녀 삶의 태도와 신앙이 고스란히 녹아있는 자전적인 메시지가 가득 담긴 책이다. 무엇보다 노아의 식구들이 사용한 글자가 지금 우리가 사용한 알파벳의 원조라는 걸 알고 무척 경이로웠다. 또한, 언제나 나를 사랑하고 계시는 하나님을 느끼는 시간이기도 했다. 해나는 이 책에서 14살 때부터 영어와 사랑에 빠져 배우고 가르치면서 터득한 영어요리 레시피를 아낌없이 털어놓았다. 영어를 배우려는 사람과 영어를 가르치려는 사람에게 좋은 지침서가 될 것이다.

| 김권아 영어교사 (구미 3030 영어교습소 원장)

책을 펼쳐 든 순간, 너무 재미있고, 저자가 제 머릿속에 들어와서, 제 생각을 그대로 글로 적어주신 것 같았어요. 저도 항상 학생들에게, "영어를 잘하고 싶니? 그러면 영어와 사랑에 빠져봐~!"라고 늘 이야기하거든요. 책을 읽으면서, 20년 영어교육자로의 제 모습이 주마등처럼 지나갔답니다. 책의 추천사를 부탁하신 '정영숙 선생님'께 감사합니다. 책을 읽으면서, 교사로의 제 모습을 다시 한번 되돌아볼 수 있었고, 고민되었던 부분들에 대한 해답까지도 얻을 수 있었네요. 이 책은 '영어 연애 십계명'과 '영어 중매 십계명'으로 나뉘어 있어요. 영어를 오래 배워 왔지만, 실력이 잘 오르지 않는 성인 학습자들에게는 '영어 연애 십계명'을 꼭 읽어보길 추천해요. 또한, 영어를 열정적으로 가르치면서 올바른 방향으로 나아가고 있는지 확인해 보고 싶은 영어교사와 자녀의 영어 교육에 대해 고민하는 모든 학부모에게 훌륭한 지침서가 될 것이라 확신해요. 만약 새내기 영어 선생님들이 '영어중매 십계명'을 읽고, 이 방법으로 가르친다면, 분명 '최고의 영어 선생님'이 되실 수 있을 것입니다. 전 이 책을 읽은 후부터는 <연애&중매 십계명>을 되새기면서 수업을 하고 있답니다. 여러분도 이 책을 읽고, '꼭' 영어와 사랑에 빠졌으면 합니다.

CONTENTS

영어 참견러's
"영어, 넌 누구니?"

영어 참견러's

영어, 넌 누구니?

Prologue

Recipe for English Learning

비 오는 날, 아들과 외식을 하고 집으로 돌아가던 길이었다. 우산을 받쳐주는 아들이 비를 맞을까 봐 아들 쪽으로 우산을 밀어내던 때였다. 갑자기 아들이, "엄마, 여자는 참 이상해, 여자 친구에게 우산을 씌워 주었는데, 자신이 비를 더 많이 맞았다면서 화를 냈어!"라고 말하는 것이다. 그리곤 몇 년 동안 여자 친구를 사귀지 않는 듯하더니 요즘에 다시 연애를 시작했다. "그런데, 마음을 확 주지는 않으려고 해. 예전에 상처를 너무 받아서~"라는 말을 하는 것을 보니, 고등학교 시절 멋모르고 했던 첫사랑과의 연애가 너무 힘들었나 보다. 이렇게 사랑은 힘들고 아프다. 내 마음대로 되지 않는 것이 사랑이다.

의사이자 『사랑 수업』의 저자인 윤홍균은 누군가를 사랑할 수 있는 능력을 '사랑력'이라고 말한다. 어떤 대상에 시간과 관심을 쏟느냐가 성공과 삶의 질을 결정한다고 하는데, 나의 사랑의 대상은 영어다. 14살 사춘기에 시작된 영어와의 첫 만남을 시작으로 지금까지 40년이라는 긴 세월이 흘렀다. 다른 언어와도 잠시 사귄 적은 있지만, 아직도 내 가슴을 설레게 하는 대상은 여전히 영어다. 영어로 인해 낮은 자존감이 회복되었고, 삶이 풍요롭고 행복해졌다. 그렇다고 영어와 사귀는 여정에 꽃길만 있었던 것은 아니다. 힘겨울 때도 있었고, 내 마음대로 되지 않을 때도 있었다.

또 다른 사랑의 대상은 요리다. 요리할 때면 어린 시절, 소꿉놀이하던 그 시절로 시간 여행을 떠나곤 한다. 호박꽃과 줄기로 계란말이를 만들어, "맛있게 드세요!"라고 말하면서 놀고 있는 내 모습이 보인다. 그때부터 누군가에게 음식을 대접하고 싶었던 모양이다. 2007년, 미국에 도착 후, 얼마 되지 않아 교회에서 만난 젊은 미국 목사인 Tim의 집에 초대를 받았다. 마당에서 패티를 굽고 있었는데, 땀과 연기로 범벅이 된 얼굴로 미국 생활에서 힘든 점이 무엇인지에 관해 나눈 짧은 대화가 내 기억에 고스란히 남아있다.

Tim : "What is **challenging** to you?"

Me : English, the Language Barrier!

Tim : It's natural. What else?

Me : Hmm. Nothing. Just reading papers from children's
school…….

왜 이토록 짧은 대화가 기억에 이리 오래 남아있는 것일까?

우선, 'challenging'이라는 단어가 불쑥 나와 잠시 당황했다. '도전적인? 아~ 어려운 일을 말하는 거구나!'라고 생각하곤 빠르게 "English!"라고 대답하자, 예상외의 대답이 나왔다. 언어 장벽은 자연스럽고 당연한 일이니, 그 외 다른 문제는 무엇인지를 묻는 것이었다. 사실, 영어로 소통하면서 약간의 불편함은 있었지만, 그렇다고 그리 어려움을 느끼진 않고 있었다. 하지만, 외국인으로서 영어사용에 대한 어려움을 '당연한 것'으로 인정하는 말에, 나 자신이 벌거벗은 임금이 된 듯한 기분이 들었다. 나름 '영어로' 치장한 멋진 모습인 줄 착각했는데, 실제 원어민의 눈에는 외국인으로 보인다는 사실을 알게 된 순간이었다.

수제버거와 함께 식사 시간에 나온 콩 반찬side dish이 맛있어서, 부인에게 조리법을 묻자, 작은 카드에 빼곡히 적어놓은 레시피Recipe를 가져왔다. 그 부부에게서 낯선 이방인을 사랑하는 법과 누군가를 위해 요리 레시피를 적어놓는 매너manner를 배울 수 있었다.

작년에 이사를 위해 짐 정리를 했다. 무엇을 버리고 무엇을 가져갈 것인가에 대한 고민과 함께, 40년 영어 인생도 정리해야 할 때가 되었음을 느꼈다. 마침, 3년 전 꿈에서 얻은 10가지 재료가 미리 준비되어 〈영어 연애 십계명〉이라는 영어요리를 만들 수 있었다. 영어의 맛을 잘 알 수 있도록 레시피를 최대한 간단하고 쉽게 적으려고 애를 썼는데, 콩 요리에 비하면 만들기 어려운 요리였다. 그래도 영어와의 연애를 원하는 누군가에게 도움이 되길 바라는 마음에 정성을 다해 만들었으니 레시피에 따라 직접 요리해 보길 바라본다.

최근에 어느 아빠가 공개한 초등학생 아들의 일기에서 "영어야, 나랑 사이좋게 놀자!"라는 문장을 보았다. 영어와 좋은 관계를 갖고 싶어 하는 아이의 마음이 고스란히 담겨있다. 그러한 마음은 어린 학생뿐만이 아닐 것이다. 젊은 날, 20여 년 동안 사교육 기관에서 유, 초, 중, 고 학생들에게 영어를 가르쳤다. 그곳은 나에게는 안락한 장소Comfort Zone이자 영어 놀이터 English playground였다. 하지만, 육체의 연식이 오십이 가까워지면서 눈이 침침해지고 가르치는 것이 힘겨워지기 시작하던 어느 날, 빅 데이터라는 도토리가 내 머리 위로 떨어졌다.

빅 데이터Big Data가 무엇인지 그 정체가 궁금해졌다. 학원을 탈출할 계획과 함께 그 도토리를 따라가 보니, 4차 산업혁명이라는 도시에 이르렀다. AIArtificial Intelligence 인공지능라는 신인류 이웃 로봇이 살고 있고, 자동차가 스스로 움직이고, 아바타가 나의 삶을 대신해 주는 메타버스Metaverse라는 새로운 문명이 나를 반겼다. 그곳에는 메가급 IT 기업과 자동화 공장Smart

Factory이 있다. 바벨 피시Babel Fish와 같은 자동번역기와 동시통역기가 다양한 언어를 바로 번역과 통역을 해주어 언어 장벽Language Barrier이 전혀 없는 곳이다. 아직은 그 도시 거주민은 아니더라도 언젠가는 이사를 해야 하기에 계획을 세워야 한다. 이제는 무엇을 버리고 취할 것인가의 문제가 아니다. **바로 '인공지능 시대, 영어와의 연애를 계속해야 할까?'의 문제이다.**

이 질문은 누군가에게는 무의미하고 또 누군가에는 명백한 질문일 것이다. 하지만, 오랜 시간 영어를 짝사랑해 오거나 영어로 인해 몸과 마음이 지쳐있다면 시급하게 물어보아야 한다. 이 질문은 내게도 중요하다. 왜냐하면, 본격적인 〈영어 참견〉이 시작된 출발점이니까. 그나마 나처럼 질문하길 좋아하고 남의 시선에 개의치 않는 테스 형소크라테스: 그리스 아테네 철학자이 나를 응원해 주니 다행이다. 『소크라테스 익스프레스』의 저자인 에릭 와이너에 의하면, 소크라테스가 대화를 사랑하긴 했지만, 대화를 그저 자신이 가진 도구 중 하나로 보았고, 그 모든 훈수질에는 하나의 목표가 있었다고 한다. 그것은 바로 **자기 자신을 아는 것이다.**

02
영어 연애담

Engstory

누구에게나 추억으로 남아있는 연애담이 하나 정도는 있을 것이다. 나에게는 영어와의 연애 이야기가 있다. 영어를 좋아 하셨던 아빠는 가끔 누군가와 영어로 전화통화를 하셨다. 청소기를 돌리실 때는 "Yesterday~ why does the sun go on shining?" 하며 팝송을 부르곤 하셨는데, 그때 들려온 영어 소리는 사춘기 소녀의 마음에 알 수 없는 여유와 기쁨을 주곤 했다. 그때부터 영어와의 로맨스가 시작된 것이다. 영어와의 본격적인 만남은 'I am Tom.'으로 시작된 중학교 1학년 영어 교과서에서 시작되었다. 그때 처음 배운 알파벳 26자는 너무나 쉬웠고, 선생님이 읽어 주시는 영어 교과서 문장들이 내 귀엔 감미로운 음악처럼 들렸다.

언어에도 감정이 작용한다는 사실을 최근에 알게 되었다. 영어를 좋아하게 된 것은 단순한 사랑의 감정처럼 이유 없이 시작되었다. 교내 영어 암송대회에서 친구와 함께 강단에 섰는데, 운동장 끝에서 왔다 갔다 하시는 선생님들 모습이 다 보였다. 친구와 대화 중에 실수하자 "I am sorry!"라는 말이 나왔다. 어느 날, 영어공부를 한다고 영어책을 펴고 앉아 눈으로 읽고 있는데, 평상시 말이 없으시던 아빠가 충고 한마디를 하셨다. "영어는 입으로 하는 거야!" 이후, 아빠의 말씀대로 영어책을 소리 내어 읽었고, 3학년 교내 말하기 대회에서 1등 상을 받게 되면서 영어에 대한 자신감이 높아졌다.

고1 때 잠시 다닌 고등학교에서 독일어를 배웠는데, 발음도 듣기 거북했고, 여성, 남성을 따로 사용하는 것이 어색했다. 전학 간 학교에선 친구들이 이미 일본어를 배우고 있었기에 몇 달간 혼자서 공부를 해야 했다. 그런데, 갑자기 대학 입시에서 일본어 과목이 없어졌다. 그때부터 영어공부를 하려니, 수업은 완전 100% 강의식이었다. 선생님은 칠판에 빼곡히 적어놓은 영어 문장을 분석하면서 늘 설명만 하셨다. 모의고사 성적이 좋지 않은 날엔 치마를 입은 여학생들의 엉덩이를 몇 대씩 때리곤 했다. 그즈음 해서 나의 영어에 대한 자신감과 흥미는 바닥을 치고 있었다. 그러다가 한 작은 영문법 책을 발견했고, 두세 번 읽은 후에야 장문 독해가 되기 시작하였다. 그래도 여전히 영어와의 힘겨운 싸움은 계속되었다. 대입 시험 후, 성적에 맞게 담임이 정해준 입학원서를 가지고 집 근처의 대학교를 방문했다. 그때, 같은 고등학교 친구가 쓴 '영어교육과'라는 글자를 슬쩍 보게 되었다.

순간, 영어에 대한 첫사랑의 기억이 떠올랐다. 마침 옆에 계신 상담 교수와 대화를 한 후, '영어교육과'를 지원했다. 10대에 한 일 중에 가장 잘한 일이었다. 대학 입학 후, 4년 동안 오직 영어와의 사랑에 푹 빠질 수 있었다. 영어교육과 주최로 한 연극에서는 배우는 아니었지만, 스태프로 참여해 미국 원어민과 얼굴을 마주 보며 대화를 나눌 수 있었던 즐거운 시간이었다.

몇 년 전, 호주에 사는 대학원 선배가 논문 발표차 학교에 왔다. 영어학습법과 관련한 논문을 썼는데, 나에게 **어떻게 영어공부를 했는지를 물었다.** 그런데 난 대답할 수가 없었다. 따로 학습법도 전략도 없었기 때문이다. 순간, 타임머신을 타고 대학 시절로 가보았다.

「수업 전에 영작문 과제를 하면서 쓰고 고치기를 반복하고 있다. 공강수업이 없는 시간에는 어학실Lab실에서 영어회화 CD를 들으면서 따라 읽고 있다. 수업 후에는 도서관에서 웹스터 영영사전을 펴놓고 영자신문인 코리아 헤럴드Korea Herald를 읽고, 어떤 날엔 영어 말하기 스터디에 참여한다. 밤에는 의상실을 하시는 엄마를 도와 단추를 달거나 치마 밑단을 꿰매면서 CNN 뉴스를 듣거나 외국영화를 보기도 한다.」

대학 졸업한 지 딱 30년이 지났다. 결혼 후 지금까지 가계부를 영어로 기록하고 있다. 요즘에도 코리아 헤럴드 신문을 읽고, 영어 뉴스나 드라마를 시청하기도 한다. 운동이나 산책을 할 때면 유튜브를 통해 다양한 강의나 TED 강연 혹은 영어 원서를 읽는 방송을 듣기도 한다. NIV^{New International Version} 영어 성경을 읽고 녹음하는 카톡방을 운영하고 있고, 영어 말하기와 영어 성경을 읽으면서 삶을 나누는 모임을 하고 있다.

영어와의 첫 만남이 이루어진 14살 사춘기 시절부터 54세가 된 지금까지 영어와 함께한 40년의 인생이 나름 괜찮았다고 나 자신에게 말하곤 한다. 하지만 세상이 바뀌고 있다. 영어와 백년해로百年偕老 부부의 인연을 맺어 평생을 같이 즐겁게 지냄 하기 위해 테스 형에게 질문해 본다. "형! 인공지능 시대, 영어와의 연애를 계속해야 할까요?" 테스 형이 반문한다. "영어는 누구이며 왜 사귀려 하는가?" 나 스스로 지혜를 낳게 하려는 의도다. 아포리아Aporia 그리스어, 난관에 빠지고 만다. 나이 50세 되던 해에 운영하던 학원을 정리하였다. 그러자 몸은 너무나 편한데 이상할 정도로 허전함이 밀려왔다. 그때 지나온 과거의 삶을 회상하면서 던진 질문이 바로, '나는 누구인가?'였다. 그래서 이번에도 같은 방법을 사용해 본다. **"영어, 넌 누구니?" 영어와의 연애를 위해서도 그 정체성을 아는 것이 중요하다.** 왜냐하면 지피지기 知彼知己 백전불패白戰不敗 혹은 백전백승白戰百勝 즉, 상대와 나를 잘 알아야 싸울 때마다 승리할 테니까 말이다.

03
영어, 넌 누구니?
Source Language

대학교 2학년 영어학 수업에서 알파벳이 영국도 미국도 아닌, 현재 팔레스타인 지역에 해당하는 **고대 가나안의 북쪽 지역에서 문명을 이룬 페니키아인이 사용한 글자라는 사실을 알게 되었다.** 그들의 문자는 22개 자음만으로 되어있어 배우기 쉬웠고, 기원전 1400년에서 900년경까지 갤리선Galley을 이용한 해양 무역을 통해 유럽과 북아프리카에도 전해졌으며 로마자가 만들어지는 원천이 되었다. 그리스인들이 페니키아 자음에 α Alpha, εEpsilon, ηEta, ιIota, οOmicron, υUpsilon 6개의 모음을 추가했다. 하지만, η에-는 ε에의 장모음으로 분류하기에 모음을 5개라고 말한다. 그들의 첫 번째 글자Alpha와 두 번째 글자Beta를 이어서 알파벳Alphabets이라는 그리스 문자가 만들어졌다. 그 후 로마 문자Latin Alphabets 라틴문자로 사용되어, 남유럽 서부, 서, 중유럽, 동유럽 일부, 아프리카, 남북 아메리카, 아시아, 오세아니아 등 전 세계에 걸쳐 사용되고 있으니, 놀라운 언어다.

나를 더 놀라게 한 것은 페니키아인들이 살았던 땅이, 성경에 나오는 대홍수 사건 이후 노아의 세 아들인 셈, 함, 야벳 자손이 살았던 가나안 땅이라는 것이었다창세기 9:18. 노아의 첫째 아들 셈의 자손인 아브라함이 기원전 약 2000년경 하나님의 부르심을 듣고 가족을 데리고 간 곳도, 기원전 약 1200년경 이스라엘 백성들이 이집트에서 약 430년 동안의 힘겨운 노역 생활을 마치고 인도된 땅도, 바로 그 가나안 땅이다. 존 앨지오 John Algeo와 토만 파일즈Thoman Pyles의 『영어의 기원과 발달 제 5판』에 의하면, 셈어족Semitic, 노아 장남의 이름과 함어족Hamitic, 노아 차남의 이름은 많은 음성적, 형태적인 특징을 가지고 있다. 언어학자들은 그 근거로 이 두 어족을 셈함어족Semito-Hamitic이라 부르며, 오늘날 아프리카 아시아어Afroasiatic를 통해 서로 관련된 것으로 학자들이 보고 있다. 다만, 야벳 어족Japhetic, 노아 삼남이라는 이름은 오래전에 쓰이지 않게 되었다. 결론적으로, **노아의 식구들이 사용한 글자가, 지금 우리가 사용하는 알파벳의 원조이자, 인류의 조상 언어**Source Language**라는 말이다.**

온 땅의 언어가 하나요 말이 하나였더라.
창세기11:1
Now the whole world had one language and a common speech.
Genesis11:1

언어에 특별한 관심을 보였던 윌리엄 존스라는 영국인 대법관은 인도에서 고대 언어인 산스크리트어를 배우면서 그리스

영어 참견러's 연애 십계명

어나 라틴어 등의 단어가 비슷하다는 점을 발견한 후 언어를 연구했다. 콜카타의 아시아틱 학회에서 연구결과를 발표한 날인 1786년 2월 2일은, 언어 연구의 역사상 기념할 만한 날이다. 바로 산스크리트어, 그리스어, 라틴어, 이 세 가지 언어가 공통된 조상 언어에서 갈라져 나왔음을 공표한 날이기 때문이다. 오랜 시간에 걸쳐 여러 지역으로 흩어진 각 종족, 문화, 문명권이 같은 조상 언어를 소유했다는 존스의 뛰어난 발견은 이후에 나온 모든 연구로 사실임이 뒷받침되었다. 그 후, 19세기 비교 언어학자들의 연구로 이 언어를 인도 유럽어Indo-European Language Family로 명명하였는데, **바로 성경에 나오는 바벨탑의 사건이 사실이었음을 증명한 것이다.**

그러므로 그 이름을 바벨이라 하니 이는 여호와께서 거기서
온 땅의 언어를 혼잡하게 하셨음이니라.
여호와께서 거기서 그들을 온 지면에 흩으셨더라.
창세기 11:9

That is why it was called Babel—because there the Lord confused the language of the whole world. From there the Lord scattered *them over the face of the whole earth.*
Genesis 11:9

하지만, 조상 언어로 불리는 이 인도-유럽어는 더 이상 존재하지 않고, 언어는 지금도 계속 달라지고 있다. 바벨Babel은 여

러 가지 언어가 섞여서 서로의 말을 이해하지 못하는 상황을 말한다. 이동원 목사의 『창세기에서 배우는 창조적 인생』에 의하면, '바벨'은 본래 '하늘 문'이라는 뜻으로 '하늘에 들어가는 문'인데, 발음을 조금 달리하면 '혼잡, 혼란confusion'이라는 뜻이 된다. 똑같은 단어인데, 어디에 악센트를 두느냐에 따라서 전혀 다른 두 개의 뜻이 된다. 하나님이 바벨탑을 무너뜨린 후, 총 72개의 언어가 생겼다고 보고 있다. 그 이유는 노아의 세 아들인 셈, 함, 야벳에게 각각 26, 32, 14명의 자손이 있었기 때문이다.

그렇다면, 전 세계의 언어는 몇 개나 될까? 에스놀로그에 의하면 현재 알려진 언어의 수는 7,139개다. 에스놀로그 Ethnologue는 Ethnos그리스어: tribe or nation+Logue그리스어:-logos or language의 합성어compound word로 '민족어' 혹은 종족들의 언어라는 뜻이다. 각 나라의 본토 언어로 된 성경을 제공할 목적으로 잘 알려지지 않은 언어들을 연구하는 기독교 언어학 봉사단체다. 세계은행의 발표에 의하면 현재까지 약 229개의 국가가 존재한다니, 세계 언어의 수가 나라 수에 비교해 30배 이상으로 많다. 같은 성대와 발화의 구조를 가진 인간이 어떻게 해서 이토록 수많은 언어로 말을 하게 되었는지에 대한 의구심의 실마리가 조금은 풀린 듯하다.

14년 전, 미국 NC North Carolina 주에 있는 샬롯 Charlotte이라는 도시에서 일 년 반 동안 거주한 경험이 있다. 그곳에서 인도인, 중국인, 일본인, 멕시코인들을 동네에서 만나 영어로 소통하면서 영어가 세계어임을 실감하였다. 그 후에 방문했던 캄보디아, 일본, 이탈리아, 그리고 프랑스 여행지에서는 영어만으로는 소통이 되지 않았다. 앞에서 말한 네 나라의 사람들은 미국이라는 나라에서 영어로 소통해야만 했고, 영어를 공용어나, 외국어로 배운 사람들이었다. 하지만, 캄보디아를 비롯한 4개국의 사람들은 자신들의 언어만을 사용하려는 의지가 강해 보였고, 굳이 영어를 배우거나 사용하려는 노력을 하지 않는 듯 보였다. '영어가 다 통하지는 않는구나!'라는 사실을 깨닫기 시작한 것이다.

하지만, 『세계사를 품은 영어 이야기』의 저자인 필립 구든 Philip Gooden에 의하면, 만국 공통어를 바라는 마음은 인간의 본능이라고 한다. 아직 **영어가 만국 공통어가 되지는 않았지만, 현재 세계에서 가장 인기 있는 언어이자 글로벌 언어** Global Language**라고 말한다.** 1945년 국제연합 UN이 설립된 이래로, 영어는 국제연합의 공식 언어들 가운데 하나다. 현재 73개국이 영어를 공용어로 사용하고 있고, 언어 사용국가 수를 기준으로 총 99~106개국의 가장 많은 나라에서 영어를 사용한다. 또한, 현재 인터넷 웹사이트의 70~80% 이상을 차지하는 인터넷 언어이자, 과학 언어요, 기술 언어요, 비즈니스 언어이다. 해외 여행지에서도 영어를 사용하면 대부분 통하기에 자유롭게 여행을 다닐 수 있다. 따라서, 영어가 글로벌한 이 시대에 '의사소통의 표준'이 되었다고 말할 수 있다. 이러다간 역사의 시계를 되돌린 듯 영어가 만국 공통어가 될지도 모르겠다. 하지만, 바벨탑에서 이름을 따온 듯한 가상 속의 바벨 피시Babel Fish: 자동 번역기가 현실 세계에 등장하는 그날이 온다면, 아마 이런 뉴스를 듣게 될 것이다. "에스놀로그에 의하면, 현재 알려진 언어의 수는 1개다."

영어 참견러's 연애 십계명

04
영어와 사귀기
Dating with English

나: 예은이가 외대 아랍어학과 1차 합격해서 면접을 봤다며? 축하해!

지인: 고마워요. 아직 면접 결과가 나와 봐야 알아요.

나: 수시 면접에 어떤 문제가 나왔는데?

지인: 빅 데이터(Big Data)에 관한 질문이 나왔대요.

나: 그게 뭔데?

지인: 모르겠어요.

5년 전 지인과 나눈 대화다. 아파트 뒷산으로 강아지와 함께 아침 산책길에 나섰다. 지난밤 내렸던 비 때문인지 머리 위로 도토리가 하나 톡 떨어진다. 강아지가 놀라 짖는다. 이게 뭐지? 태어나 한 번도 본 적 없는 물체가 하늘에서 갑자기 떨어졌으니, 강아지가 놀랄 만도 하다. 나도 빅 데이터라는 도토리의 정체가 무엇인지 알기 위해 학원을 탈출할 계획을 세웠고, 그 후 긴 여정이 시작되었다.

'AI 시대, 영어와의 연애를 계속해야 할까?'라는 질문을 마음에 품은 채, 코엑스에서 개최한 교육 박람회에 참여하였다. 참가비가 무료에다 리시버Receiver까지 제공된 자리였다. 영어는 한국어로, 한국어는 영어로 동시 통역관이 통역 부스에서 통역을 돕고 있었다. 자리가 꽉 차서 리시버 없이 앞자리 한쪽 구석에 앉아있었다. 싱가포르에서 오신 과학자가 'AI와 영어교육'에 관한 강연을 시작하였다. 부인이 한국 드라마에 빠져 있다는 말에 난 웃음이 터졌다. 그분이 시선을 돌려 구석에 있던 나를 바라보았다. 리시버를 끼고 있던 다른 사람들은 아무 반응이 없었다. 그 넓은 자리에 둘만 있는 느낌이 들었다. **강연자의 말을 바로 이해하고 공감하고 반응**Reaction**한 사람이 나뿐이었기 때문이다.**

다음 해에 다시 참석하였다. 이번에는 일찍 도착하여 리시버를 사용할 기회를 얻었다. 리시버의 사용법과 통역관이 어떻게 통역을 하는지 궁금했기 때문이다. 사용한 지 몇 분 만에 바로 꺼 두었다. 이유는 강연자가 말하는 영어의 뉘앙스와 감정이 하나도 전달되지 않았고, 통역관의 통역을 듣느라, 강사의 말에 집중하기 힘들었기 때문이다. 무엇보다 한꺼번에 두 언어를 들으니 뇌가 상당히 피로해졌다. 동시통역기가 상용화된다고 하더라도, 이러한 '피로감'에 대한 문제가 어떻게 해결될지 궁금해진다.

2016년 알파고AlphaGo와 이세돌의 바둑 대결을 통해 'AI 시대'가 시작되었음을 알리는 팡파르가 전 세계에 울렸다. 그 후, 1년이 지난 2017년에 국제 통역 번역 협회IITA 주관으로 인간과 AI가 번역으로 2차 대결을 벌였다. '인간 번역사와 인공지능의 번역 대결 행사'라는 이 대결에서 인간 전문 번역사 4명과 네이버 파파고, 구글 번역기, 시스트란 번역기 3개가 즉석에서 번역 대결을 펼쳤다. 번역 정확도 등에 따라 승패를 가르는 방식으로 진행됐다. 한영 번역한글을 영어로 번역과 영한 번역영어를 한글로 번역의 대결 결과, 한영 번역에서 인간 번역사 팀은 30점 만점에 평균 24점을 받았고, 번역기는 평균 11점이었다. 영한 번역에서도 번역사들은 평균 25점을 받았고, 번역기는 13점에 그쳐 번역 대결에서는 인간이 이겼다고 자축했다. 정확성 면에서는 인간의 승리였지만, 속도 면에서는 인간 대 기계번역이 50분 대 10분 미만으로 큰 차이가 나는 대결이었다. 한국 번역학회 회장의 말처럼, **'기계번역을 활용할 줄 아는 번역가'를 기르는 교육이 시작되었음을 알리는 신호탄이었다.**

컴퓨터로 언어를 번역하는 현대적인 개념의 '기계번역'은 1950년대 들어 본격적인 연구가 시작되었다. 요즘의 '신경망 기계번역'은 사람의 뇌가 학습하는 과정을 본 떠 만든 AI 머신러닝 Machine Learning 위로, 전체 문맥의 의미를 파악해 예전보다 자연스러운 번역 결과를 보여준다. 점점 SNS를 통한 언어 빅 데이터가 축적되면서 기계번역은 빠른 속도로 발전 중이다. 내가 다니는 지구촌 교회에는 글로벌 예배부가 있다. 그 안에는 영어, 몽골어, 일본어, 중국어, 그리고 이주자 예배부가 있다. 약 15개국에서 온 이주자들과 유학생들 그리고 노동자들이 교회에서 한글도 배우고, 의료, 법률 서비스도 받고, 예배도 드리는 곳이다. 그중 이주자 예배부에는 한국어나 영어를 둘 다 하지 못하는 사람들이 많다. 그들의 언어를 통역할 수 있는 봉사자가 오시거나, 통역 앱을 쓰긴 하지만, 다양한 언어 장벽을 넘어 서로 소통하기가 쉽지 않다. 예배를 위해서는 한글 설교를 영어로 번역한 후에 다시 그들의 언어인 캄보디아, 미얀마, 태국, 네팔, 스리랑카어로 번역해야 한다. 번역기가 많이 발전하긴 했지만, 아직 모든 언어를 번역하지는 못하고, 영어를 거쳐야만 한다. 내가 직접 한영 번역으로 A4용지 4장을 번역해 보니, 2시간 30분이 걸렸다. 하지만, 담당자가 구글 번역기나 파파고를 이용한 후 잘못된 부분만 수정하는데, 30분 정도면 가능하다니, 시간과 노동력이 4/5 정도 단축되었다. 그렇더라도, 번역기의 번역이 올바른지 알기 위해서는 **번역기를 사용하는 사람의 실력이 번역기보다 높은 수준이어야만 한다는 결론에 이르게 된다.**

예전엔 학생들이 번역기를 사용해 영작 숙제를 해오면 너무 엉터리 수준이었기에 번역기 사용을 금지하곤 했다. 요즘은 번역기를 사용하여 단어의 여러 의미와 단어가 사용되는 문맥을 찾아보면서, 번역기의 장단점에 관한 이야기를 나누기도 한다. 어떤 학생은 내가 알려준 말이 맞는지 번역기를 통해 확인 검색한다. 인간 교사보다 기계 번역기를 더 신뢰하는 모습이다. 따라서, **번역기보다 뛰어난 실력을 원한다면, 영어와 좀 더 많은 시간을 보내고, 새로운 이웃이 된 AI와도 친해지고 협업하고 상생하는 법을 배워 나가야겠다.** 구글 번역 최고 담당자인 마이크 슈스터Mike Schuster는 "기계의 번역 기술이 좋아지더라도 인간의 통번역 활동을 완전히 대체할 수는 없다. 인간의 대화는 그저 텍스트 전달에 그치지 않는다. 따라서 상황에 따라 달라지는 언어의 의미와 표정과 제스처, 그리고 문화적 차이 등을 AI가 학습하는 것이 쉽지 않은 일이다."라고 하였다. 한 마디로, **"인류는 여전히 외국어를 학습해야 한다."**라는 말이다. 인간인 우리가 외국어 학습을 통해 글만을 배우는 것이 아니고, 각 나라의 역사, 문화, 가치관을 통해 넓은 사고력과 함께 감정까지 공감하게 되는 유익이 있다. 그러므로, **영어와 사귀기는 계속되어야 한다는 빠르고 신속한 결론에 이르게 된다.**

05
영어와의 밀당

Stress vs. **Fun**

내 남편은 50대 중반으로 원자력 발전소 엔지니어이다. 몇 년 전에는 아랍에미리트UAE로 출장을 가는 비행기 안에서 '그냥 이 자리에서 비행기가 추락하면 좋겠다!'는 생각이 들었다고 한다. 낯선 중동 사람들과 영어로 중요한 회의를 해야만 했던 스트레스가 얼마나 심각했는지를 말해 준다. 공고와 공대를 수석으로 졸업한 남편은 전액 장학금을 받으면서 다닐 수 있었던 대학원 준비를 하였으나, 영어 시험에서 불합격되어 지금의 직장을 다니게 되었다. 회사에서의 업무 시, 주로 영어 문서를 읽고 써야 하기에 영어 독해와 쓰기 실력은 좋지만, 영어 듣기와 말하기가 늘 스트레스다. 미국 현지에서도 근무한 적이 있고, 해외 출장을 여러 번 다녀온 경험이 있음에도 불구하고, **스트레스의 주범은 늘 영어다.**

그렇다고 영어와의 관계를 끊을 수도 없는 상황이다. 언제 어디에서 영어를 만나 업무 관련 대화를 나눠야 할지 모르기 때문이다. 그래서 매일 영어 성경과 신문 기사를 읽고 회사에

영어 참견러's 연애 십계명

서 제공하는 전화 영어도 일주일에 두세 번 한다. 그러면서도 영어만 아니면 이것도 하고 저것도 할 수 있는데 하지 못한다면서 영어를 원망하곤 한다. 이러한 영어에 대한 스트레스는 남편만의 문제가 아니다. 요즈음은 대부분 엄마 태중에서부터 영어에 대한 스트레스를 받으면서 태어나는 듯하다. 태중 동요에서 시작된 영어는 초중고 12년의 시기를 거쳐 대학교 4년, 그 이후의 대학원 진학과 취업에서도 그리고 취업 이후 퇴직할 때까지 우리를 오페라의 유령처럼 따라다닌다. 심지어 나이가 지긋한 석박사들도 학회에서 절절매면서 영어로 발표하는 모습을 보면 안쓰럽기까지 하다. 다른 면에서는 당당한 한국인이 왜 영어 앞에 서면 이리도 작아지고 힘들어지는 것일까?

영어를 배우러 온 학생에게 처음 하는 질문은 "영어가 이때? 재미있어?"라는 질문이다. "How are you?"가 아닌 "How is English?"로서 학생과 영어와의 관계를 묻는다. 70% 이상은 싫어요. 20%는 그저 그래요. 10%는 좋아요! 정도의 대답을 들려준다. 이러한 질문을 하는 이유는 영어와의 관계를 회복시키는 것이 내 역할이기 때문이다. 영어로 인해 마음뿐만 아니라 몸까지 힘들어하는 아이들이다. ADHD나 틱 증상이 있는 학생, 단어시험만 보면 우는 학생, 자폐증이 있는 아이, 영어 유치원에서 배운 단어를 의미도 모른 채 내뱉는 학생, 실력이 낮아 친구들과 학원을 같이 다닐 수 없는 학생 등 그동안 다양한 아이들을 만났다. **어린아이들부터 어른들까지 인생에서 넘어야 할 큰 산 중 하나가 영어인 듯하다.**

사랑은 여러 인간관계 중에서 양가감정Ambivalence을 일으켜서 마음을 복잡하게 만든다. 이 양가감정은 오이겐 블로일러 Eugen Bleuler가 조현병의 핵심 증상 중 하나로 언급하였는데, 같은 대상이나 상황에 대해 서로 반대되는 감정이나 생각을 동시에 가지는 상태이다. 『자존감 수업』에서 윤홍균 저자는 사랑의 양가적인 속성을 '밀당'이라고 표현한다. 좋으면서도 밉고, 가까이 두고 싶지만 두려워 멀리하고, 사랑하지만 증오나 원망도 하게 되는 것인데, 한 대상에 대하여 이러한 극단의 마음이 생길 수 있다. 오이겐 블로일러가 말한 자기 불일치 이론Self-discrepancy Theory은 사람의 감정과 생각이 어떻게 변화하는지 그 과정을 이해하기 위한 심리학적 이론이다. 실제 자신의 모습인 실제 자기상Actual Self-image과 이상적인 자신의 모습인 이상적 자기상Ideal Self-image의 불일치를 말한다. 차츰 그 의미가 넓어져 일상적인 상황에서도 일어날 수 있는 정상적인 심리상태로 여겨지게 되었다.

이러한 감정과 생각은 자신이나 연인 혹은 부모 형제 자식과의 관계에서만이 아니라 영어와의 관계에서도 나타나고 있다. 영어 앞에서만 서면 진땀 나지만, 영어 원어민처럼 능숙하게 하고 싶은 마음이 그중 하나다. 낮은 자존감으로 인해 자신의 영어 실력이 형편없다고 생각하거나, 실수하지 않고 완벽한 영어를 말하고 싶어 하는 이상적인 자기상도 문제가 될 수 있다. 영어를 마스터하고자 하는 비현실적인 이상이나, 영어 인증점수 만점과 같은 완벽주의자적인 목표를 갖는 것도 문제다. 또한, 영어로 능숙하게 소통하길 원하지만, 일상에서 전혀 노력하지 않거나 잘못된 방식으로 배워서 부작용이 생기는 등, **이상과 현실의 균형이 맞지 않아 스트레스와 불안의 원인이 되는 것이다.**

어린 시절, 엄마는 내게 쓴 약을 먹이기 위해 꿀을 묻히시곤 하였다. 사실, 민감한 내 혀끝에 쓴맛이 살짝 느껴지긴 했지만, 엄마의 사랑하는 마음과 '쓴 약이 몸에 좋다'라는 말을 종종 들었기에 단번에 꿀꺽 삼키곤 했다. 내 영어학원 모토는 'Jung's English Time is Fun!'이었다. 학생들이 영어의 달콤한 맛과 재미를 느끼길 원했기 때문이다. 지금도 영어를 싫어하거나 거부하는 학생들이 영어의 달콤한 맛을 먼저 느끼도록 영어에 꿀을 듬뿍 발라 먹이곤 한다. '고기도 먹어본 놈이 먹는다'고, 영어의 달콤한 맛을 자주 맛보아야 영어의 시고 맵고 떫은 다른 맛도 즐길 수 있는 건강한 입맛을 갖게 될 것이다. 바로 슈거코팅Sugarcoating 설탕 발림을 해서라도 먹이고 싶은 이유다. 딸에게 어떤 남자가 좋은지를 물었더니 재미있는 남자라고 한다. 그래서인지 대학 입학을 하자마자 일주일 만에 그런 남자를 사귀었다. 나도 영어가 재미있어서 사랑에 빠진 것이었다.

하지만, 늘 이런 달콤한 맛만 즐기고 찾다가는 연애도 영어도 그 관계가 오래갈 수 없다. 여기에서 말하는 재미란 어려움을 이겨나갈 수 있도록 해주는 정이나 추억을 만들어 주는 역할을 할 뿐이다. 부부가 오랜 시간 인생을 살면서 그동안 쌓아둔 정과 즐거운 추억이 있다면, 어떠한 어려움도 이겨내는 것처럼 영어와의 교제도 마찬가지다. 처음엔 재미로 사귀었다 하더라도, 힘든 시간을 인내하고 서로 이해해 주면서 사랑하는 노력을 해야 그 관계를 지속할 수 있게 된다. 무엇보다 영어를 바라보는 마음의 창부터 닦아내 보자. 세상을 바라보는 마음의 창을 심리학에서는 프레임Frame이라고 한다. 영어는 늘 어렵고 힘들고 스트레스의 요인이라는 부정적인 마음으로 대한다면, 영어와 좋은 관계를 갖기는 힘들다. 남편은 요즘 외국인과 전화 통화를 하는 동안 영어로 오래 말을 하거나 개인사로 힘들어하는 대화 파트너를 위해 성경 이야기를 나누면서 격려한다. 그러면, 멀리 필리핀이나 미국, 또는 캐나다에 사는 서로 모르던 사람들이 행복해하면서 감사해한다고 말한다. 그러한 이야기를 내게 들려주는 남편의 모습에서 예전보다는 영어와 친해진 모습을 보게 된다. 우리도 영어를 바라보는 마음의 창을 먼저 닦고 스트레스의 주범이 아닌 재미있는 연인으로 바라보자!

06
한 권으로 끝내기

Mastery in English

27살이 되던 봄에 결혼을 앞두고, 요리책을 한 권 샀다. 새 신랑인 남편을 위해 무언가 만들어 주려고 하니 긴장이 되었다. 요리책을 펴놓고 앞치마를 두르고 열심히 만든 첫 요리가 애호박전이었다. 그 후로 너덜너덜해질 때까지 수년간 사용했다. 또 한 권의 책을 급하게 샀는데, 크리스천을 위한 성교육 책이었다. 책을 읽으면서 여성의 음부 내부의 모습을 보면서 사뭇 놀랐다. 항문과 소변 구멍 외에 또 하나의 구멍이 있는 것이었다. 내 몸 아랫부분에 두 개가 아니고 세 개의 구멍이 있다는 사실에 정말 놀랐다. 중학교 성교육 시간에 자궁의 모습도 보았고 태아가 형성되는 과정을 배우긴 했지만, 내 몸과 성에 무심하고 무지했다. 그 책을 읽는 동안 아빠가 방에 들어오시는 바람에 당황해 얼른 이불 속으로 숨긴 기억이 생생하다. 그 후로, 그 책은 보이지 않는다.

나의 영어에 대한 사랑과 확고한 신념을 흔들어 놓은 책이 한 권 있다. 일본의 사회학자인 야쿠시인 히토시가 쓴 『영어공부, 이 한 권으로 끝내기』이다. 그 책 한 권을 읽음으로써 '영어 공부를 더 이상 하지 말자!'라고 역설적으로 주장하는 신선한 책이다. 한 권의 영어 교재로는 영어를 마스터할 수는 없으니, 영어가 아닌 다른 재능을 찾으라는 말이다. 우리의 시간을 효과적인 곳에 쓰고, 영어의 필요성을 다시 한번 생각해 보라는 것이다. "반기문 전 UN 사무총장처럼 세계적으로 활약하는 한국인들은 타고난 재능과 노력으로 그 자리에 오른 것이지, 영어를 잘해서 성공한 것이 아니니, 자신의 재능과 적성을 아는 것이 중요하다."라고 주장한다.

이와 비슷한 주장을 한 일본의 아사히 신문 칼럼니스트인 후나바시 요우이치는 "비영어인은 세상이 뒤집혀도 영어인의 상대가 되지 않고 늘 불리하니, 선택권은 딱 두 가지"라고 말한다. "영어를 말하는 동포 수를 늘리거나 애초부터 사용하지 않거나!" 영어를 국제 공통어나 세계어로서 '영어는 특별한 존재'라고 생각하고 배우는 것은 위험하고, 그러한 생각과 행동은 영어가 세계 표준이라는 오해를 불러일으키기 쉽다고 한다. 자신의 지식과 기술이 충분하지만 경우에 영어가 문제라면 전문 통역이나 번역자를 고용하면 되고, 그것이 비용과 시간을 아끼는 합리적인 방법이다. 전 국민이 다 영어를 공부하는 것은 효율을 떨어뜨리는 일이니, 전문가만 배우면 된다는 말이다. 남편이 영어로 스트레스를 받을 때 나도 이처럼 말하곤 하였다.

"전문 통역관을 고용하면 되지 않겠냐!"라고 말이다.

 하지만, 각 전문 직종에는 일반인이 쉽게 이해할 수 없는 용어와 중요한 개념이 있으니, 그러한 전문 지식을 갖춘 통역관을 찾기가 어렵다고 한다. 몇 년 전 일본 여행에서 식당과 호텔에서 만난 일본인들이 영어를 아예 사용하지 않는 듯한 인상을 받았다. 그분들 대다수가 연세가 많이 들긴 했지만, 혹시나 이러한 주장의 영향을 받아서 영어를 아예 사용하지 않는 쪽을 택한 건 아닌가 하는 생각마저 들었다. 우리도 후나바시 요우이치의 주장처럼 선택지가, '영어를 배우거나 아예 사용하지 않거나'로 **딱 두 가지라면 어떤 선택을 할 것인가? 연애를 하거나 아예 하지 않거나처럼 말이다.**

 스웨덴 글로벌 교육기업인 Education FirstEF가 220만 명의 시험 응시자의 자료를 분석한 2019 영어 능력지수 보고서EFI: English Proficiency Index에서 '영어공부는 한 단계 성장하는 데 수백 시간의 공부가 필요한 장기전'이라고 규정하였다. 2020년 나라별 영어 능숙도 순위에서 우리나라는 100개국 중에서 32위로, 2021년은 37위로 해마다 내려가는 성적표를 받고 있다. 영어 능숙도에 대한 평가로는 보통의 능숙도Moderate Proficiency다. 우리의 비교군인 이웃 나라 일본은 낮은 능숙도Low Proficiency로 55위에서 78위로 급격하게 떨어지고 있음을 알 수 있다. 반면에 필리핀은 18위로 높은 능숙도High Proficiency를 차지하고 있다.

영어의 능숙도란 영어의 유창성Fluency과 정확성Accuracy을 기준으로 얼마나 능숙하게 말하고 쓸 수 있는가에 대한 능력이다. 이러한 영어 능숙도는 영어가 모국어인 사람이 아닌 외국인을 대상으로 한 평가다. 따라서, 능숙도가 높거나 아주 높은 수준의 능숙도를 보인 나라는 필리핀처럼 영어를 공용어로 일상에서 사용하는 나라다. 1987년, 필리핀 정부에서는 필리피노어 Filipino와 영어를 공용어로 선언하고, 학교 수업에서도 시험보다는 능숙한 소통을 위한 커리큘럼과 수업을 제공하고 있다. 자국어인 '따갈로그Tagalog'를 잊게 될 것에 대한 우려가 있긴 하지만, 일상에서 영어를 사용하니 영어 능숙도가 높은 것이다. EF에서는 나라의 경제력과 영어 능숙도는 관련이 있다고 한다. 그렇다면, OECD 기준 GDP로 경제 대국 10위권에 드는 우리나라와 일본은 왜 이런 낮은 성적표를 받는 것일까?

우리나라의 교육은 아직도 일본의 영향권에서 못 벗어나고 있다. 전 국민의 영어 척도처럼 되어버린 토익TOEIC: Test Of English for International Communication은 말 그대로 국제 의사소통을 위한 영어 시험의 약자다. 나무위키에 의하면, 영어가 모국어가 아닌 사람을 대상으로 일상생활과 비즈니스 현장에서 요구되는 실용적인 영어 구사 능력을 갖추었는지 평가하는 시험이다. 1978년 일

영어 참견러's 연애 십계명

본 경제단체연합회의 의뢰로 만들어졌고 미국의 ETSEducational Testing Service에서 주관한다. 우리나라는 1980년대 후반 몇몇 대기업이 인사 전형에서 토익을 도입하기 시작하면서 '영어 시험 하면 토익'이라는 오늘날의 인식이 정립되었다. 1990년대부터 기업 내 승진 시험의 주된 자격 요건으로 쓰이면서 그 위상이 급상승했다. ETS가 토플 주관 기관이라는 것과 토플보다 시험비가 훨씬 싸고 자주 응시할 수 있으며, 수준 또한 토플보다 낮아 공부하기 쉽다는 장점 때문이다. 취업에서 영어점수의 척도로 토익을 활용하는 예가 다수며, 어학 수험서 대부분이 토익 관련 서적이다.

과연 토익책 한 권으로, 또는 토익 만점이면, 영어로 의사소통이 가능해질까? 토익 만점자가 혹은 토익 점수가 높은 사람이 영어소통을 못한다는 말은 절대 아니다. 다만, 10대와 20대, 한창 영어 능숙도를 키워야 할 나이에 불필요한 영어인증시험에 매달려 있는 모습이 안타까울 뿐이다. 중고생들은 내신과 수능을 목표로 EBS 교재와 기출 모의고사만을 공부하고 있고, 대학생들은 토익 한 권만을 공부하고 있다. 심지어, 대학교수들도 토익을 지도하고 있다. 모두가 취업을 위한 노력이라고 하지만, 수능점수와 토익점수는 직업과 삶의 현장에서 사용되는 영어 능숙도와는 거리가 멀다는 것이 가장 큰 문제다. 무엇보다 취업용 토익 점수를 높게 요구하는 곳은 우리나라와 일본뿐이다. 토익 전문강사의 말에 의하면, 토익은 업무 시 메일을 빠르게 읽고 업무 효율을 늘리기 위한 시험이라고 한다. 토익 점수를 위한 빠른 독해와 듣기 연습이 영어 능숙도에 어느 정도 도움이 되긴 한다. 요즘은 토익 쓰기와 말하기 추가시험이 있기도 하다. 하지만, 여전히 시험용일 뿐이다.

나무위키에 의하면, '토익이 변별력이 없고 실력이 검증되지 않는다는 것을 아는 다국적 기업은 토익 점수를 아예 안 보고 외국인 임원들이 영어로써 직접 인터뷰한다.' 대학 졸업 전에, 지도교수의 소개로 외국인 회사 면접을 본 적이 있다. 자리에 앉으니, 타임즈Times 기사 한 장을 펴놓고, 5분 정도 시간을 준 후에 영어로 요약하라고 하였다. 북한과 관련한 기사였고, 대학 시절 내내 영자신문을 읽고 영어 말하기 스터디를 한 덕에 쉽게 할 수 있었다. 문제는 면접장에서 나가면서 그 회사가 미국 담배회사였음을 알았다는 것이다. 결국 입사는 거절했지만, 그렇게 인터뷰를 해보면 실력을 어느 정도 알게 된다. 그렇게 하지 않고 오직 시험 점수로만 평가하려는 이유는 면접관의 영어 능숙도가 부족하기 때문이다. 그렇게 악순환이 반복된다.

내가 아는 한 지인은 토익 만점자이고, 토익 강사다. 하지만 먼저 누군가에게 인사를 한다거나, 영어로 대화하는 것을 본 적이 없다. 영어가 아닌 우리말이라도 대화를 하고 소통하는 법을 먼저 배워야 외국인과도 소통할 수 있는 것이다. 영어점수보다 더 중요한 것은, 실제 삶에서 영어로 소통하는 능력과 소통하려는 태도다. 대학원에 근무하는 영, 미 교수 두 분이 내게 똑같은 질문을 하였다. "왜 한국인은 토익 시험을 보는가?" 도무지 이해가 되지 않는다고 한다. "토익을 영어 실력의 기준으로 생각하는 것 같다."라고 말하니, "영어 실력은 말해보면 바로 알 수 있다."라고 대답한다. 맞는 말이다. 외국인이 한두 마디 말하거나 글을 읽는 것을 보면 바로 그 사람의 한국어 실력을 알 수 있는 것과 똑같다. **"영어, 넌 누구니?"라는 질문을 통해 확실하게 알게 된 것은, 영어는 수많은 언어 중에 하나고, 소통의 도구라는 것이다. 영어의 정체성은 한마디로 '말'과 '글'을 통해 소통하고 배우면서 일하고 사랑하는 것이 목적이다.** 아무튼, 난 단 한 권의 책만으로는 요리도 사랑도 마스터할 수 없었다. 영어도 마찬가지였다.

07
영어 연애 십계명

Dreaming

나는 잠이 많은 편이다. 특히 아침잠이 많다. 그래서 절대로 '미라클 모닝'에는 참여할 수 없는 여자다. 그렇지만 가끔 미라클 모닝^{기적의 아침}을 경험한다. 늦은 아침에 영감을 주는 듯한 선명한 꿈을 꾸곤 한다. 꿈의 내용과 상황을 이해하느라 침대에서 바로 나오기가 힘들기도 하다. 로마 황제였던 마르쿠스 아우렐리우스도 침대에서 나오기가 힘들었던 모양이다. 그의 『명상록』에는 "침대에서 나오기가 힘들면…"이라는 문구로 시작하는 글이 많다고 한다. 참 위로가 된다.

꿈을 자주 꾸다 보니 꿈의 해석 또는 해몽에 관심이 생겼다. 그래서인지 프로이트^{Freud}의 『꿈의 해석』을 가끔 읽곤 한다. 물론, 그 책에는 꿈의 해몽은 들어있지 않다. 하지만, 꿈에 관심이 많았던 26세 청년인 프로이트가 그의 약혼녀에게 쓴 편지가 있다. "나는… 온종일 관심을 집중한 사물들에 관해서는, 결코, 꿈꾸지 않습니다. 단지 하루 중 한 번 건드렸다가 곧 중단한 주제들에 대해서만 꿈을 꿀 뿐입니다." 과거나 꿈꾸기 전날 낮에

영어 참견러's 연애 십계명

서 유래한 하나 이상의 소원들이 꿈에서 성취되는 것이라고 말한다. 한 마디로 꿈의 본질은 '소원 성취'다. 흥미로운 사실은 그가 이러한 연구에 관심 가지게 된 결정적인 동기가 바로 정신분석 치료를 받는 환자들이라는 것이다. 그들의 무의식적인 꿈의 요소를 '자유 연상 법칙'에 의해 추적하면서 이러한 꿈-해석 방법이 최초로 시도되었다.

3년 전, 이동원 목사의 『웰빙 가정의 10가지 법칙』이라는 책을 한 권 읽고 잠이 들었다. 석사 논문을 마치고 **영어를 배우고 가르치는 방법을 어떻게 전할 수 있을지 고민하던 때였다.** 그 다음 날 아침, 프로이트가 말한 것처럼 너무나 선명한 꿈을 꾸게 되었다. 아니 꿈이라기보다는 연상이었고 영감이었다. 눈을 뜨기 바로 직전에 머릿속에 새겨지듯이 기억났다. 아하! 모멘트Moment였다. '일, 이, 삼, 사⋯ 십'까지 떠올라, 눈을 뜨자마자 기록하였다. 이렇게 꿈에서 얻은 십계명의 법칙은 1부터 10까지 외우기 쉽도록 대두 문자Acronym: 단어의 머리글자로 만든 말로 되어 있다. 이 십계명의 순서는 중요성에 따라 순서가 정해진 것이 아니라 서로 긴밀하게 연결되어 있다.

마치 모세의 하나님께서 내 마음 판에도 직접 써 주신 것처럼 생생하게 기억이 났다. 신기했다. 물론 내 꿈에 영적인 의미를 부여하고자 하는 것은 아니다. 매일 이러한 꿈을 꾸는 것은 더

더욱 아니다. 다만 프로이트가 말한 꿈과 비슷한 꿈을 나도 꾼 것이다. '한 번 건드렸다가 중단된 주제'의 꿈을 꾼 것이다. 난 가끔 영어로 꿈을 꾼다. 꿈속에서도 내가 현실에서 아는 만큼만 영어를 말할 수 있다. 내가 알지 못하는 영어표현은 말하지 못한다. 무엇보다 중요한 사실은 아르키메데스그리스 자연과학자가 "유레카!"를 외치면서 욕조 밖으로 발가벗은 채 나온 것처럼, 〈영어 연애 십계명〉이 나를 안식처인 침대 밖으로 나오게 했다는 것이다.

< 영어 연애 십계명 >

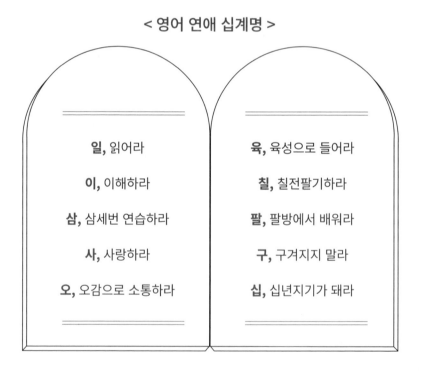

일, 읽어라

이, 이해하라

삼, 삼세번 연습하라

사, 사랑하라

오, 오감으로 소통하라

육, 육성으로 들어라

칠, 칠전팔기하라

팔, 팔방에서 배워라

구, 구겨지지 말라

십, 십년지기가 돼라

영어 참견러's 연애 십계명

로마 황제 마르크스를 침대에서 나오도록 한 것이 그의 50만 명의 군사와 전쟁이었다면, 나를 침대에서 나오도록 한 것은 다름 아닌 요리였다. 기적의 아침Miracle Morning에서 뜻하지 않게 10가지의 귀한 재료가 생겼으니 뭐라도 만들고 싶었다. 그렇게 해서 나온 요리가 〈영어 연애 십계명〉이다. 대단한 요리는 아니다. 하지만, 40년간 영어와 동행하면서 배우고 가르친 경험이 담겨있다. 영어 비법이라면 비법이 담겨있다. 레시피대로 직접 만들어 먹어봐야 그 맛을 알 수 있을 것이다. 이 세상은 신기한 것이 많아서 살맛 난다. 사는 맛 중에 가장 좋은 것이 먹는 재미다. 그래서인지 내가 만든 음식을 먹으면서 즐거워할 사람들의 모습을 상상만 해도 즐거워진다. 행복도 뇌와 연관이 되어있다고 한다. 세로토닌이라는 신경전달물질은 소소한 행복감을 느끼게 해주어 행복 호르몬Happiness Hormone이라 불린다. 음식을 꼭꼭 씹을 때도 분비된다고 하니, 내가 만든 영어요리를 천천히 즐기면서 행복감을 느끼면 좋겠다.

십계명은 이스라엘인들이 이집트에서 대략 430년의 긴 노예 생활을 마치고 가나안 땅으로 가기 전 광야에서 생활하는 동안, 모세가 시내산에서 하나님께 받은 계명이다. 한마디로, 하나님이 직접 돌판에 써 주신 10가지 계명법칙이다. 하지만 모세가 하산하였을 때, 이스라엘 백성들은 금으로 만든 송아지 신상을 만들어 그들을 이집트에서 탈출하도록 도운 신이라며 축제를 벌이고 있었고, 이 모습에 화가 난 모세가 이 판을 던져 깨트리게 된다. 그 후, 모세의 40일간의 금식과 기도 가운데, 하나님이 십계명을 새로운 돌판에 다시 기록해 주신다. 이 십계명을 근간으로 한 구약의 율법은 613가지인데, 그중 하지 말라는 것이 365개이고, 하라는 것이 248개이다.

여기에서 참견러인 테스 형이 질문하면서 등장한다. "하나님이 깨진 십계명을 다시 써 주실 때의 마음은 어떠했을까? 조상 아브라함을 통해 구원의 약속을 주신 하나님이 왜 이러한 율법을 주셨을까?" 나도 궁금하다. 함무라비 법전에는 '눈에는 눈, 이에는 이'라는 탈리오 법칙이 있다. 너무 잔인한 방법이지 않은가! 하지만 최근에 '악한 인간이 복수심으로 인해 더한 악을 저지르는 것을 방지하기 위한 고육지책'으로 하나님이 이러한 계명을 만들었을 거라는 생각을 하게 되었다. 성경의 이러한 법이 바빌로니아의 법전과 로마법에 영향을 미쳤고, 현대 우리가 사용하는 진보적인 법에도 고스란히 영향을 준 것이다. 이스라엘 백성을 통해 인간에게 율법을 준 것은, 바로 연약한 인간을 악으로부터 보호하고자 '안전한 울타리'를 만들어 주기 위함이다. 따라서, 율법은 인간이 완벽할 수 없다는 것을 깨닫고 하나님께 돌아오길 바라는 아버지의 마음을 담은 '사랑의 편지 Love Letter'인 것이다. **나도 〈영어 연애 십계명〉에 사랑을 가득 담아보고자 한다.**

일, 읽어라
Metacognition Shadowing

며칠 전 어느 학원 문 앞에 쓰인 광고문이 눈에 띄었다. '영어는 모국어처럼! 들을 수 있어야 말할 수 있습니다. 말할 수 있어야 읽고 쓸 수 있습니다. 읽고 쓸 수 있어야 자신감이 생깁니다. 문화도 다르고 환경도 다르지만, 우리 아이의 영어실력은 미국 아이들과 똑같습니다. 세계와 당당히 경쟁하는 우리 아이를 꿈꾸세요.'

희망찬 문구다. 모국어를 배우는 것과 같은 방식인 듣기에 집중해서 가르치겠다는 말이다. 당연한 말인 듯하다. 하지만, 모국어와 외국어를 배우는 환경이 다르다면, 당연히 다른 방법을 사용해야 한다. **듣기-말하기-읽기-쓰기가 아닌, 읽기-듣기-말하기-쓰기로 읽기를 먼저 해야 한다. 왜냐하면, 더 효과적이기 때문이다.** 만약 4, 5세 전에 우리말이 아닌 영어만 가르치고자 한다면 영어를 듣고 말하기에만 집중하겠지만, 그 이후에 영어를 배운다면 읽기를 통해 가르치는 것이 빠르다. 우리의 환경은 영어를 모국어나 제2의 공용어예: 인도, 필리핀로 사용하는 것이 아니고, 영어를 외국어로 배우는 환경EFL: English as a Foreign Language이다. 일상 속에서 영어를 사용하거나 영어 원어민의 말을 듣고 말할 수 있는 환경이 아니다.

딸아이가 처음 중국어를 배울 때, 나도 함께 배울 기회가 있었다. 책을 읽으며 발음을 잘 따라 하는 딸과는 달리 난 어떤 한 발음을 낼 수 없었고, 수업에 방해가 되는 듯해 두세 번 정도 하고는 그만두었다. 그 후, 우연히 TV에서 중국 드라마를 보게 되었는데, 며칠 전에 배웠던 단어들이 귀에 들리는 것이었다. 그전에는, 들어도 알아듣지 못했기에 관심이 전혀 없었는데, 단어 몇 개를 알고 나니, 단어가 들리면서 왠지 내용을 알아듣는 듯한 착각마저 들었다. 이러한 경험을 통해 외국어는 글을 통해 알아야 들린다는 것을 확신하게 되었다. 물론 무조건 듣기를 통해 소리를 모방Mimic하거나, 한동안 말하지 않고 기다리는 시기Silent Period를 가질 수도 있겠지만, 너무 시간이 오래 걸리게 된다. 생활에서 듣고 말할 수 있는 환경이 아니라서 더욱 그렇다. **다시 말해, 읽기가 우선되어야 한다.**

인간은 누구나 엄마의 태중에서 엄마의 음성을 듣기 시작해, 태어나서는 귀에 들리는 익숙한 음성을 수백 번 듣다가 옹알이에서 "맘마"나 "엄마"와 같은 한 단어를 말하고 이어 두 문장, 세 문장으로 발전해 간다. 일반적으로 2~3세가 되면 일상 속에서 가족과의 상호작용으로, 4~6세에는 유아원에서 선생님과 친구들과의 소통으로 말하기 실력이 향상된다. 8세가 되면 자연스러운 의사소통이 가능해지고, 만 10세 정도가 되면 학교에서의 언어 사용시간이 늘면서 사회성과 함께 어휘가 풍부해진다. 이렇듯 모국어는 글을 읽거나 쓰지 못하더라도, 듣기–말하기–읽기–쓰기의 순서로, 생활에서 수백 번의 반복과 사용을 통해 무의식적이고 자연스러운 습득Acquisition 과정을 거쳐 배우게 된다. 그렇다면 이러한 습득 과정을 그대로 따라 하면 외국어를 잘 배울 수 있을까? 이중국적의 부모 속에서 자란 경우를 제외하면 사실상 불가능하다.

외국어를 배울 때 뇌가 작동하는 과정은 모국어를 배우는 과정과 공통점이 많지만, 외국어는 학습Learning 과정을 거쳐야만 한다. 의도적으로 배워야 한다. 외국어는 모국어와 서로 시너지 효과를 일으키며 언어 발달에 도움을 준다. 하지만 자연스러운 습득 과정을 거쳐 배울 수 없기에 **가장 빠르고 효율적인 방법을 통해 배워야 한다. 그것이 바로 소리 내어 읽기다.**

여기에서 '소리 내어 읽기'는 오디오나 비디오와 같은 음성파일을 따라 읽거나 말하는 것을 말한다. **소리와 글자와 의미, 이 3가지가 연결되도록 음성을 듣고 따라 하는 것이 쉐도잉이다.** 쉐도잉Shadowing은 영어 원어민의 음성이나 음성파일을 그림자처럼 따라가는 것을 뜻한다. **쉐도잉에는 소리를 들으면서 글을 따라 읽는 쉐도우 리딩Shadow Reading과 글 없이 소리만을 들으면서 따라 말하는 쉐도우 리스닝Shadow Listening의 두 가지 방법이 있다. 이때 표준화된 정확한 발음을 따라 하는 것이 중요하다.** 표준화된 정확한 발음을 구별하기 힘들다면, ESLEnglish as a Second Language용 교재와 함께 제작되는 CD나 MP3 또는 QR 코드를 이용하면 된다. 유튜브나 앱을 통해 책을 읽어 주는 음성을 들으면서 자막Subtitle을 활용한다. 뉴스나 강연, 강의 또는 영어 성경 등, 자신의 관심과 수준에 맞는 내용을 선정하면 된다. 본인이 좋아하는 콘텐츠나 직업과 관련 있는 드라마나 영화 대본Script도 가능하다. 하지만, 드라마나 팝송은 슬랭과 사투리 그리고 다양한 발음으로 말하기 때문에 쉐도우 리딩을 연습할 때는 추천하지 않는다. 쉐도우 리스닝 연습에서는 가능하지만, 이렇게 쉐도잉하는 방법도 자신의 수준에 따라 달라야 한다. 자신의 수준에 따라 교재를 선정하는 방법은 〈영어 연애 십계명 이, 이해하라〉를 참고하길 바란다.

쉐도잉을 하기 전에 먼저, 자신의 영어 실력이 어느 정도인지를 파악해야 한다. 이러한 자신의 수준을 알기 위해서는 메타인지 능력이 필요하다. 메타인지Metacognition는 '자신의 생각에 대한 생각'이다. 즉, 자신이 무엇을 알고 무엇을 모르는지를 알 수 있는 능력이다. 무엇보다 이해하지 못하는 것을 따라 말하는 것은 아무 의미가 없다. 따라서, **자신이 읽고 들으면서 따라 하는 내용을 이해하는 쉐도잉을 메타인지 쉐도잉** Metacognition Shadowing**이라 부르고자 한다.** 대부분 토익이나 텝스 혹은 토플과 같은 영어인증 점수로 영어 능숙도를 구분하지만, 영어 참견에서는 뉴비는 연애 초보자, 더미는 연애 초중

영어 참견러's 연애 십계명

급자, 커플은 중급자, 매치메이커를 상급자로 구분한다. 영어 점수나 외국 거주 경험이나 영어를 얼마나 오랫동안 배워왔는 지 상관없이 영어 문장을 잘 읽지 못하는 단계는 영어 연애 초 보자Beginner or Newbie다. 영어점수가 좋다거나 많은 글을 읽었 다거나 듣기를 통해 입력은 오랜 시간 하였지만, 말하기나 쓰 기를 거의 하지 않는 단계는 연애 더미Pre-intermediate, or Dummy 마네킹로 초중급자다. 중급자인 영어 커플Intermediate Learner, or Couple은 영어로 소통하기는 하지만 유창성과 정확성을 키워야 하는 단계다. 마지막으로 상급자이자 중매쟁이Advanced Learner, Matchmaker는 누군가에게 영어를 가르치고 있거나 가르치고자 하는 분이다. 유창성과 정확성을 통한 영어 능숙도도 키우고, 영어 티칭 기술과 영어와 관련한 전문지식도 배워야 하는 단계 다. 〈영어 연애 십계명〉은 영어 뉴비와 더미, 그리고 커플을 위 한 영어요리다. 따라서, 본인이 중매쟁이거나 되기를 원한다 면 영어 중매 십계명을 여러 번 읽어보길 추천한다.

▎Dating Tips For Shadowing

1. **연애 뉴비newbie라면 처음부터 소리를 내어 따라 읽기를 하지 말고 내용을 어느 정도 이해하라.** 이해하기 쉬운 수준의 글을 고른다. 대본이나 대사라도 상관은 없다. 반드시 영어 원

어민의 표준화된 발음이 녹음된 음성파일을 들으면서 따라 읽는다. 소리와 속도가 내 수준에 맞는지 확인한다. 속도가 너무 빠르면 자신이 따라 읽을 수 있을 만큼의 속도로 조절한다. 자, 준비되었다면 따라 읽는다. 처음에는 멈추면서, 두 번째는 멈추지 말고 놓친 부분이 있어도 넘어간다. 이러한 연습을 많이 하면 지루해지고 힘들다. 따라서 이러한 연습을 하루에 3분 정도 삼세번만 해보자. 혹시 너무 힘들게 여겨진다면 수준에 맞지 않는 것이다. 조금 느린 속도로 한다거나 혹시 속도 조절이 되지 않는다면, 다른 것을 선택하라. 이 단계에서는 가능한 같은 **내용을 일주일 정도 쉐도우 리딩**Shadow Reading **후에, 쉐도우 리스닝**Shadow Listening**을 하면서 내용을 이해하는지 확인한다.**

영어를 처음 배우는 학생들도 이러한 과정만으로도 읽기 실력뿐만 아니라 듣기와 말하기 실력이 향상됨을 경험한다. 한 권의 리딩북읽기 연습을 위한 책이나 스토리북이야기가 담긴 책을 일주일 간 혹은 긴 책이라면 한 달 정도 읽고 이해하고 듣고 따라 말해보자. 이 과정에서 글을 그대로 노트에 써보기Copying도 해보자. 주변에 있는 모든 음성파일이나 책이 어렵게 느껴지고 혼자 하기 힘들다면, 누군가의 도움을 받아야 한다. 영어와의 연애를 위해서도 자신을 잘 아는 것이 필요하다. 스스로 연애를 할 수 없다면 누군가에게 도움을 청하는 것도 영어 연애 비법 중 하나니까.

영어 참견러's 연애 십계명

2. 연애 더미Dummy라면, 글을 읽기 전에 음성을 미리 듣는다. 어느 정도 이해가 된다면 글과 함께 따라 읽기Shadow Reading를 한다. 이 과정에서 어려운 단어나 문장이 있다면 뜻을 찾아본다. 뉴비와 마찬가지로 이러한 연습을 하루에 3분 정도 삼세번 연습하자. 이번엔 음성을 들으면서 따라 말하는 쉐도우 리스닝Shadow Listening을 해보자.

어느 정도 연습이 되었다면 내용과 관련한 자유 글쓰기를 한다. 자유 글쓰기Free Writing는 읽거나 들은 어떤 내용에 관한 본인의 생각이나 느낌을 자유롭게 쓰는 것이다. 이 과정에서는 글에 대한 피드백Feedback이나 교정Correction이 필요하다. 교정 앱을 사용하기도 하지만, 본인보다 실력이 있는 친구나 선생님에게 보이는 것을 추천한다. 정확하게 쓴 글은 말하기 정확성Speech Accuracy으로 연결되기에 교정을 거치는 것이 바람직하다. 그 후, 자신이 쓴 글을 읽고 녹음한 후에 자신의 육성을 듣는다. 스터디 친구Study Mate를 만들어 읽은 주제와 관련한 이야기를 나눠보자. 아무도 찾을 수 없다면 동영상 촬영을 통해 자신의 글을 읽거나 외워서 발표해 보자. 이런 연습을 통해 듣기 말하기 읽기 쓰기의 4가지 영역을 한꺼번에 자연스럽게 연습하게 된다. 어느 정도 자신감이 생겼다면, 누군가를 직접 만나 대화를 나눠보자.

3. 영어 커플Couple이나 매치메이커Matchmaker도 영어 더미와 마찬가지로 글을 읽기 전에 음성을 미리 듣는다. 이해가 된다면 바로 쉐도우 리스닝Shadow Listening을 한다. 이해가 되지 않거나 못 듣는 부분이 있다면 글을 통해 단어와 표현 그리고 발음도 확인한다. 여기에서 말하는 글이란 책만을 뜻하진 않는다. 어떤 내용이라도 흥미가 있는 주제라면 뉴스나 강연, 미드, 드라마 등이라도 상관없다. 하지만, 자막이나 대본처럼 글로 확인할 수 있는 내용이어야 한다.

쉐도우 리스닝 과정도 쉽게 여겨진다면, 다음으로는 받아적기를 해보자. 받아적기Dictation는 영어를 자신의 직업으로 삼거나, 영어 듣기 시험을 준비하는 분들에게는 필요한 과정이다. 하지만, 개인에 따라서 받아적기는 영어와의 관계를 악화시킬 수 있는 행동이 된다. 한두 번 해서 어렵거나 지루하다면 하지 않아도 된다. 난 이러한 받아적기만 하면 영어에 대한 싫증을 느끼곤 한다. 글을 쓰기 위한 연습이라면 오히려 글과 관련한 본인의 생각이나 리뷰Review 등을 적어보고 발표해 보길 추천한다. 난 영어로 글을 쓰는 연습을 대학교 영작문 시간 외에는 한 적이 없다. 대신에 NIV 영어 성경을 읽고 묵상하고 생각을 영어로 적는 시간을 매일의 일상으로 삼고 있다. 대학원 입학을 위한 자기소개서나 과제와 시험에서도 늘 영어로 답안을 작성하였다. 이런 식으로 일상에서 기회가 될 때마다 영어를 자주 사용한 것이 영어와의 좋은 관계를 갖게 된 이유인지 모르겠다.

위와 같은 **자신의 수준에 맞는 메타인지 쉐도잉 연습은 영어를 배우는 데 가장 빠르고 쉬운 방법이다. 이러한 방법은 최근에 여러 개의 외국어를 하는 사람들이 언어를 배우는 비법으로 알려졌다.** 사실, 난 이러한 방법에 대한 용어도 모른 채, 대학 시절, 혼자 어학실에서 연습했다. 그리고는 내 영어음성을 녹음하여 친구에게 들려줬다는 말을 같은 과 친구에게서 들었다. 아무튼, 이러한 쉐도잉 연습 덕분에, 원어민 교수와의 대화도 그리 어렵지 않게 할 수 있었다. **정리하자면, 메타인지 쉐도잉은 영어 듣기와 읽기 그리고 말하기와 쓰기의 4가지를 한 번에 배우고 익히는 가장 효과적이고 효율적인 방법이다. 이와 같은 식으로 영어를 배우고 가르친다면 누구나 홀인원**영어 중매 십계명, 4 참조**이 가능해진다.**

영어 연애담에서 나누었던, 아빠의 "영어는 입으로 하는 거야"라는 한마디의 충고는 영어는 눈으로만 읽고 공부하는 과목이 아닌, **입을 사용해야 하는 '언어'라는 사실을** 간단하고 분명하게 알려주었다. 읽기 연습은 뇌에 자극을 줄 뿐 아니라 혀와 입술의 움직임을 통해 입 주변에 영어 근육을 만들어 주어 자연스럽게 영어를 말할 수 있게 해준다. 그 당시에는 영어 테이프도 없어, 가능한 책을 소리 내어 읽었다. 이러한 **듣기를 하**

지 않고 하는 **낭독**책을 소리 내어 **읽기만으로도 효과는 있다.** 초등학교 저학년 때 늘 하던 낭독도 이유가 있었던 것이다. 일본 토후쿠 대학의 카와시마 류타 교수가 공개한 FMRIFunctional Magnetic Resonance Imaging 기능적 자기 공명 영상 사진은 낭독만으로 뇌에 혈액량이 많아지고, 신경세포의 70% 이상이 활발하게 활동하는 모습을 보여준다. 뇌가 하는 일은 기본적으로 바깥에서 오는 정보를 알아차리는 것인데, 그 바깥의 대표적인 것이 '몸'이다. 몸에 변화를 주면 뇌가 깨어난다. 그러니 낭독 연습은 우리의 뇌를 계발하는 지름길이 될 수 있다.

낭독이 중요한 또 다른 이유는 알파벳이 표음문자이기 때문이다. 표음문자Phonogram는 말소리를 기호로 나타낸 문자이기에 단어의 소리와 강세를 통해서 그 의미를 짐작하는 것이 가능하다. 그래서 **소리 내어 읽기를 반드시 해야 한다.** 이 방법은 읽기와 듣기, 말하기와 쓰기 실력 향상에 있어 기본이자 전부라고도 할 수 있다. 이런 연습을 한 적이 없다면 누구라도 지금이라도 당장 해야 한다. 영어와의 진정한 연애를 원한다면 말이다.

2년 전부터 영어 성경NIV 낭독 모임을 하고 있다. 매일 정해진 영어 성경 구절을 읽은 후에 음성을 녹음하여 업로딩Uploading하고 있다. 다양한 성경 앱을 이용하여 듣고 따라 읽기, 즉 쉐도우 리딩Shadow Reading을 삼세번 연습한 후 녹음파일을 카톡방에 올리는 간단한 과정이다. 참여자들의 발음이 한층 자연스러워졌고, 속도도 빠르게 향상되었다. 무엇보다, 영어 성경을 낭독하는 것만으로도 뇌가 깨어나고, 집중력이 높아지는 것을 매일 경험한다. 지금은 몇 명의 외국인들의 참여로 인해 참여자가 영어로 글을 쓴다. 요즘엔 매주 영어로 대화하는 모임도 하고 있다. 자신의 정체성을 찾아가고, 인생의 방향성과 목표를 찾는 시간이다. 2년 전부터 하루 3분의 영어 성경 낭독이라는 씨앗을 매일 뿌린 결과다. 대학원 영어 원어민 교수가 진행하는 사이버 외대생들의 특강 수업에 참여한 적이 있다. 글을 읽는 시간이었는데, 낭독 연습을 한 학생이 거의 없었다. 낭독이나 쉐도잉 연습을 하지 않으면 영어로 말하기를 제대로 할 수가 없다. 학원에 학생이 영어를 배우러 오면, 3분 정도의 인터뷰를 한다. 학생의 나이에 맞는 글을 읽게 한 후, 내용과 관련된 질문 한두 마디면 실력을 바로 알 수 있다. 낭독이나 쉐도잉 연습을 하지 않고 영어로 말을 잘하는 사람을 본 적이 없다. **영어 연애 십계명의 '일, 읽어라'가 중요한 이유다.**

- 영어와의 연애를 위한 첫 번째 레시피 -
메타인지 쉐도잉이 중요하다.
Metacognition Shadowing is important.

이, 이해하라
Comprehensible Input

대학교 2학년 때부터 3년 정도 거의 매일 CNN 영어 뉴스를 들었고, 영자 신문을 읽었다. 그 당시 어휘 강사가 판매한 웹스터 영영사전을 요즘의 랩탑Laptop마냥 늘 들고 다녔다. 전공 외에 영어공부를 할 다른 방법이 없었기에 신문과 뉴스와 사전은 나의 영어 정보 입력의 거의 유일한 수단이었다. 이토록 영어를 많이 듣고 읽었으니, 영어 귀가 뚫렸고 영어 독해력읽고 이해하는 능력이 완벽해졌을까?

영어학습법 관련 책을 읽다 보면, 종종 어떠한 한 가지 방법만으로 영어를 마스터했다고 말하는 사람들이 있다. 나도 그런 영웅담을 말하고 싶지만, 나에게 그런 날은 평생 오지 않을 것이다. 왜냐하면, 영어를 비롯한 언어는 마스터할 대상이 아니니까. 무작정 많이 자주 빨리 집중해서 듣거나, 어려운 내용이라도 많이 자주 읽다 보면 자연스럽게 이해되는 기적이 나에겐 일어나지 않았다. 단어나 문장의 뜻을 알지 못하면 소리를 수천, 수만 번 들어도 이해하지 못하게 된다. 듣기는 들어도 무슨 말인지 알지 못하는 상황인 것이다. 만약 영어를 사용하는 나라에서 사는 경우라면, 어떠한 상황이나 글의 문맥을 통해서 알 수 있지만, 이러한 과정도 이미 이해하는 과정을 거쳤기에 가능한 것이다. **어떤 의미를 모르는 말은 단지 소음에 불과한 것이다. 그래서 이해가 가능한 입력이 중요한 이유다.**

독서는 뇌 신경 연결 모듈을 모으는 행위로 지식의 그물망을 촘촘히 해준다고 한다. 요즘 뇌과학에서 나오는 말이다. 상식적으로 우리가 사전에 알고 있는 지식이 부족하면 우리말일지라도 들어도 무슨 말인지 이해를 하지 못하게 된다. 그래서 **글을 통해 읽는 과정을 통해 단어와 문장의 의미를 알아야 들리게 된다.** 알지 못하는 것은 들어도 무슨 의미인지 이해하지 못한 채, 그저 귀로 듣기Hearing만 하는 것이다. 내가 집중을 하지 않고, 자장가처럼 들었던 CNN 뉴스처럼 말이다.

결론적으로, **내 영어 입력 수단인 신문과 뉴스는 내 수준에 맞지 않았다. 한 마디로, 이해 가능한 입력이 아니었다.** 언어학자인 스티븐 크라센Stephen Krashen이 주장한 이론 중 이해 가능한 입력Comprehensible Input은 이해할 수 있는 입력을 제공해야 의미 있고 자연스러운 소통이 가능해진다는 것이다. 모국어를 배우는 과정은 듣기와 읽기를 통한 입력과정과 말하기와 글쓰기를 통한 출력 과정을 거치게 된다. 입력Input이란 귀를 통해 듣는 과정과 눈을 통해 글을 읽는 과정을 말한다. 반면에 출력Output이란 듣고 읽은 내용에 대해 말하거나 쓰는 행동을 말한다. 이러한 입력과정에서 소리를 듣거나 글을 읽는 사람의 수준에 +1 정도1이란 조금 더 어려운 수준가 되어야 자연스러운 습득이 가능하다는 주장인데, 문제는, 이 1의 수준에 대한 정답은 없다는 것이다. 다만, 학습자의 수준에 비해 약간 어려운 정도가 이해 가능한 입력이라고 한다. 신문과 뉴스는 늘 이스라엘과 팔레스타인과의 전쟁과 아프리카의 내전 또는 무기 관련 용어가 대부분이었다. 내 수준보다 어려운 데다 관심사나 생활과 동떨어진 내용이니, 내용에 관심도 없었고 집중도 되지 않았다. 그땐 다른 선택의 여지도 없었지만, 난 그렇게 영어와의 연애에도 서툴렀다. 그래도 그리 힘들어하지 않고 버틸 수 있었던 이유는 영어를 사랑했기 때문이다. 30년이 지난 지금도 가끔 CNN 외에 BBC, CNBC 또는 ABC뉴스를 즐겨 듣는다. 코리아 헤럴드 신문을 2년째 구독하고 있다. 지금은 주로 관심 있는 이야기를 선택하여 듣거나 읽는다. 알지 못하는 단어나 표현이 나오면 사전을 찾거나 문맥을 통해 이해하려고 한다. 이젠 그리 힘들이지 않고도 쉽게 즐길 수 있는 나이가 되었다.

스티븐 크라센이 1970~80년대에 주장한 제2언어 학습과 관련한 가설과 이론이 지금도 영어 학습에 영향을 미치고 있다. 그의 대표적인 이론은 '언어는 자연스러운 의사소통Natural Communication과 의미가 있는 상호작용Meaningful Interaction을 통해 배워야 한다'는 것이다. 그가 이러한 주장을 한 배경은 그전까지는 언어를 자극－반응과 같은 행동주의적인 관점에서 보고 가르쳤기 때문이다. 반복적인 연습Drill을 통해 언어를 가르친 결과, 실제 상황에서 적절한 의사소통이 되지 않는 결과가 생겼다. 그래서 모국어와 같이 자연스러운 습득을 해야 한다고 주장하게 된 것이다. 그는 미국에 이민 온 이민자들을 대상으로 ESLEnglish as a Second Language을 연구하였기에, 우리나라 같은 EFLEnglish as a Foreign Language 환경에서 이 가설을 그대로 적용하는 것은 무리가 있다. 그의 연구 대상자인 이민자는 영어를 공용어로 사용하는 미국에서 영어를 자연스럽게 들으면서 배웠지만, 우리는 영어를 외국어로 배우는 상황이고, 일상에서 쉽게 말하고 듣기를 할 수 없는 환경에 처해 있음을 이해해야 한다. **한마디로, 의식적인 행동인 연습과 자신의 수준에 맞는 입력이 필요하다.**

그렇다면 어떻게 자신의 수준을 알고 교재를 고를 수 있을까? 초등생 수업에서 사용하는 책 중 하나인 『Goldilocks and the Three Bears』에서 골디락스라는 소녀가 선택하는 딱 적당한, "Just right!"의 수준이라고 말할 수 있다. 너무 쉽지도 않고 너무 어렵지도 않은 수준 말이다. 남의 집에 들어가 의자나 침대를 까다롭게 고르고, 음식까지 먹어버린 소녀의 이름을 인용해 인지 교육학자들은 골디락스 효과Goldilocks Effect라고 한다. **영어뿐만이 아니라 어떤 말이나 글의 내용이 너무 쉬워Too easy도 너무 어려워도Too hard 흥미를 느끼거나 동기부여**

를 하기가 어렵다. 어느 정도 자신이 배우면서 재미를 느끼거나 도전해 보고자 할 수 있을 정도의 수준이어야 한다. 이러한 **딱 적당한 수준의 책을 자녀를 위해 골라주길 원한다면** 〈Five Finger Rule〉을 **사용해 보라.** 학회에서 만난 미국 공립학교 사서에게 물어보니 아직도 이 방법을 사용한다고 한다. 책을 펴서 모르는 단어가 없거나 1개 정도면 너무 쉬운 수준이고, 2, 3개 정도면 읽어 볼 만하다. 4개나 5개 정도면 누군가의 도움이 필요한 수준이다. 하지만, 5개 이상이면 너무 어려운 수준이니 다른 책을 읽어야 한다. 성인의 경우, 모르는 단어가 많이 나오더라도 맥락을 이해하면서 읽을 수 있는 정도라면 자신의 수준에 맞는 것이다. 무엇보다 본인이 관심과 흥미가 있는 분야의 내용이나 교재를 선택할 것을 추천한다.

그렇다면, 어떻게 이해 가능한 입력을 해야 효과적일까? 레이 윌리엄스Ray Williams, 1986의 〈효과적인 읽기 학습과 자료 선택〉에 관한 연구결과에 의하면 독서는 시각뿐만 아니라 청각도 이용하는 것이 효과적이다. **읽기 실력을 위해서는 눈으로만 읽을 것이 아니라 귀를 사용해야 한다.** 〈영어 연애 십계명 일, 읽어라〉에서 말한 것처럼 반드시 들으면서 따라 읽거나 낭독하는 연습을 병행해야 효과적이라는 내 주장과도 일치한다. 그는 정독Intensive Reading과 다독Extensive Reading의 중요성을 강조했지만, 즐겁게 읽을 수 있다면 어떤 내용인가는 중요하지 않다고 했다. 하지만, 글을 읽는 동안 독자는 글Text에 의미를 부여한다고 한다. 이 말은 글을 읽는 동안에 과거의 경험이나 감정 혹은 사전 지식Prior Knowledge이 필요함을 말한다. 따라서 자신의 지적인 수준도 고려해야 한다. 성인이지만 초보자라고 동화를 고른다든가 해리포터 책이 도움이 된다고 해서 무조건 그러한 책을 교재로 선택하지는 말자. 물론 좋아하는 내용이라면 상관없지만, 성인이라는 자신의 나이와 흥미, 그리고 지적인 수준을 고려해야 한다. 그래도 골디락스와 곰 세 마리 이야기는 꼭 읽어보길 추천한다. 영어 성경 읽기 모임 참여자는 이미 성경에 대한 배경 지식이 있는 크리스천이지만, 오프로 진행하는 영어 성경 모임에서는 크리스천이 아니라도 영어와 성경을 배우고자 참여하는 분도 있다. 어떤 참여자는 한 방에 두 마리 토끼를 잡을 수 있는 모임이라고 말하기도 한다. 이런 식으로 자신의 수준보다 다소 어렵다 하더라도 흥미와 관심이 있다면, 경험해 보는 것이 필요하다. 영어와의 연애에서 어떠한 입력을 선택할 것인가는 그리 어려운 문제는 아니다. 연애의 경험처럼 아픔을 통해, 자신이 무엇을 좋아하고 원하는지를 자연스럽게 알게 될 것이기 때문이다. 영어와의 연애도 마찬가지다.

- 영어와의 연애를 위한 두 번째 레시피 -

이해 가능한 입력이 필요하다.
Comprehensible Input is necessary.

삼, 삼세번 연습하라
The Golden Trinity

한 번도 두 번도 아닌 왜 세 번일까? '삼세번'은 더도 덜도 없이 꼭 세 번으로 안정된 숫자이다. 옛말에도 삼세번에 득한다는 말이 있고, 가위바위보를 하더라도 삼세번을 해야 공정하다는 느낌이 든다. 은퇴자에겐 삼시 세끼가, 좋은 습관을 위해 노력하는 사람은 작심삼일이 생각날 것이다. 크리스천인 나는 성부, 성자, 성령의 삼위일체가 떠오른다. 논리적인 글쓰기를 할 때도, 스피치연설나 설교도 대부분 3가지의 핵심 내용으로 구성된다. 아트 마크먼Art Markman의 『Smart Thinking』에 의하면, 눈에 보이지 않는 3의 역할role of 3이 있다. 그것은 바로 우리는 **우리가 하는 모든 경험에 대해 대략 세 가지 것을 기억한다는 것이다.** 영어 문장에도 3의 역할이 있다. 바로, 주어 동사 목적어SVO다. 학생들에게 이런 비유를 하곤 한다. 주어는 머리, 동사는 몸통이다. 목적어나 보어, 그 외 수식어는 사지팔, 다리 정도이다. 주어와 동사가 없는 영어는 영어가 아니다. 영어 문장을 들을 때도, 읽을 때도, 말할 때도, 쓸 때도 숫자 3을 기억하면 영어가 쉽게 느껴진다.

우리는 인생을 살아가면서 무언가를 배운다. 내가 요리를 배우고 사랑을 배우고 영어를 배우고 있는 것처럼 말이다. 그런데 무언가를 배울 때 꼭 필요한 것이 연습이다. 연습은 발전하려고 노력하는 행위다. 『사랑 수업』에서도 사랑을 잘하기 위해서는 반복 학습과 훈련을 통해 '감을 잡아나가는 시간'이 필요하다고 한다. '감'이란 느낌이다. 어떻게 하는지를 이해하게 되는 것. 요리를 어떻게 하는지 사랑을 어떻게 하는지를 감으로 아는 것이다. 레시피가 없어도 가능한 상태이다.

그렇다면 영어는 얼마 동안 해야 감을 잡을 수 있을까? 내가 자전거나 운전 또는 수영과 악기를 배울 때에 삼세번이면 감을 잡기에 충분했다. 이 말은 당연히 마스터했다거나 잘한다는 말은 아니다. 하지만 자전거나 차의 구조를 모르더라도, 내 몸과 부력에 대한 이론과 악기의 공명에 대한 이해가 없어도 감을 잡기엔 세 번 정도면 충분했다. 영어 암송대회에서 실수하자, "I am sorry!"라는 말이 나왔다. 그 순간, '아, 영어는 말Speech 이구나!'라는 감을 잡은 것이다. 이러한 감을 잡으면 무엇이든지 즐겁게 할 수 있게 된다. 물론, 그 후에도 수십 년간 계속 영어를 배우고 있다. 요리도 배우고 사랑도 배우고.

모국어를 배우기 위해서도 연습이 필요하다. 언어를 습득한다는 말은 아무 연습도 없이 무의식적으로 배운다는 말이 아니다. 오랜 시간 말과 글을 연습한 결과, 어느 순간부터 무의식적으로 사용하게 된다는 것이다. 사실 우리말이라도 수준 있고 교양있는 말을 하고 글을 쓰기 위해서는 연습해야 한다. 당연히 외국어인 영어도 이런 수준에 이르기까지는 연습이 필요하다. 그렇다면 영어를 한국어로 전환하지 않고 무의식적으로 사용하기 위해서는 얼마 정도의 시간이 필요할까? 우선 감을 잡기 위해 삼세번만 연습하라고 권하고 싶다. 왜냐하면, 부담되지 않으니까. 삼세번의 연습만으로도 뇌의 신경세포를 활성화하기에 충분하니까. 최근 카이스트 뇌 연구원 팀은 시냅스 가지치기Synaptic Pruning 현상으로 뇌가 기억력을 유지하는 메커니즘을 네이처에 발표했다. 쉽게 말해서, **사용하지 않으면 가지치기 당한다니, 매일 조금씩 삼세번만이라도 연습해 보자!**

인지과학자들도 인간의 기억력은 불가사의하다고 말한다. 냉장고 근처에 간 이유를 기억하지 못하기도 하니 말이다. 인간이 무언가를 학습한다거나 경험한다고 해서 다 기억하는 것이 아니다. 그렇다고 무조건 반복한다거나 주의를 기울여 집중한다고 모두 기억되는 것도 아니다. 오히려 입력된 많은 정보 중에서 아주 적은 양의 지식이나 정보만이 장기기억에 저장되어 필요할 때 사용할 수 있게 된다. 배움에 있어서 좋거나 싫은 감정이 기억에 도움을 줄 수는 있어도 여전히 전부를 기억할 수 없다. 그렇다면, 어떻게 해야 조금이나마 기억에 도움이 될 것인가?

인지심리학자인 대니얼Daniel T. Willingham은 『왜 학생들은 학교를 좋아하지 않을까?』에서 학생들이 학교를 좋아하지 않는 첫 번째 이유로 '배우는 내용이 어렵기 때문'이라고 한다. 한마디로 공부가 어려운 이유는 '기억력에 한계가 있기 때문'이다. 인간이 기억하고 싶거나 기억하려고 애쓰는 정보가 저장되는 것이 아니라, **여러 번 생각한 정보가 기억에 저장된다고 한다.** 따라서 처음부터 작업기억, 즉 의식에 들어오지 않는 정보는 장기기억으로 넘어가지 못한다. 작업기억Working Memory은 다른 감각에서 들어온 정보를 머릿속에 잠시 잡아 뒀다가 기억하는 것으로, '뇌의 메모장'이나 '마음의 칠판'으로 비유된다. 이러한 작업기억에서 반복적으로 입력 및 처리된 정보들은 장기기억Long-term Memory으로 보내진다. 장기기억의 정보는 다시 작업기억에서 처리된다. 이처럼 작업기억에 머무는 정보는 주변 환경에서도 들어오고 장기기억에서도 들어온다. 따라서 작업기억과 장기기억 간의 교류가 활발하게 일어나는 것이 제대로 된 기억의 과정이라 할 수 있다. 그러므로 우리가 기억하지 못하는 이유는 첫째, 작업기억에 머물지 못했거나, 둘째, 장기기억에 저장이 되지 않았거나, 셋째, 장기기억에서 정보를 끌어오지 못했기 때문이다. 뇌 과학자인 데이비드 콜브와 인지 심리학자인 대니얼의 연구결과를 **영어학습에 적용한다면, 영어를 배울 때에 의미를 부여하면서 생각하는 시간을 가질 필요가 있음을 말해 준다.** 한마디로, 생각하지 않은 수만 번의 연습보다는 삼세번이라도 생각하면서 해보는 것이 더 효과적이고 효율적인 학습법이라는 결론에 이르게 된다. **효과적이고 효율적인 학습법이란 좀 더 간단하고 스마트하게 배우는 것을 말한다.**

독서 모임에서 만난 루시Lucy는 초등교사로 퇴직 후에 영어를 아주 열심히 공부하는 분이다. 가끔 영어에 대한 고민을 말했는데, 어떤 공부를 하는지를 묻자, 이런 글과 함께 매일 공부하는 내용을 써 보내왔다.

"정리해 보니 별거 없네요. 열심히 했지만, 방법에 문제가 있어 시간이 많이 걸렸네요. 그동안 스트레스였지만, 이제는 조금 재미있으니 효과가 높네요 ㅎㅎ"

1. EBS 강의:Start English, Easy English, 입 트이는 영어
2. 문법:EBS 한일의 기초문법, Grammer in use
3. 듣기listening와 읽기책reading book:
   Show & Tell, English Reading
4. English composition for your diary
5. 영어회화 핵심 패턴 233
6. Focus English1-6권: 영어학원교재

이 외에도 필리핀 현지인과 전화 영어도 하고 있다. 루시를 보면 본인이 할 수 있는 거의 모든 공부를 열심히 하고 있다.

하지만, "말하기가 잘 안 된다."라고 말하면서 내 책을 통해 '그녀의 간지러운 등을 긁어 줄 것'을 기대한다고 했다. 그 후, 내 『영어 참견1』의 초고를 읽은 후 전화를 하였다. 실망한 듯 이런 반박을 하였다. 어떻게 영어가 삼세번 연습만으로 가능한가? 영어에 대한 역사와 성경 이야기는 지나친 채, 영어 연애 십계명을 읽었는데, 실제 필요한 정보가 없었다. 결론적으로, 영어에 대한 학습법을 기대했는데, 다소 실망이라는 말이다.

여러분도 같은 생각일 수도 있어 영어 참견을 더 해본다. 첫째, 어떻게 영어를 삼세번 만에 익힐 수 있을 것인가? 당연히 하루 삼세번의 작은 연습을 매일 조금씩 가볍게 부담 없이 해보자는 말이다. 하루에 혹은 한 번에 100번, 1000번, 10000번 연습해야 잘할 수 있다는 말을 듣는 순간, 절대 함께하고 싶어지지 않게 된다. 하루 삼세번 매일 조금씩 사귀다 보면 친해지게 된다는 말이다. 둘째, 영어의 배경과 역사를 아는 것이 필요하다. 영어는 오랜 시간 세계 역사 속에서 성장해 온 언어이다. 부부관계에서도 깊은 관계를 위해서는 서로 살아온 삶을 알아야 하는 것처럼 영어에 대해서도 알아야 한다. 셋째, 어떤 이의 좋은 학습법이라는 것은 그 글을 쓴 저자만의 이야기다. 오랜 시간에 걸쳐 자신만의 학습법을 찾았더라도 계속해서 관계를 위해 노력하고 있다는 점을 알아야 한다. 대부분, 한두 가지 영어 비법을 통해 짧은 시간에 영어와 커플이 되길 원하지만, 연애 스토리Love Story 속에는 분명히 갈등과 아픔이 있다는 것을 알아야 한다. 마지막으로, **이 책은 영어학습법을 소개하는 책이 아님**을 미리 말하고 싶다. 영어의 정체성을 알고 나의 수준과 목적 그리고 흥미를 살펴봄으로써 영어와 어떻게 좋은 관계를 맺을 것인지를 생각해 보는 책이다. 하지만, 일반 영어학습법보다 더 중요한 비법이 들어있다고도 말할 수 있다.

루시 님은 나와의 대화 후에 다시 이런 글을 보내왔다.

"영어 연애 십계명 잘 읽었습니다. 대충 읽었을 때와는 느낌이 완전히 다르네요. 이제 해나내 영어 이름의 의도를 조금은 파악한 듯해요. 계명마다 메모하며 읽었는데 제 이름도 나오네요. 영광입니다. 참고로 제 IQ는 고3 샘이 140이 넘는다고 하더군요. 머리와 영어는 상관없음을…마지막 중요한 키포인트핵심는 자신의 목적과 흥미 그리고 수준이 어느 정도인지를 아는 것. 다시 한번 나의 영어를 뒤돌아보는 계기가 되었어요. 감사해요!"

루시가 하는 공부 방법은 모두 다 영어 실력 향상에 도움이 된다. 듣기, 읽기, 말하기, 쓰기, 문법까지도 배우고 있으니 더 할 것이 없을 정도다. 그런데, 왜 말하기가 어려울까? 이러한 공부하는 방법이나 책만 보아서는 알 수가 없다. 하지만, 한두 마디 영어로 말하는 것을 들으면, 바로 문제점을 알게 된다. 아무리 많은 입력을 하였더라도 소리를 들으면서 그대로 따라 읽는 연습을 하지 않았다면, 자연스럽게 단어의 강세나 연음, 그리고 억양을 배우지 못한다. 그렇게 되면, 말을 하면서도 스스로 자연스럽지 못한 모습에 자신감을 잃게 된다. 따라서 그녀에게 처방한 것은 〈영어 연애 십계명 일, 읽어야 한다〉이다. 이 과정을 하지 않으면, '더미Dummy'가 되기 때문이다. 그녀는 말하기를 꾸준히 연습해 왔기에 더미는 아니지만, 영어 커플이 되기 위해서는 듣기의 문제도 해결해야 한다. 둘째로, 듣기가 어려운 원인을 찾고 있다고 하는데, 이에 대한 해답은 〈영어 연애 십계명 육, 육성으로 들어라〉를 참고하길 바란다. 셋째로, 루시는 다양한 공부를 통해 영어의 4가지 영역을 다 배우고는 있지만, 4가지가 연결되지 않고 있다. 이 말은 배우는 내용이 서로 연결되지 않아서, 의미가 없는 공부가 되고 결국은 기억력에도 영향을 미친다는 것이다. 어떠한 말을 하고자 할 때 혀에서 맴돌거나, 기억이 나지 않는 상황이 자주 생기는 이유가 되기도 한다. **따라서 의미를 부여한 삼세번의 연습이나 경험을 통한 연결고리linking를 만드는 것이 필요하다.**

언어 학습에서 가장 중요한 단어를 외우기 위한 연습은 기억력과도 밀접한 관계가 있다. 인간의 기억력을 제한하는 요인인 작업기억은, 무엇인가에 대해 생각할 때 한꺼번에 뇌 속에 유지할 수 있는 정보의 양을 말한다. 이것은 한순간에 생각할 수

있는 정보와 기억폭Memory Span이 제한됨을 뜻한다. Miller1956
는 〈마법의 수 7±2: 정보처리 용량의 한계〉라는 논문을 통해
우리가 평균 7개 정도다섯 개에서 아홉 개 사이의 제한된 수의 항목만을
유지할 수 있음을 알려준다. 세상의 많은 정보 중에서 오직 적
은 양의 정보만이 우리의 뇌 속에 입력되며, 실제 필요한 생각
을 하는 순간에도, 오직 적은 양만이 이용된다. 그래서 단어 하
나를 기억하기 위해 많은 연습을 하기보다는 단어가 함께 사
용되는 청크Chunk, 덩어리 단위의 표현과 사용되는 문맥을 반드시
이해해야 한다. 그 외에도 영어학습을 위한 지식과 정보에 대
한 개념을 이해하고 기억하기 위해서는 이미지Image를 사용하
거나 아니면 서로 연관성Interconnection이 있어야 한다.

일반적으로, 작업기억이 좋을수록 언어구사력이 좋고 외국
어 어휘의 학습 능력과도 관련이 있다Atkins & Baddeley, 1998고 한
다. 또한, 작업기억의 폭이 넓은 사람들이 문장 맥락에 기초하
여 생소한 단어들의 의미를 추론하는 데 능숙하며, 읽기능력도
우수하다Daneman & Green, 1986고 한다. 단어를 배우는 가장 이상
적인 방법은 글의 문맥Context을 통해서 배우는 것이다. 하지만
문맥을 통한 암시적인 방법으로 단어의 의미를 정확히 알기 어
려운 경우에는, 단어의 의미를 따로 외우는 것도 필요하다. 단
어 암기의 아주 기초적인 단계에서는 영어 단어와 한글의 의미
를 일대일로 연결하여 배우는 것도 필요하다. 단어카드를 사

영어 참견러's 연애 십계명

용해 생활형 단어나 기본 동사의 일대일 의미를 가르칠 필요도 있다. 사실 단어의 철자가 중요한 것은 아니다. 단어를 듣고 읽고 말하는 데는 굳이 **철자보다는 단어의 소리와 의미가 더 중요함을 기억해야 한다.** 영어는 말이기에 단어의 소리를 듣거나 소리 내어 읽지도, 말하지도 않고, 눈으로 읽거나 외우기만 하는 것이 문제가 되는 것이다. 단어 암기를 위해 쓰고 외우고 단어장을 만드는 것도 필요할 때가 있긴 하다. 이때는 단어의 어원Etymology과 접두사Prefix, 접미사Suffix의 의미를 생각하면서 배우는 노력을 해야 한다.

루시의 말대로 IQ와 영어 실력과는 상관관계가 없을까? 나도 궁금해진다. 지능이 높은 사람의 장점으로 꼽히는 것이 좋은 기억력이고 기억력은 학습과 연관이 있다. 영어도 주로 암기와 관련된 학습에 해당하니, 지능이 높으면 영어도 잘한다는 것은 당연하게 여겨진다. 하지만, 뇌과학자인 데이비드 콜브는, 뇌 속에 정보가 입력되어 외부로 출력되는 학습 과정을 4단계로 설명한다. 특히, 성인은 Feeling감각 피질, Watching측두 통합 피질, Thinking전두 통합 피질, 그리고 Doing운동 피질을 거쳐 배운다고 한다. 따라서, **인간은 오감으로 경험하고, 의미를 관찰하고, 생각하고, 행동하는 과정을 통해 무엇인가를 배운다.** 영어의 4대 축인, 듣고 읽고 말하고 쓰기를 골고루 한꺼번에 연습해야 하는 이유도 바로 이 4가지가 서로 연결되어 서로의 기능에 영향을 미치고 있기 때문이다. 모국어라면 먼저 오랜 시간 듣기만 하겠지만, 외국어로 배우는 영어는 읽은 내용을 듣고, 말하고, 쓰기까지 동시에 연습해야 효과적이다. 이 말은 각각 다른 내용으로 4가지를 각각 따로 배우라는 말이 아니라, 한 가지 내용을 가지고, 4가지, 즉 오감으로 느끼고, 관찰하고, 생각하고, 행동하는 과정을 해야 기억이 잘되고 출력이 잘된다는 말이다. 이제는 AI보다 인간의 뇌가 점점 더 궁금해지기 시작한다.

지금까지 말한 '1. 읽어라, 2. 이해하라, 3. 삼세번 연습하라'의 세 가지는 영어 연애를 위한 가장 기본적이고 중요한 3의 역할을 하기에 황금의 삼위일체Golden Trinity라고 부르고자 한다.

- 영어와의 연애를 위한 세 번째 레시피 -

황금의 삼위일체를 기억하라!
Remember the Golden Trinity of Dating!

영어 참견러's 연애 십계명

사, 사랑하라
Speak from Day 1

유튜버Youtuber로 활동하고 있는 '런던 티쳐London Teacher'라는 닉네임의 체코인은 다중 언어자Polyglot:여러 언어를 사용하는 사람다. 우리말을 아주 능숙하게 하고, 영어와 관련한 학습법을 자신의 경험과 함께 나누는 분이다. 그분도 한국어를 처음 들었을 때 왠지 모를 매력에 빠졌다고 한다. 내가 어린 시절 아빠가 부르시던 팝송과 영어로 통화하시는 목소리를 들으면서 좋아하는 감정을 갖기 시작했던 것처럼 말이다. 그렇다면 어떻게 영어를 사랑할 것인가? 대부분의 다중 언어자들이 강조하는 것은 **"언어를 배우기 시작한 첫날부터 말하기를 하라"**는 것이다. 내가 영어와 사귄 지 얼마 되지 않아 교내 영어 암송대회에서 "I am sorry!"라는 말을 전교생 앞에서 하는 순간, 영어를 사랑한다는 느낌을 받았다. 23살이 되던 해에 지금의 남편이 나에게 "사랑한다"는 말을 하는 순간, 이 사람과 결혼할 것 같다는 느낌이 들었다. 사실 그땐 놀라고 당황스러워 못 들은 척했지만, 나의 감은 뛰어났다고 말할 수 있다.

영어를 배우기 시작한 날부터 영어로 말하기가 가능할까? 가능하다. 영어 연애 레시피를 읽기만 하지 말고, 직접 해보자. '일, 영어 소리를 들으면서 따라 읽고,' '이, 이해 가능한 수준에 맞게,' '삼, 삼세번 연습한다면,' "사랑한다"고 말할 수 있게 된다. 셋째 비법에서 소개한 3의 원리를 이용하여 용기를 내어 말하면 된다. 내가 "I am sorry."를 말했던 것처럼. I like it. I want it. I got it. I took it. I said it. I forgot it. I called you. I miss you. I feel sad. How are you? How was your day? 등 두세 단어로 간결하고 정확하게 표현하기 시작하는 것이다. I love you! 자, 함께 말해보자!

젊은 시절, 내 주위를 맴돌다 한마디도 하지 못한 남자, 상대의 단점이 보인다고 슬며시 사라진 남자, 상대를 이해하지 못하고 자신의 방식으로 사랑을 표현하다가 결국 떠나야만 했던 세 명의 남자들이 있었다. 그들처럼 영어 주위에서 망설이고만 있는 엘리트들을 자주 만나게 된다. 아는 것도 많고 할 말도 많기에 더욱 말하지 못하는 것이다. 생각대로 안 되니까. 자존심이 상하니까. 말해본 경험이 없으니까. 그래서 나이가 들수록 사랑은 더 어려워지는 것이다. 늦었다고 생각하지 말고, 표현하기 어색해도 쑥스러워도 부족해도 지금 말하라. I Love You! 용기가 필요하다. 나의 남편처럼 말이다. 남편은 "용감한 자만이 미인을 얻는다"는 말을 할 때마다 가족들에게 핀잔을 듣곤 하지만, 용기를 내어 "사랑한다"는 말을 해야 본격적인 연애가 시작될 수 있는 것이다.

영어 참견러's 연애 십계명

그러면 구체적으로 어떻게 해야 영어와 본격적인 연애를 할 수 있을까? 사랑한다는 말만 해서는 온전한 연애의 관계를 맺을 수 없는 것처럼, 무언가를 해야 한다. **연애에 있어서 가장 중요한 것은 함께 시간을 보내는 것이다. 한마디로 시간 투자를 해야 한다.** 서로 기분이 좋을 때나 피곤할 때나 화가 나 있을 때도 서로 함께하는 시간이 필요한 것처럼 영어와도 자주 시간을 보내야 한다. 현실적으로 영어를 외국어로 사용하는 EFL 환경에 있는 우리에게는 쉽지 않은 문제다. 그래도 난 가능한 영어와 시간을 보내려고 노력한다. 연애담에서 나누었듯이 결혼 후 지금까지 기록하고 있는 가계부 대부분을 영어로 쓰고 있다. 아주 간단한 단어라도 영어로 쓰다 보니 늘 함께하는 느낌이다. 교회에서 설교를 들을 때에도 속으로 통역을 해 보거나, 영어로 설교를 적기도 한다. 강아지와 산책하는 시간에는 영어 가스펠 송Gospel Song이나 영어 뉴스 혹은 테드와 같은 강연이나 인터뷰 등을 듣는다. 가끔 강아지에게 영어를 사용하였더니, 몇 마디지만 알아듣는 듯하다.

요즘엔 아파트 내 북카페에서 일하는 바리스타와 영어로 대화를 나누고 있다. 영어 성경 스터디와 영어 성경 낭독 모임에서도 묵상과 안내문을 영어로 적는다. 사랑하기 위해서는 대화를 나눠야 하듯이 영어와 좋은 관계를 위해서도 말로 대화를 나누고 글로 소통하는 시간이 절대적으로 필요하다. **혼자서 영**

어 연애 책만 읽지 말고 직접 얼굴을 보면서 사랑한다고 말해 보자! 하지만, 용기를 내어 몇 마디 말을 하려 해도 어떤 단어가 입에서 나오지 않을 때가 종종 있다. 어떤 단어를 기억 속에서 인출Memory Retrieval 할 때, 기억이 날 듯 말 듯하는 경우다. 그런 상황을 설단 현상Tip of the Tongue Phenomenon이라고 한다. 기억이 날 듯하면서 나지 않는 이유가 무엇일까? 기억력이 나빠서일까. 실제 우리의 기억은 우리가 '가장 필요로 할 가능성이 높은 정보'를 받기 원한다고 한다. 그래서 사용하고자 할 때 사용할 수 없는 이유는 우리의 일상과 관련이 없거나 자주 쓰이지 않기 때문이다.

『Smart Thinking』에서 아트 마크먼은 이런 경우에, 기억을 끌어낼 수 있는 다이어그램, 간단한 그림, 몸짓, 속담, 이야기, 농담 활용하기 등 기억에 도움이 되는 어떤 힌트가 필요하다고 한다. 우리가 무언가를 배울 때 관심과 감정이 중요한 이유는 어떤 목적을 가지고 집중해야 장기기억이 되어 필요할 때 사용할 수 있기 때문이다. **장기기억을 위한 아주 좋은 방법은 직접 경험하는 것이다.** 난 갑상선 저하증Hypothyroidism이 있고, 고관절 수술Femur Bone Surgery을 한 경험이 있기에 이 두 단어는 바로 말할 수 있다. 내가 절대 잊을 수 없는 단어다. 그렇다고, 누구나 이런 경험을 하라는 말은 아니다. 그저 자신이 직접 경험한 일이나 자주 말하고 듣는 것은 절대 잊을 수 없다는 말이다. 그렇기에 **영어와의 좋은 관계를 원한다면 영어로 자주 대화를 하는 시간을 보내는 것이 필요하다.**

윤홍균 저자는 『자존감 수업』을 쓴 지 4년이 지나서 자존감의 핵심이 사랑이라는 것을 알게 되어 『사랑 수업』이라는 책을 썼다. 부모와 자식, 연인, 부부, 친구, 동료 등 중요한 관계는 모두 다 사랑에서 파생되었고, '다 그놈의 사랑이 문제'라고 말한다. 나도 명절에 가족, 친척들이 모여 수다를 떨다 보면, 이런 말이 한 번쯤은 꼭 나온다. "그놈의 사랑이 문제야!" 맞는 말이다. 세상이 만들어진 처음Alpha부터 마지막Omega까지 인류의 가장 큰 문제는 사랑, 특히 인간을 향한 하나님의 사랑이다. 그분의 사랑 편지인 성경Bible을 읽고 나서야 알았다. 대략 B.C.1500년부터 A.D.100년에 이르기까지 1600여 년에 걸쳐 약 40명의 필자를 통해 기록된 66권의 책은 '사랑 이야기 완결판'이라 할 수 있다. 성경은 이집트의 파피루스Papyrus와 어원이 같다. 알파벳의 고향이자 파피루스를 수출하던 페니키아의 도시인 바이블로Byblos에서 바이블로 변했다고 한다.

내가 성경 이야기를 하는 이유는 **성경을 통해 신의 사랑을 알았고 누구를 어떻게 사랑해야 할지를 배웠기 때문이다. 심지어 영어를 사랑하는 법도 말이다.** 바로 '사랑은 오래 참고… 모든 것을 믿으며 모든 것을 바라며 모든 것을 견디느니라고린도전서

13:4-7.'의 글귀를 통해서다. 첫사랑은 잠시 달콤하지만, 그 시간이 지나면 인내의 시간이 기다리고 있는 것처럼 나에겐 영어가 그랬다. 그래도 지금까지 40년간 좋은 관계를 유지할 수 있었던 것도, 믿고 바라며 견디었기 때문이다. 고등학교 2학년 더운 여름방학 때에 문법책과 씨름을 하던 시간과 대학 3년간 무거운 영영사전을 들고 다니며 이해하지도 못하는 영자신문과 영어방송을 보면서 그 시절을 견뎠다. 무조건적인 인내는 아니었고, 무언가 열매를 바라고 견딘 것이다. 사랑은 오래 참고…

사랑의 관계에서 인내가 필요한 것은 분명하다. 하지만, 서로 소통이 되지 않는다면 좋은 관계를 유지하기 어려울 것이다. **사랑하기 위해서는 서로 대화를 해야 한다.** 영어를 배워 본 경험이 있는 우리나라 사람들은 누구나 영어를 유창하게 말하고 싶어 한다. 하지만 말을 할 수 있는 환경이 아니니까 그저 눈으로 읽기만 하는 것이다. 말하자면 말하기와 쓰기를 하지 않고 배우고만 있기에 말이 아닌 공부가 되는 것이다. 그렇다면 **어떻게 영어를 사용하는 환경을 만들 수 있을까?**

해답은 스스로 영어를 말하고 쓰는 환경을 만드는 것이다. 영어학원이나 개인지도를 통해서, 혹은 온라인과 전화 영어, 채팅앱이나 SNS 등의 다양한 방법으로 자신에게 맞는 방법을 찾아서 할 수 있다. 내 방법을 소개하면, 크고 작은 모임을 만들어 직접 참여하는 것이다. 관심사가 비슷한 친구나 지인과 함께 모임을 만들어 보자. 난 요즘 영어를 매일 사용하고 있는 환경을 만들었다고 할 수 있다. 학생들을 가르치는 수업 외에도 영어 말하기 모임과 영어 성경 스터디를 인도하고 있다. 그리고 국제적인 플랫폼인 BSFBible Study Fellowship에 참여하고 있다. 이러한 모임을 통해 영어로 성경을 읽고 생각하면서 삶에 관한 깊은 이야기도 나누고 있다. 스터디 친구Study Mate를 만들어 서로 영어로 대화를 나누는 것도 좋은 방법이다. 아파트 내에 있는 북카페에서 만난 영어 강사인 안젤라Angela는 영어신문을 읽고 있던 나와 대화를 나눈 후에 영어 성경 스터디에도 참여하게 되었다. 스터디 후에는 문법 지도법에 대한 동영상을 찍어 유튜브에 공개하고 있다. 학생들에게 문법을 어떻게 가르칠 것인지 고민하는 교사나 부모들을 위한 영상이다. 안젤라는 외국에서 오래 생활한 경험으로 영어 말하기를 잘한다. 하지만, 문법에 대한 지식이 부족하고 어떻게 학생들에게 문법을 가르쳐야 할지 알려 달라고 내게 도움을 청했다. 좋은 영어 중매쟁이가 되기를 원한다면, 안젤라와 같은 이러한 성장 마인드셋이 필요하다.

영어로 말을 한다는 것Speaking과 타인과 대화를 하는 것Talking은 전혀 다른 상황이다. 말하기 모임에 참여해 보면 대화의 주제나 상대방의 의견과는 전혀 상관없이 자신이 하고 싶은 말을 하는 참여자가 있다. 어떤 참여자는 질문에 대답하고는 머리를 푹 숙이거나 상대방의 말에 전혀 반응하지 않기도 한다. 누군가와 즐거운 대화를 위해서는 혼자 말하기와는 전혀 다른 스킬Skill과 매너Manner가 필요하다. 대화라는 것은 자신의 의견이나 생각 혹은 감정을 나누고 상대방과 소통하는 것이다. 핑퐁Ping-Pong, 탁구처럼 주거나 받거니 식의 대화가 바람직하다. 그러기 위해서는 영어로 대화하는 방법과 매너도 알아야 한다. 그렇다면, **어떻게 해야 대화를 잘할 수 있을까?**

첫째, 대화란, 상대방이 말하거나 질문한 내용에 대하여 반응하거나 의견을 말하는 것이다. 특히, 어떤 주제가 이미 정해진 경우라면 그 주제에 대한 의견이나 생각을 미리 정리한 후에 말을 해야 한다. 자신이 말하고 싶은 것을 무조건 말하는 것이 아니다. 어떤 참여자는 주제에 맞지 않는 말을 한다거나 아예 왜 이런 주제를 택했는지에 대한 불만을 두서없이 말하기도 한다. 영어 대화를 하기에 앞서 자신의 기본적인 소통의 태도를 먼저 살펴야 한다.

둘째, 가능한 간결하고 명확한 대답을 하도록 한다. 그저 무의식적으로 바로 떠오르는 단어나 표현으로 가능한 쉽게 말하자. 말하기가 어려운 이유는 정확하게 말을 해야 한다는 강박증 때문이다. 문법과 문장 구조를 생각하면서 말하려다 보면 오히려 어색하거나 장황한 문장이 된다. 그저 듣고 있는 상대

영어 참견러's 연애 십계명

의 표정과 반응을 보면서 대화하자. 소통하려는 태도만 있다면 상대방이 내 마음과 생각을 읽어 줄 것이다.

셋째, 대답만 하지 말고, 적극적으로 질문하면서 상대의 의견이나 생각을 들어보자. 상대가 질문한 이유는 자신도 의견을 나누고 싶기 때문이다. 이렇게 서로 주거니 받거니 하는 것이 좋은 대화법이다. 성인 간의 대화에 있어서 대화 주제에 대한 사전 지식이나 관심사도 중요하다. 그래서 누군가와 깊이 있는 대화를 원한다면, 책이나 영상 등을 통해 여러 방면에 대한 정보와 지식을 쌓는 노력도 필요하다. 아는 만큼 생각하는 만큼 말할 수 있기 때문이다.

마지막으로, 구겨지지 않는 태도다. 영어로 대화를 나누는 것 자체가 도전이고 노력이 필요한 행동이다. 말하면서 실수하는 것은 자연스러운 일이다. 생각하는 대로 나오지 않는 것도 당연하다. 그러한 경험을 통해서 단어나 표현을 하나씩 배우는 것이다. 실수하지 않고서는 절대 친해질 수 없는 것이 영어다. 자! 다시 한번 시작하자. 우리에겐 신의 선물인 오감이 있으니, 오감을 사용해 말해보자.

- 영어와의 연애를 위한 네 번째 레시피 -

영어와 시간을 보내자!
Spend time with English!

오, 오감으로 소통하라
Five Senses

난 요리하기를 좋아한다. 요리는 오감을 자극하여 행복감과 성취감 그리고 배부름을 느끼도록 해준다. 이러한 **오감의 자극은 사랑할 때도 그리고 외국어를 배울 때도 필요하다.** 오감은 시각, 청각, 후각, 미각, 촉각 등의 5가지 감각을 말하며 눈으로 읽고, 귀로 듣고, 입으로 말하고, 손으로 쓰고, 몸으로 체험하는 것이다. 들을 때에는 귀를 사용하고, 읽을 때는 눈을 사용하고, 들으면서 읽을 때는 눈과 귀와 입을 사용하게 된다. 모든 배움에 있어 오감은 기본적이고 중요한 감각이다.

〈영어 연애 십계명 일, 읽어야 한다〉에서 강조한 음성을 따라 읽는 연습은 좋은 발음, 즉 억양과 강세를 포함한 영어의 리듬감을 키우기 위한 최고의 방법이다. 최소한 3가지의 감각을 사용하는 것이니, 당연히 뇌에 더 많은 자극을 주게 된다. 여기에 후각과 촉각을 더해 냄새를 맡고 몸을 이용하는 경험을 더한다면 우리는 굳이 암기하려고 노력하지 않아도 된다. 수업 중에 학생들과 가끔 간단한 요리를 하곤 한다. 레모네이드, 샌드위치, 브리또, 최근에는 마요네즈를 만들었다. 학생들은 이러한 시간을 아주 좋아한다. 오감을 통한 자극은 뇌 신경을 거쳐 대뇌피질의 영역인 '해마Hippocampus'라는 특정 부위의 신경세포를 증식시킨다고 알려져 있다. 뇌에서 기억 조절을 담당하는 부위로 '기억 제조공장'이라고도 불리는 해마를 통해 우리의 뇌는 계발된다. 두뇌계발은 몸과 뇌 사이의 정보 통로를 원활히 하는 것으로, 신체 운동을 통해 만들어진다.

오감을 사용하면 심리적인 부담감도 줄어든다. 여러 종류의 게임과 다양한 방법을 사용하여 영어를 배우는 재미Fun도 느끼게 한다. 저학년 학생을 대상으로는 간단한 노래와 춤Singing & Dancing을 통해 영어의 리듬과 연음 등의 감각을 키워준다. 고학년은 다양한 보드게임Board Game, 배틀Battle, 퀴즈Quiz를 이용하여 단어도 익히고 문장 이해력도 확인한다. 그 외 속도 게임 Speed Game, 추측 게임Guessing Game, 치기 게임Slap Game, 행동 게임Motion Game, 경주Racing 등 카드를 이용하는 게임을 통해 영어의 유창성과 속도감도 키울 수 있다. 이러한 오감을 이용한 팔팔한 활동은 재미와 성취감을 줄 수 있는 좋은 방법이다. 무엇보다 이러한 오감을 이용한 방법은 영어가 공부가 아닌 말이라는 개념을 준다는 장점이 있다. 자세한 방법이 궁금하다면 〈영어 중매 십계명 팔, 팔팔한 활동을 하라〉를 참조하길 바란다. 그렇다고, 매번 게임과 같은 재미있는 활동을 할 수는 없다. 하지만, 이러한 재미있는 시간이나 재미가 없다면, 영어를 배우는 시간이 너무 힘들고 스트레스가 될 뿐이다.

유대인의 언어 습득력의 비결은 눈으로 읽고, 귀로 듣기만 하는 것이 아니라 배우고자 하는 단어와 표현을 입으로 중얼거리는 것이다. 유대인은 '토라'라고 불리는 '모세 5경'과 30권의 유대인 경전인 '탈무드'를 포함해 600여 개의 율법을 암기해 온 민족이다. 가토 나오시라는 일본인이 길거리에서 '다니엘'이라는 유대인이 장사하면서 일본어를 배우는 장면을 관찰하고 『유대인 영어 공부법 - 뇌가 저절로 기억하는 영어 공부의 왕도』를 썼다. 다니엘은 몸을 움직이면서 배운 표현을 리듬을 타며 소리 내어 중얼거리며 연습하고 사용한다. 유대인뿐만 아니라 인간이라면 누구나 오감을 이용하지 않고서는 언어를 배울 수 없다. 심지어 모국어를 배우기 위해서라도 듣지 못하면 말하지 못하게 된다. 귀를 통해 듣고, 문맥과 상황을 통해 이해하고, 말하는 경험을 통해서 배우는 것이다. 설령, 읽거나 쓰지를 못하더라도 듣고 말하기는 가능한 것처럼 말이다. 하지만, 영어를 외국어로 배우고 있고, 생활에서 영어를 말하지 않고도 잘 지낼 수 있는 우리나라의 환경에서는 그리 간단한 일이 아니다. 오히려 영어로 말을 하면 주위에서 쳐다볼 정도로 영어를 사용하지 않는 분위기 자체가 영어 말하기의 가장 큰 장애물이다. 이러한 환경에서 어떻게 하면 영어와 좋은 교제를 할 수 있을까? 영어와의 좋은 교제라는 것은, 스트레스를 받지 않는 상태에서 자연스러운 대화를 나눌 수 있는 관계를 말한다. 이러한 관계를 위해서는 작은 대화가 필요하다. **작은 대화**Small Talk

는 어색한 분위기를 깨기 위한 용도만이 아니라 낯선 이와의 대화를 위한 다리 역할을 해준다.

   얼마 전, 엘리베이터를 탔는데 한 외국인 여성이 누군가와 통화하고 있었다. 딸과 대화를 나누는 듯해 질문했더니, 자신의 엄마라면서 늘 딸에 대해 걱정한다는 이야기를 했다. 자연스럽게 8층 영어학원에 면접을 왔다는 것과 영어를 가르치는 것을 좋아한다는 것도 알게 되었다. 내가 엘리베이터를 탄 것은 6층이니, 1층까지 3분도 되지 않는 시간에 우린 그런 사적이고 즐거운 대화를 나눴다. 서로 이름도 모르는 사이지만, 이러한 대화로 인해 긴장된 마음이나 외국인으로서의 느낄 수 있는 외로움도 좀 줄었으리라 생각한다. 이러한 엘리베이터에서 나누는 대화를 엘리베이터 대화Elevator Talk라고 한다. 난 어디에서나 누구하고나 이러한 대화를 즐겨한다. 상대에 대한 호기심보다는 친절함의 표시로 말을 거는 것이다. 단순하고 형식적인 인사를 넘어 이러한 짧지만 진지한 대화는 상대의 삶을 존중하는 마음에서 나온다. **이러한 대화에서 중요한 것이 오감을 적극적으로 사용하는 것이다.** 상대에 대해 아는 것이 없고 낯설기에 더욱 눈빛과 미소를 사용한다. 엘리베이터 대화는 엘리베이터를 넘어 어디에서나 가능하다. 폐지 줍는 분이나 청소관리인, 거지, 다리 밑에서 거주하는 여인의 공간, 외국인 노동자의 집, 아기를 해산하거나 암으로 입원한 병원, 구치소, 출입국사무소, 무료 급식소. 서로 말할 상황이 안 되거나 언어가 달라 소통이 되지 않으면 눈빛으로 미소로 혹은 번역기로 대화를 나눈다. 아무것도 할 수 없는 보육원의 어린 아기들은 그저 안아주고 기저귀를 갈아주고 우유를 먹이는 신체적인 접촉만으로 대화를 나눈다. 영어를 사용하기 위한 목적이 아니라, 그저 그들과 오감을 통해 공감하고 소통하고 위로하기 위한 작은 몸짓이다. 이러한 태도로 인해 난 오지랖이 넓은 사람이 되었다. 영어 참견러를 넘어 인생 참견러가 되고자 하는지는 모르겠다. 하지만, 누군가 낯선 이와도 대화를 나누는 열린 마음Open-minded이 지금까지 영어와 즐거운 관계를 유지할 수 있는 비결인지도 모르겠다. 혼자서 중얼거리지만 말고, 누군가의 눈을 바라보고, 음성에 귀 기울이고, 질문도 해보면서, 상대의 감정까지도 느껴보길 바란다. **단순하고 형식적인 인사를 넘어 바로 옆에 있는 누군가와 오감을 사용해 대화를 해보자.** 바로 지금!

자녀를 어려서부터 영어 유치원이나 국제학교 혹은 유학을 보내는 이유 중 하나는, 원어민과 같은 발음Native-like Pronunciation을 갖게 하고자 함이다. 글과 함께 오디오나 비디오 영화나 애니메이션의 영어음성을 듣거나 영어자막을 잘 따라 읽기만 해도 가능하다. 한번은 나에게 3년 정도 배운 신연이 어머니께서 학원을 찾아오셨다. 다른 외국어 학원에 가서 테스트를 받았는데, 미국 원어민이 자꾸 어디에서 영어를 배웠냐고 물어서, '우리 아이 영어'라고 했더니, 그곳이 미국 어디에 있냐고 물었다고 한다. 신연이는 미국도 외국도 다른 학원도 다녀본 적이 없었다. 그 말은 **토종 한국인이 원어민에게 직접 배우지 않아도 원어민과 같은 발음을 익힐 수 있다는 것이다.**

함께 배우던 친구 솔이도 학원을 그만둔 4년 후, 용인외고에 입학하였다는 소식을 듣게 되었고, 나중에 대학생이 되어 찾아 왔다. 내 수업 덕분에 영어를 좋아하게 됐다고 감사의 말을 전 하러 온 것이다. 수업 중 교과서 내용에 나오는 것을 만들어 보 기도 하였는데, 아마 그런 시간이 좋았던 모양이다. 사실, 나 도 그때 배운 단어인 해먹Hammock 그물침대과 학생들과 함께 나 눠 먹은 도넛Donuts에 대한 기억이 생생하다. 이 두 학생은 내 게 수업을 받기 전부터 이미 영어를 들으면서 따라 읽는 연습 Shadow Reading을 하고 있었기에, 미국 교과서와 영어로만 하는 수업을 잘 따라올 수 있었다. 수업은 그저 미국 교과서를 읽고 간단히 질문하고 대답하고, 영어 일기를 써오면 교정Correction 하는 것이 전부였지만, 그것으로도 충분했다. 1년 정도 지나서 인가, 교내에서 주최한 영어 말하기 대회에서 각각 1등과 2등 을 하였다. 영어로 읽고 듣고 말하고 쓰기를 한 결과다. 미국 교과서, 즉 리딩 교재만을 가지고도 충분했다는 것을 보여준 다. 미국 교과서는 주마다 다르기에 우리나라의 교과서와는 개 념이 다르다. ESL이나 EFL 교재가 아닌, 미국 현지의 교과서를 사용한 이유는 원어민이 사용하는 표현 그대로 가르치고자 했기 때문이다. 하지만, 미국 교과서가 좋다고 해서 무조건 사용하지는 말자. 해리포터나 미국 드라마인 프렌즈Friends의 열풍처럼 한 가지 방법으로 영어를 정복한다는 식의 말에 흔들리지 말자. 자신을 아는 것이 중요하다. **자신의 수준과 흥미를 아는 메타인지 능력이 절실히 필요하다.**

- 영어와의 연애를 위한 다섯 번째 레시피 -

작은 대화로 시작하자!
Start with Small Talk!

육, 육성으로 들어라
Smart Listening

언어학자 크라센이 말한 "말은 연습이 아니다Talking is not practicing."라는 말이 화제가 되었다. 미국에 거주하는 외국인 학생들을 대상으로 영어 학습법을 연구한 그는 인간은 누구나 말하는 능력이 있기에 굳이 말을 연습할 필요가 없다고 주장했다. 이 말을 바탕으로 귀의 민감성을 키운다거나 많이 빠르게 듣자는 학습법도 있다. 이것은 암기나 번역 또는 반복적인 연습Drill 을 통해 반복해서 말하기 연습하는 것을 지양해야 한다는 말이다. 하지만 귀의 민감성을 키우거나 무작정 듣기만 한다고 말을 잘할 수 있는 것은 아니고, **말을 하는 경험을 통해서 외국어를 익히게 되는 것이다.** 이것은 모국어를 익히는 과정과 같은데, 우리가 모국어를 말할 때 우리의 기본적인 욕구와 관련된 필요한 말을 하기 시작하여 소통의 경험을 함으로써 점차 대화를 나누는 단계까지 가게 된다. 이러한 과정에서 말하는 연습을 한다기보다는 단지 말하는 경험을 통해 배워 나가는 것이고, 이것이 바로 크라센 교수가 알아낸 본질이다.

테솔 대학원 시절, 미국 원어민 온라인 수업이 끝나자마자, 한 선배가 내게 전화를 하여 교수님이 말씀하신 과제가 무엇인지를 물어보았다. 한숨을 쉬면서 본인은 영어를 알아듣지 못한다는 말을 하였다. 다른 수업 동영상에서 그분이 고등학생을 대상으로 뉴스 기사를 다루는 수업을 하는 것을 보았기에 의아했다. "선배님, 수업을 잘하시던데요."라고 말했더니, "그냥 외워서 한 것"이라고 했다. 그 당시에는 의아했고, '영어를 듣는 연습을 하지 않아서겠지.'라고 생각하며 통화를 마쳤다. 그 선배가 원어민의 말을 알아듣지 못한 이유는 단지 연습 부족이었을까?

사실 **영어 듣기가 영어의 4영역 중 배우기가 가장 어렵다.** 그 이유는 다음과 같다.

첫째, **빠른 속도다.** 듣기의 속도는 평균 1초에 두세 단어를 들어야 한다. 게다가 실제 상황에서는 반복하여 연습할 시간이 없다. 잘못 들었거나 이해하지 못한 단어나 문장의 뜻을 우리말로 생각하다가는 이어지는 문장을 놓치게 된다. 물론 대화 중에 다시 한번 반복해 달라고 요청할 수 있겠지만, 그것도 한두 번이지 세 번까지는 민망해서 할 수 없게 된다. 영어인증 시험을 위한 듣기를 한다면 이마저도 불가능하다. 그래서 전체적인 내용을 듣는 순간, 무의식적으로 바로 이해하도록 자주 소리에 노출되어야 한다. 시선 추적Eye Tracking은 글을 읽는 사람이 어디를 얼마나 보는지 파악할 수 있는 기술이다. 이 기술을 통해 글을 읽는 과정에서 어렵거나 이해가 되지 않은 단어나 문장에서 눈동자가 멈추거나Fixation, 다시 돌아가서 읽는 행동Regression을 한다는 것을 알 수 있다. 하지만 듣기에서는 이러한 돌아가서 듣는 행동Rapid Return을 할 수 없기에 읽기와는 다른 차원의 높은 기술과 집중력이 필요하다. 바로 듣고 바로 이해하는 직청 직해 능력이 요구된다.

둘째, **단어와 표현을 알지 못하거나 문장의 구조에 대한 사전 지식이 없을 경우이다.** 한마디로 문장 이해력과 문장 해석력이 없거나 늦으면 빠른 속도를 따라갈 수가 없게 된다. 그래서 읽기를 통한 연습이 필요한 것이다. 바로 읽고 바로 이해하는 직독직해가 필수다. 모르면 들어도 무슨 뜻인지 모른다. 게다가 단어의 한 가지 뜻만 따로 외워서는 이러한 듣기의 문장을 이해하기 어렵다. 문맥을 통한 다양한 어휘 학습이 필요한 이유이다. 설령 단어의 뜻을 안다고 할지라도 하나 이상의 단어가 모여 다른 뜻을 이루는 동사구Verb Phrase나 연어Collocation의 표현을 알고 이해하지 못하면 그마저도 불가능하다. 예를 들면, look up, look into, look for, look at과 같은 동사구나, have a coffee, take a shower처럼 한 덩어리Chunk로 사용되는 표현을 알아야 이해하게 된다.

셋째, 단어의 강세Stress와 억양Intonation, 연음Connected Sound과 같은 발음Pronunciation에 대한 지식이 부족한 경우에도 들리지 않게 된다. 알아야 들리는 것이다. 강세와 연음에 대해서도 알아야 잘 들을 수 있다. 또한, 각 나라와 인종에 따른 악센트 Accent와 정확하지 않은 영어Broken English로 인해 듣기 어렵기도 하다. 교회에서 만난 아프리카 가나에서 온 코피Kofi의 발음은 알아듣기 힘들다. 가끔 정확하지 않은 영어를 쓰기도 하지만, 아프리카 사람 특유의 악센트에 익숙하지 않아서다. 예전에는 영어 뉴스를 듣다가 그런 발음이 나오면 채널을 돌렸지만, 요즘에는 아프리카 발음에 더 귀를 기울인다.

넷째, 청각 자체도 정보를 받아들이는 데 제한이 있다. 듣고 있는 문장의 내용은 이해하였지만, 마지막 단어를 듣는 순간까지 앞에 나온 내용을 일정 시간 동안 기억하지 못하여, 전체적인 문장 이해력이 무너지는 것을 경험하곤 한다. 바로 **청각을 넘어선 기억력의 한계 때문이다.** 통역관들이 늘 메모를 하는 이유도 여기에 있다.

마지막으로, **듣는 내용에 대한 배경 지식이나 문화적인 이해가 있어야 한다.** 읽기는 사전이나 인터넷으로 정보와 지식을 찾아볼 시간이 있지만, 듣기는 전혀 그렇지 않다. 설령 100% 귀로 들었다 하더라도 이해를 하지 못하는 난감한 상황에 대한 경험이 있다. 2007년, 미국 NC에서 거주하게 되었고, 차를 산 후에 운전 면허증을 발급받기 위해 우리나라의 면허시험장 같

영어 참견러's 연애 십계명

은 곳을 방문했다. 경찰관이 면허증 발급 절차를 설명하는데 도무지 이해가 되지 않아 몇 시간 애를 먹었다. 듣긴 들었는데 이해가 되지 않은 상황이었다. 결국, 두세 번의 방문을 통해 그 주State에서는 자동차 보험을 먼저 가입해야 시험을 볼 수 있다는 것을 알게 되었다. 결국, 자동차 보험에 가입한 후에 필기시험과 주행시험Driving Test을 치른 후 면허증을 받을 수 있었다.

영어 듣기가 어려운 요인을 적다 보니, 영어를 알아듣지 못한다는 선배의 고민이 이해가 된다. 종종 영어 귀가 뚫렸다고 말하는 분들이 계시다. 뉴스나 미드, 영화를 보거나 받아쓰기 Dictation를 통해서 말이다. 정말 100%로 알아들을 수 있는 영어 귀를 갖게 된 것일까? 사실 원어민도 모든 단어나 발음을 알아듣지 못한다고 한다. 우리도 누군가와 대화를 나눌 때, 잘못 듣거나 이해하지 못하는 경우가 있다. 나도 주의력과 이해력이 부족하여 우리말로 하는 대화의 주제를 놓치기도 한다. 하지만, 상대의 말을 제대로 듣지 못하거나 이해하지 못하면서 자신이 하고 싶은 말만 하거나 오해하는 불통의 태도는 영어와의 관계에서도 치명적이다. 그렇기에 지금이라도 영어를 잘 알아듣기 위한 연습이 필요하다.

Dating Tips for Listening

첫째, 빠른 속도에 익숙해지도록 소리에 자신을 노출하자. 소리에 노출하자는 말은 빠르고 다양한 소리를 다양하게 들어 보는 것이다. 그렇다고 무조건 듣는 것은 효과적이지 않다. 읽기와 마찬가지로 자신의 수준에 따라 연습을 할 것을 추천한다.

초급자Newbie or Dummy라면 속도가 느리더라도 정확하게 읽어 주는 음성파일을 들으면서 따라 읽기Shadow Reading를 한다. 내용이 이해되고 쉽게 따라 읽을 수 있게 되었다면, 같은 음성파일을 다시 들어본다. 어느 정도 이해하는지 확인하고 나서, 이해하지 못하는 부분의 단어나 표현 혹은 발음을 익힌 후에 다시 듣는다. 이러한 집중해서 듣기와 흘려듣기를 반복한다. 집중해서 듣기Focused Listening 란 듣고자 하는 내용의 글을 읽은 후 주의를 기울이며 듣는 것을 말한다. 흘려듣기Passive Listening 는 집중하지 않은 채, 자연스럽고 가볍게 듣는 것이다. 듣고 있는 내용이 이해된다면 들으면서 따라 말하기Shadow Listening를 해보자.

중급자Intermediate Learner or Couple라면, 평범한 속도의 음성파일을 먼저 들어보고 이해도를 점검한다. 이해가 어느 정도 된다면 들으면서 따라 말하기Shadow Listening를 해보자. 말하기 연

　　　　　　　　영어 참견러's 연애 십계명

습을 하다 보면 분명히 따라 할 수 없는 부분이 나온다. 그 부분이 단어와 표현 때문이었는지 발음으로 인한 것이었는지 글로 확인한다. 그리고 다시 집중해서 들어본다. 듣기 이해도가 부쩍 늘었음을 느끼게 될 것이다.

상급자High-level Learner or Matchmaker**라면 속도를 1.5배속 정도로 올려 들어본다.** 이것도 가능하다면 2배속으로도 듣는다. 실제, 미국 현지 라디오의 뉴스는 보통 원어민의 2배속 정도로 말하니 속도에 익숙해지는 것이 필요하다. 빠른 속도에 익숙해지면, 일반 원어민이 말하는 속도가 느리게 느껴지는 것을 체험하게 될 것이다. 그 외, 중급자가 하는 식으로 들으면서 따라 말하기Shadow Listening나 받아쓰기Dictation를 해보자. 아마 많은 부분을 놓치고 있음을 알게 될 것이다. 매번 이런 과정을 다 할 필요는 없지만, 가끔 자신의 듣기 실력을 점검하는 용도로 사용하면 좋다.

둘째, 단어와 표현 그리고 문장 구조를 이해하자. 문장 해석 능력을 키워 직청 직해바로 듣고 바로 이해**를 해야 한다.** 오래 열심히 듣기만 한다고 해서 내용을 이해하게 되는 것은 아니다. 단어와 표현과 문장의 구조를 먼저 알아야 들었을 때 이해를 할 수 있게 된다. 〈영어 연애 십계명 일, 읽어야 한다〉에서 주장한 것처럼 알아야 들린다. 그러니 수준에 맞는 다양한 글을 읽어보

자. 듣기도 읽기와 마찬가지로 자신의 직업이나 수준과 흥미 그리고 관심이 가는 내용부터 읽고 듣기를 해보자.

셋째, 단어의 강세와 억양, 연음과 같은 발음에 대해서 배우자.

초급자Newbie & Dummy, 누비 & 더미**라면 영어 원어민이나 원어민과 같은 발음을 하는 중매쟁이의 도움을 받아야 한다.** 이제 막 영어를 배우는 어린아이인 경우엔 원어민의 좋은 음성파일을 듣고 따라 하기만 해도 원어민과 같은 발음을 갖게 된다. 하지만, 성인 학습자라면 잘못 익힌 발음으로 인해 화석화되는 경우가 많다. 화석화Fossilization란 말 그대로 잘못된 발음이 화석처럼 굳어진 상태를 말한다. 외국인으로서 완벽한 발음을 가지기는 어렵지만, 그래도 의사소통에 문제가 될 수 있는 발음은 교정해야 한다. 그러므로, 원어민이나 영어 중매쟁이의 도움을 받을 것을 추천한다.

중급자Couple, 커플**라면 단어의 강세와 연음에 대한 지식도 익혀보자.** 각 음소가 발화되는 위치와 발화에 대한 그림과 영상을 보면서 배워본다. 발음도 자신이 아는 대로 나오게 된다. 따라서 각 음소가 어느 위치에서 어떻게 발화되는지 배워보자. 자신의 발음을 녹음해서 들어보기도 하고, 원어민이나 스터디 친구에게 피드백을 받아보자. 완벽한 발음보다는 의미가 통하는 발음을 하도록 연습하는 것만으로도 충분하다. 나도 잘 안 되는 발음이 있는데, 외국어를 배우면서 자신에게 한계가 있음을 아는 것도 지혜다.

상급자Matchmaker, 매치메이커**라면, 음성학에 대한 지식도 필요하고** 정확한 발음을 하고자 노력해야 한다. 그렇다고, 자신의 잘못된 발음으로 인해 자녀를 가르치는 것에 대한 부담을 가질 필요는 없다. 자녀와 함께 성장 마인드셋을 가지고 한 단어라도 같이 연습한다면 발음보다 중요한 배움의 자세를 자녀가 배우게 될 것이다. 하지만, 영어 중매쟁이라면 최소한, 삼세번이 아니라 33번이라도 연습하자. 나 또한 연습을 좀 해야겠다.

넷째, 다양한 인종의 영어 발음을 듣자!

초급자Newbie & Dummy**라면 가능한 표준적이고 정확한 표현을 들으면서 따라 읽는 연습을 먼저 하기를 추천한다.** 초급자로서 미드나 영화에 나오는 슬랭이나 방언을 말하거나 상황에 맞지 않는 말을 하는 경우가 종종 있다. 스스로 유창한 영어를 구사하는 방법이라고 생각하기도 한다. 하지만, 언어의 목적은 소통임을 늘 기억하자.

중급자Couple**라면 영미식, 호주식 외에 다양한 악센트에 익숙**

해지도록 다양한 국적의 사람들과 만나 대화를 나눠보자. 그런 상황이 되지 않는다면, 음성파일과 영상매체를 통해 들어보자. 영어 뉴스 방송도 영국이나 미국 방송 이외에 우리나라, 중국, 동남아, 일본 등 다양한 나라의 영어 방송을 들어보면 나름의 악센트가 있음을 알게 되고 익숙해질 것이다.

상급자Matchmaker라면, 중급자가 하는 방식에 더해서 미드와 영화를 통해 다양한 슬랭과 원어민의 표현도 익혀보자. 좋은 표현을 배우기 위해서는 말하는 사람의 수준과 내용을 고려해야 한다. 어떤 사람과 어떤 대화를 나누는가에 따라 자신의 입에서 나오는 말의 수준이 달라지기 때문이다.

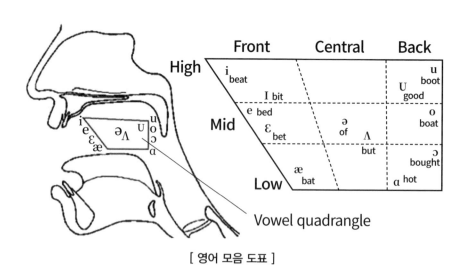

[영어 모음 도표]

영어 참견러's 연애 십계명

manner(방법)		voicing	Place(위치)						
			bilabial	labiodental	interdental	alveolar	palatal	velar	glottal
		무/유성음	양순음	순치음	치간음	치경음	경구개음	연구개음	성문음
stop(파열음)		unvoiced	p			t		k	
		voiced	b			d		g	
fricative(마찰음)		unvoiced		f	θ	s	ʃ		h
		voiced		v	ð	z	ʒ		
affricative(파찰음)		unvoiced					ʧ		
		voiced					ʤ		
nasal(비음)		voiced	m			n		ŋ	
liquid (유음)	lateral(측음)	voiced				l			
	rhotic(접근음)	voiced					r		
glide(활음)		voiced	w				j	w	

[영어 자음 도표]

마지막으로, 경험을 많이 쌓고 문화를 이해하자. 단, **듣는 시간에는 집중하자. 집중하여 듣는 연습도 중요하다.** 오랜 시간 뉴스를 들었지만, 주의Attention를 기울여 집중할 때와 그렇지 않을 때 이해도에 아주 큰 차이를 보인다. 시간을 내어 집중해서 듣는 집중 듣기와 여유 시간이 있을 때마다 자연스럽게 흘려듣기를 병행해 보자. 내용도 흥미 있는 내용을 먼저 선택한다. 가능하다면 얼굴을 마주 대하면서 육성으로 대화하는 것을 추천한다. 음성파일을 통한 소리보다는 원어민이나 친구 혹은 선생님과 직접 얼굴을 마주 대하며 대화하는 경험을 해야 대화를 나누는 법과 매너도 배우게 된다.

결론적으로, 듣기와 읽기는 매우 밀접한 관계가 있고, 배경지식도 필요하다. 누군가 대화를 나눌 때 상대방의 말을 이해하기 위해서는 배경 지식이 있어야 한다. 대화가 되지 않는다면 남녀의 연애나 부부간의 관계에 경고등이 켜지듯이 영어도 마찬가지다. 이처럼 영어도 잘 알아듣기 위해서는 글을 통해 단어와 표현, 문장의 구조, 그리고 문해력을 키우는 연습을 먼저 해야 한다. 문장을 듣는 대로 바로 이해할 수 있는 직청 직해 능력도 필요하다. 잘 알아듣기 위해서는 수많은 시간의 축적이 필요하다. 따라서 영어와 좋은 관계를 위해서라도 영어의 육성을 매일 자주 시간이 날 때마다 들으며 즐기는 마인드셋이 필요하다.

- 영어와의 연애를 위한 여섯 번째 레시피 -

즐기는 마인드셋을 장착하자!
Keep an Enjoyable Mindset!

영어 참견러's 연애 십계명

칠, 칠전팔기하라
Never Give UP!

칠전팔기七顚八起: 일곱 번 넘어지고 여덟 번 일어난다는 실패를 거듭하여도 굴하지 아니하고 꾸준히 노력함을 이르는 말이다. 16개국의 언어를 배운 다중 언어자인 롬브 커토Lomb Kato에 의하면 한 언어를 고통 없이 배우는 방법이 3가지가 있다고 한다. 첫째는 그 나라에서 태어나는 것이고, 둘째는 어린 시절 그 나라에서 오래 사는 것이고, 셋째는 일주일에 두 개 이상의 수업을 정기적으로 듣는 것이라고 한다. 그렇지 않은 경우, 고전적이고 흔한 언어 학습법으로 10가지 언어를 유창하게 전통적인 방식으로 하면 최소 60년이 걸린다고 한다. 왜냐하면, 쉬운 언어는 없기 때문이다. 다중 언어자들이 공통적으로 말하는 외국어 유창성을 위해 꼭 필요한 3가지는 그들 나름의 방법Their Own Way, 시간 계획Time-Plan과 인내Patience다. 이 말은 언어를 배우는 것이 단기간에 이루어지지 않음을 말해 주는 것이다. 주위에서 영어와의 연애담 또는 성공담을 듣지만, 결국 **끝까지 인내한 자만이 영어와의 연애에서 성공해 행복한 삶을 살고 있다.**

스탠퍼드 심리학과 교수인 캐럴 드웩Carol Dweck은 〈Mindset〉 프로젝트를 통해, 무언가 원하는 것을 이루고자 하는 태도의 힘이 '마음가짐'에 있다고 보았다. 이것은 지적인 능력과는 다른 하나의 기술Skill이라고 한다. 성장 마인드셋을 가진 사람은 어렵더라도 도전하고 발전을 위해 노력한다. 반면에 고정된 마인드셋Fixed Mindset을 가진 사람은 본인의 타고난 지능과 역량이 고정되어 바뀌지 않는다고 생각한다. 따라서 성장하거나 발전하지 않고, 현재 자신의 능력에 안주하고, 새로운 것에 도전하지 않는 경향을 보인다고 한다.

그렇다면 영어와의 연애를 위해서 가져야 할 마인드셋은 무엇일까?

첫째는, 왜Why 마인드셋이다.

영어를 잘하고 싶다는 막연한 목표를 갖지 말고, 왜 영어를 잘하고 싶은지에 대해 먼저 생각하라. Why라는 질문이 원하는 것은 이유, 목적, 신념 같은 것이다. 이것이 기본이고 사고의 중심Core이다. 사이먼 사이넥Simon Sinek의 『나는 왜 이 일을 하는가?: Start with Why』에서 마음을 움직이고 성취를 만들어 내는 '일의 작동원리'를 '골든 서클'의 개념을 통해 설명한다. 골든 서클Golden Circle은 세상을 바꾸는 사람들의 사고방식을 보여주는 원 모형이다. Why〉How〉What의 순서로 사고하고 문제를 해결하고 일을 처리하는 방식을 말한다. 이렇게 Why왜에서 시작되는 골든 서클은 인간의 행동에도 질서와 예측 가능성이

존재함을 보여준다. 외관상으로 무질서해 보이는 자연에도 질
서가 존재함을 증명하는 황금비처럼 말이다. 황금비Golden Ratio
는 자연에 있는 균형과 미를 수학 공식으로 표현한 숫자다. 이
는 자연이 질서정연하다는 사고를 바탕에 깔고 있는 개념이다.
자연 질서가 존재한다는 증거로 보여준 황금비처럼, 골든 서클
은 '나는 왜 이렇게 행동하는가?'에 대한 근거와 이유를 이해하
도록 도준다.

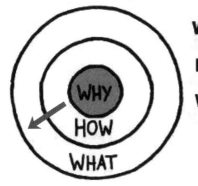

WHY - Your Purpose

HOW - Your Process

WHAT - Your Result

[The Golden Circle]

　세상을 바꾸는 사람들을 꿈꾸게 한 것은 강요나 강압이 아닌
바로 골든 서클, 즉, WHY에서 출발했다고 말한다. 이것은 영
감의 방법이기도 하고, 매일 아침 이불을 박차고 일어나게 하
는 이유다. 늦은 아침이지만, 내가 잠자리를 박차고 나오도록
만든 질문도 Why였다. 왜Why 영어에 관한 책을 쓰려고 하는

가? 어떻게How 책을 쓸 것인가? 지금은 무엇을What 쓸 것인지 고민하면서 글을 쓰는 중이다. 정리하자면, 나도 이러한 골든 서클을 따라 행동하고 있다. 골든 서클을 따라 행동한다는 것은, 내 동기를 먼저 살펴보는 것에서 시작한다. 영어를 배우고자 하는 동기가 무엇인가? 동기는 그 자체로 동기부여가 된다. 그 후에, 어떻게 무엇을 할 것인지를 결정하게 된다. 동기가 없다면, 지속할 동력Drive을 잃게 될 것이 분명하다. 왜냐하면, 영어와의 연애에는 시간과 전략과 인내가 필요하기 때문이다. 60대 후반의 마리아는 도서관에서 내가 기증한 영어책을 읽고 있던 여성이다. 영어책이나 수능 모의고사 문제를 풀어볼 만큼 영어를 좋아한다. 하지만, 영어 쉐도잉이나 말하기를 해본 적이 거의 없으니, 더미Dummy다. 요즘에는 영어성경 스터디와 말하기 모임, 그리고 성경 낭독 모임에도 참여하고 있다. 그녀가 이렇게 적극적으로 영어를 배우고자 하는 이유는 영어표현을 배우는 기쁨을 알기 때문이다. 짧은 시간이었지만, 이제는 영어로 말할 수 있다는 자신감을 얻게 되었다고 한다. "죽기 전까지 영어를 배울 것이다!"라고 말하는 것을 보니, 영어는 그녀의 십년지기가 될 것이 분명하다.

둘째는, 성장Growth 마인드셋이다.

왜 영어를 잘하고 싶은지가 명확해졌다면 이제는 영어를 연습하기 위해 어떻게HOW, 무엇WHAT을 할 것인지에 대한 계획을 세워야 한다. 처음부터 어렵거나 무리한 계획이 아닌 매일 몇 분이라도 하겠다는 마음을 가지고, 자투리 시간을 이용해 보자. 작년 겨울부터 골프를 배우기 시작했는데, 하루에 200개의 공을 치다 보니 몸에 무리가 왔다. 코치가 하는 말이 하루도 빠짐없이 매일 5분이라도 연습하는 것이 중요하다고 한다. 유튜버를 통해서 기타를 배웠는데, 똑같은 말을 한다. 종일 연습한다고 해서 빨리 실력이 느는 것이 아니고, 매일 기타를 잡다 보면 잘하게 된다고 말이다. 영어도 마찬가지이다. EFEducation First에서 시험을 보는 사람들에게 보낸 메일을 통해 영어학습법의 중요한 마인드셋을 배우게 된다.

Improve your English a little each day is the most effective way to learn English!

하루에 조금씩이라도 영어를 향상하는 것이 효과적인 영어학습법이다. 물론, 개인적으로 한 달이나, 일 년 내로 어떠한 목표를 달성하고자 한다면 나름의 전략으로 시간과 계획을 세워 집중해야 한다. 내가 말하는 '매일 조금씩 삼세번 연습하라'는 것과 EF에서 말하는 '하루에 조금씩'의 학습법은, 영어와의 관계를 유지하거나 개선하고자 하는 경우다. 영어에 대한 스트레스나 부담으로 인해 포기하지만 않으면 성장하는 것이, 영어와의 관계이기 때문이다.

셋째는, 실용주의자적인Practical 마인드셋이다.

글로벌 시대에 디지털 노마드의 삶을 사는 전문지식인이 늘어나고 있다. 노마드Nomad, 유목민는 특정한 장소에 구애받지 않고 인터넷을 통해 얻은 일을 하는 사람들이다. 이들에게 필요한 언어는 링구아 프랑카이다. 링구아 프랑카Lingua Franca는 서로 다른 모국어를 사용하는 사람들이 의사소통을 위해 사용하는 제3의 언어이다. 영국의 언어학자인 데이비드 크리스털David Crystal에 의하면, 영어를 모국어로 쓰는 사람들은 전 세계 인구 78억 명 중에 약 4억 명 정도이다. 반면에 영어를 제2외국어로 사용하는 사람들은 7~8억 명 정도로 두 배 정도다. 『인공지능을 이기는 영어』의 박시수 저자는 소통과 업무 중심의 영어를 익히는 것이 절실히 필요하다고 한다. 유창한 원어민 표현을 배우기보다는 교과서적이고 표준적인 영어를 사용해 자신의 전문지식과 정보, 통찰력을 전달하는 것이 우선이라고 강조한다. 한마디로 '링구아 프랑카적인 영어'를 사용하는 것이 현명하다고 보는 것이다. 실제, 우리나라에 거주하는 외국인과 소통하기 위해서는 영어로 말을 해야 한다. 그들 대부분이 영어가 모국어가 아닌, ESL이나 EFL로 영어를 사용하기에 그들과 대화를 할 때는 제3의 영어를 사용하곤 한다. 그렇다고 엉터리 영어Broken English를 사용하는 것을 말하는 것이 아니다. **교과서적이지만 표준적인 영어로 쉽게 접근하자는 말이다.** 물론 유창한 발음에 유창한 원어민의 표현을 사용한다면 더할 나위 없이 좋겠지만, **영어사용의 목적은 업무나 소통이라는 것을 분명하게 아는 것이 중요하다.**

또 다른 대안으로는 글로비쉬가 있다. 글로비쉬Globish는 글로벌Global과 영어English의 혼성어Portmanteau Word로 전 세계 사람 누구나 쓸 수 있는 간편하고 쉬운 영어를 가리키는 말이다. 전 IBM 부사장, 장 폴 네리에르Jean Paul Nerriere가 제안하였고, 1,500개의 기본 단어로 이루어져 있다. 실생활에 잘 쓰이는 쉬운 단어만을 이용해서 24개의 간단한 문장 구조와 기본적인 발음 원칙만 지켜 누구나 쉽게 영어로 말할 수 있다. 실제 영어는 우리의 모국어가 아니다. 그렇기에 실제 영어 원어민이 사용하는 표현을 직접 그대로 사용하는 일은 거의 없다. 따라서, 쉽고 간단한 표현을 사용하는 것이 효과적이고 효율적이다. 예를 들어, "Have a go at it!"보다는 "Go ahead!"를 사용하고, "I'll sleep on it."보다는 "I'll think about it."을 사용하면 되는 것이다. 굳이 원어민이 사용하는 어색하고 어려운 표현을 억지로 외워 그대로 사용하려 애쓰지 않아도 된다. **원어민들이 사용하는 표현의 의미를 이해하고 알아듣는 것만으로도 충분하다.**

우리는 대부분 암기 위주와 시험을 위한 교육으로 인해 늘 모든 것을 완벽하게 연습하고 외워야 한다고 생각한다. 이러한 완벽주의를 버리고, **자신의 진로를 찾아 ESP**English for Special Purpose**와 같은 특정 직업 분야에 필요한 영어를 하루라도 빨리 배워야 한다.** 내가 다니는 지구촌 교회에는 외국인을 위한 무료 의료 진료 서비스를 제공한다. 그곳에서 잠시, 외국인을 위한 통역 봉사를 한 적이 있다. 하루는 스리랑카인이 충치로 고통을 호소해서 치료 과정에서 통역을 해주었다. 스리랑카에서 관광 가이드를 했다는 그는 완전 엉터리 영어로 말했지만 그래도 이해할 수 있었다. 그의 증상과 의사가 하는 말을 서로 전해주면서 문득 치과의사가 치료에 대한 전문용어를 많이 알고 있을 것이라는 생각이 들었다.

며칠 전에는 의사 전공의 시험 준비를 하고 있던 여성분을 만났다. 병원에서 사용하는 영어Clinic English는 좀 배웠지만, 영어 말하기가 어렵다는 말을 한다. 그렇다면, 직업에 따라 사용하는 영어가 정말 다른 걸까? 나는 아니라고 말했다. 그 이유로는, 교사들이 사용하는 영어는 교실영어Classroom English, 여행객이 사용하는 용어는 관광영어Travel English, 바리스타가 사용하는 영어Barista English 등 사용되는 단어나 표현이 상황에 따라 다를 뿐, 영어는 그냥 영어이기 때문이다. 다만, 자신의 직업에서 자주 사용하는 단어나 표현을 먼저 배우고 익히는 실용적인 마인

영어 참견러's 연애 십계명

드셋이 필요할 뿐이다. 내가 사는 아파트 내 북카페Book Cafe에서 바리스타로 일하는 직원이 있다. 그의 꿈은 호주에 가서 바리스타 일을 하는 것이다. 그 꿈을 이루기 위해서는 영어로 듣고 말하는 연습이 필수다. 그래서 요즘 나와 매일 3분 정도 영어로 대화를 나누고 있다. 이러한 경험은 그의 미래 직업에도 도움이 될 것이다. 실제, EF가 추천하는 영어학습법 1호는 현재의 직업이나 연구와 관련한 어휘를 외우는 것과 즉시 사용하기다. 따라서, **생활과 직업 현장에서 바로 사용할 수 있는 영어를 배우겠다는 실용주의적인 마인드셋이 필요하다.**

학습이 느린 학생들Slow Learners에게 내가 늘 하는 말이 있다. 바로, 'Never Give up!'이다. 포기만 하지 않는다면, 영어실력은 늘게 되어있으니, 시험 점수에 연연해하지 말고 매일 삼세번이라도 연습하자.

- 영어와의 연애를 위한 일곱 번째 레시피 -

칠전팔기의 마인드셋을 가지자!
Keep a Patient Mindset!

팔, 팔방에서 배워라
Learn On & Off-line

옛날 호랑이 담배 피우던 시절 이야기를 들려주고 싶다. 대학 영작문 수업에서 미국 원어민 교수는 학생들이 과제를 해오면 바로 교정해 주지 않고, 다시 해오라는 표시로 종이를 공중에 날리곤 하였다. 종이비행기처럼 말이다. 한번은 계속 한 단어에 밑줄을 그어 주는데 도무지 어떤 단어를 써야 할지 몰라 지우고 쓰기를 반복하다 제출하니, 'Squeeze'라는 단어를 써 주었다. 치약을 짜는 것의 표현이었고, 평생 잊지 못할 단어가 되었다. 같은 과의 한 복학생 선배는 제법 큰 라디오를 손에 들고 다니며 AFKN을 들었다. 나 때는 대학과 전공과목에 대한 선택지가 별로 없었고, 배울 과목을 가르치는 교사나 교수를 선택할 수 없었던 시절이다. 그저 교실이라는 공간과 정해진 시간에 의자에 앉아 수업을 듣기만 했던 시대였다.

수업이 끝나면 바로 도서관에 가서 두꺼운 영영사전을 옆에 두고 영자신문을 읽는 것이 일상이었다. 대학 3학년 겨울 어느 날, 한 남학생이 왜 그렇게 열심히 영어공부를 하냐면서 통역대학원에 가려고 하는 것인지를 물었다. 머리를 한 대 얻어맞은 느낌이었다. 왜냐하면, 그때까지도 왜 영어공부를 하는지에 대해 생각해 보지 않았기 때문이다. 주위의 친구들과 선배들을

영어 참견러's 연애 십계명

보니, 교사 임용고시, 여행사, 항공사, 또는 대학원 진학 등, 나름 자신의 진로에 맞는 공부를 하고 있었다. 나에겐 Why 마인드셋이 없었고, 막연히 영어를 잘하고 싶은 마음뿐이었다. 그래서 무엇을 어떻게 해야 할지 고민도 하지 않은 채, 그저 매일의 습관에 따라 움직이고 있었던 것이다. 그런 방식이 영어 실력에 도움이 되는지, 좋아하는 내용인지, 진로에 도움이 되는지에 대한 생각도 하지 않았다. 그랬던 내가 이제는 나도 모르게 골든 서클의 방식으로 생각하고 영감을 받아 지금 이렇게 글을 쓰고 있는 중이다.

대학 시절, 도서관에서 음성학 책을 펴 놓고 있었는데 두 명의 남학생이 다가와 음성학 공부를 굳이 해야 하냐고 묻는 것이다. 나는 얼굴을 쳐다보지도 않았고 대답도 하지 않았다. 그 당시에는 나에게 말을 거는 수작이라고 여겼지만, 그 후로 계속 음성학을 배워야 하는가에 대해 생각했지만 대답할 수 없었다. 시간이 흘러, 영어를 배우고 가르치는 과정에서 음성학 지식은 영어 발음에 도움이 되었다. 발음도 알아야 정확하게 말할 가능성이 올라간다. 특히 커플을 넘어 매치메이커가 되길 원한다면 각 자음과 모음이 입안에서 말해지는 위치와, 혀의 위치, 단모음과 장모음의 길이와 강세, 연음 등과 같이 발음 등에 대한 기초 원리를 배워야 한다. 또한, 영어를 이해하는 시간이 필요하다. 영어가 어떤 성장 과정을 통해 자랐는지, 영어와 보내는 시간이 즐거울 것이다. 그렇다고 영어학이나 음성학, 음운론 등의 전문 과목을 다 공부할 필요는 없다. 하지만, 단순히 영어 읽기 능력을 위해서는 읽어야 하고, 듣기 능력을 위해서는 원어 발음과 표현을 들어봐야 하고, 말하기 위해서는 서로 마주 보고 이야기를 해 봐야 하고, 쓰기 실력을 위해서는 써봐야 쓰기 실력이 향상된다는 말만으로는 그다지 도움이 되지 않는다.

지금은 팔방에서 배울 수 있는 시대다. 학교와 학원이라는 울타리를 넘어 시간과 공간을 초월하여 배울 수 있다. 요즘은 5G 인터넷 연결망과 유튜브Youtube 외에 다수의 무료 영상 공유 플랫폼으로 인해 영화, 드라마, 팝송, 팟 캐스트Podcast, 강의, 강연 등 실시간으로, 반복해서, 어디에서나, 누구에게나, 무엇이나, 배울 수 있는 시대가 되었다. 게다가 온라인 공개 동영상 강좌인 칸 아카데미Khan Academy나 무크MOOC: Massive Open On-line Course와 같은 질 높은 수업도 언제나 들을 수 있고, 미네르바 대학과 같이 다양한 나라를 방문하며 배우는 학교도 있다. 하지만 이러한 모든 강의가 영어로 되어있기에 영어 실력은 필수 조건이다. 내가 다닌 테솔TESOL:Teaching English to the Speakers of Other Languages 대학원은 사이버Cyber 학교다. 학원에서 학생들을 가르치고 집으로 돌아와, 늦은 시간에 온라인On-line수업을 들었다. 토요일에는 학교에서의 특강과 콜로키움이라는 강연에 참여하였고, 다양한 주제의 워크숍과 학회에서도 배울 수 있었다. 사이버 외대에서 제공하는 회화수업에서 영미를 비롯한 호주 교수와 대화도 할 수 있었다. 화상 시스템을 통해 개인 간 그룹 간 대화도 가능하니, 코로나 시대에 일상이 된 줌Zoom과 같은 화상 툴Tool을 통한 대화나 수업을 이미 받아온 것이다. 한마디로 인터넷 학습E-learning 시대다. 그래서 **'무엇을 어떻게 배울 것인가?'보다는 '왜 영어를 배우는가?'에 대한 질문에 답을 찾는 것이 먼저다.**

Why에서부터 시작해 보자. 이제는 우리 자신에게 물어볼 시간이다. 왜 영어를 배우고자 하는가? 엄마가 시켜서, 내신점수를 잘 받으려고, 수능 시험과 대학 진학을 위해, 취업하기 위해, 해외 여행지에서 사용하기 위해, 치매를 예방하기 위해, 성공을 위해, 돈을 벌기 위해, 봉사하기 위해, 영어를 가르치기 위해, 선교사이기에, 등등 여러 이유가 있을 것이다.

낮에 재민이에게 물었다. 왜 영어를 공부하니? "엄마가 시켜서요." "왜 영어를 잘하고 싶니?" "대학에 가서 성공도 하고, 외국인과 대화도 하고 싶어서요."라고 대답한다. '연애하고 결혼해서 아기도 낳아 잘살고 싶지만, 엄마가 시켜서 맞선 자리에 나왔다는 말'과 같이 들린다. Why 마인드셋의 필요성과 내가 학생들에게 슈거 코팅을 해서라도 영어라는 쓴 약을 먹이려는 이유, 그리고 승자Winner가 되기 위해서는 인내가 필요함을 이야기해 주었다. 그랬더니, 바로 이해한 듯, 다음엔 승자 마인드셋을 장착하고 오겠다고 한다. 이사를 와서 처음 만난 도민이도 영어를 배운 후 간판에 쓰인 영어를 읽을 수 있게 되었다고 기뻐한 적이 있다. 나 또한, 길거리를 다니다 보면 간판에 시선이 가고 어떤 상점인지 궁금해지기도 한다. 특히 외국여행을 가게 되면, 창가를 통해 스치는 간판을 읽으면서 잘못 표기된 간판을 찾는 재미도 있다. 때론 거리의 간판도 배움의 대상이 되곤 한다.

앞에서 잠시 소개한 루시 님은 영어공부를 열심히 하신다. 본인의 꿈이 외국인 상대로 홈스테이를 하면서 우리나라 문화와 역사를 소개하는 것이라고 한다. 본인의 영어학습법에 대한 고민을 나누기도 하시고, 영어 연애 레시피에 따라 직접 요리를 해보기도 한다. 얼마 전 늦은 저녁, 아파트 내 도서관에서 60대 후반의 봉사자가 낡고 색 바랜 영어책을 읽고 계시는 모습이 보였다. 『Bud, not Buddy』였다. 13년 전에 미국에서 돌아올 때도, 학원을 정리하면서도, 이사를 하면서도 이별을 고하지 못한 책을 도서관에 기증하였는데, 그중에 한 권이다. 영어책에 나오는 좋은 글귀를 읽으면 힐링이 된다고 한다. 바로 앞에서 소개한 마리아다. 게임을 좋아하는 남윤이는 영어를 배운 지 1년 만에 바뀌었다. 수업 중에 게임용어를 물어보기도 하

영어 참견러's 연애 십계명

고 온라인상에서 해외 게이머들과 영어로 대화를 나눈다고 한다. 게임에 대한 리뷰도 영어로 작성해 보더니, 얼마 전엔 게임회사에 제안서도 보냈다면서 내게 보여준다. 몇 마디의 영어와 함께 대부분 한글로 적혀있다.

미국 주식에 투자하고 있는 재민이 어머니는, 『명동 부자들』의 저자다. 매일 아침 영어 구글링Googling 구글 검색을 통해 우리나라 뉴스보다 빠르고 신속하게 필요한 정보를 수집한다고 한다. 그녀에게 영어는 부자가 되기 위한 수단이자 어려서부터 함께 지내온 친구로 보인다. 난 대학원에서 화상 툴Tool을 이용해 수업과 회화모임에 참여하곤 했다. 코로나 팬더믹으로 인해 줌Zoom이나 학교 화상 시스템을 이용한 화상 수업이나 업무 그리고 사교적인 모임까지 일상이 되었다. 게다가 유튜브에 올라간 영상을 통한 온라인 강좌나 강의, 강연 등 무수히 많은 내용을 배우고 익힐 수 있다. 그 외에도 온라인 학습 사이트나 지역센터에서 운영하는 여러 가지 수업도 적은 비용으로 들을 수 있다. 내가 운영하는 회화모임도 전 세계인과 함께하는 성경공부BSF도 다 줌으로 하고 있다. 이처럼 왜 배우고자 하는지를 알 수 있는 마인드셋과 정확한 목표 그리고 관심만 있다면 팔방에서 배울 수 있는 시대다. 이렇게 팔방에서 배울 수 있다는 것은 그만큼 배워야 할 것이 많아진다는 말이기도 하다. 시대가 빠르게 변화할수록 더욱 즐기면서 배워야 한다. 내가 살아가는 사회와 시대에 맞는 정보과 지식을 얻거나 누군가와 나누기 위해서라도 배워야 한다.

"배워서 남 주자!"는 말이 있다. 배움과 동시에 가르치는 자가 되는 시대다. 프로슈머Prosumer: Producer+Consumer, 생비자는 생산자와 소비자의 역할을 동시에 하는 사람을 나타내는 말이다. 자신이 배운 지식이나 경험을 온라인상에서 공유하는 활동을 통해 콘텐츠 제작자가 되어 수익을 내기도 하고 무료 지식 나눔도 한다. 특별한 학벌이나 스펙Specification의 줄임말이 없는 소비자거나 학습자였던 위치에서 지식이나 재능, 혹은 창작물을 공급하고 가르치는 교사 혹은 교수자의 위치로 바뀌기도 한다. 이러한 사회 트렌드Trend를 이해하기 위해서도 배워야 한다. 영어와의 연애는 우리에게 세계를 바라보는 시선과 땅끝까지 날아갈 수 있는 날개를 달아 줄 것이다. 자, 이제는 팔방 마인드셋을 장착할 시간이다. **이 시점에서 '인공지능 시대, 영어와의 연애를 계속해야 할까?'라는 질문에 여러분은 어떻게 답할 것인지 궁금해진다.**

- 영어와의 연애를 위한 여덟 번째 레시피 -
팔방 마인드셋을 장착하자!
Let's Learn from Everywhere!

구, 구겨지지 말라
Losing Faces

영어 앞에서만 서면 자존심이 구겨지는 이유는 무엇일까?

「문화와 의사소통」이라는 과목 수업 중에 미국인 교수가 비디오 한 장면을 보여주었다. 오바마 미국 전 대통령이 2010년 9월 G20 서울 정상회의 폐막식에서 기자들에게 질문할 기회를 주었는데, 한국인 기자 중 아무도 질문하지 않자, 중국인 기자가 손을 들어 질문하고자 한 상황이었다. 오바마는 다시 한국 기자들에게 질문할 기회를 주었지만, 손을 든 사람은 아무도 없었다. 황당한 장면이었다. 어찌 기자가 외국 대통령에게 질문하지 않을 수 있단 말인가! 교수는 왜 그러한 상황이 발생했는가에 대한 학생들의 의견을 물었다. 그 온라인 수업 자리엔 20여 명이 모여 있었는데, 나와 한 학생 외에는 아무런 말을 하지 않았다. 그 수업에 참석한 학생들 대부분은 공교육과 사교육 영어교사였고, 교수가 보여준 장면과 거의 똑같은 상황이 펼쳐진 것이다. 이 장면은 우리나라 사람들의 심리와 영어교육의 문제점을 정확하게 보여주고 있다. 원어민 앞에서 당당하게 말을 하지 못하는 것은 영어 능숙도Proficiency의 문제만은 아니다. 그렇다면 어떤 심리적인 요인이 이런 상황을 만들었을까? 여러 요인이 있겠지만, 내 영어 참견은 이러하다.

첫 번째는 위계적이고 경쟁적인 분위기에서 자연스럽게 생긴 완벽주의적인 마인드셋이다. 점수로 평가받는 교육 시스템 속에서 실수가 용납되지 않는 완벽을 추구하는 잘못된 교육에서 비롯되었다. 게다가 외국어인 영어를 말이 아닌 하나의 과목으로 공부만 하고 있으니, 말을 자연스럽게 할 수 없는 것은 당연한 결과다. 못하는 게 아니고 할 수 있도록 배우지도 않았고, 할 수 있도록 가르치지도 않은 것이다. EF'Education First가 발표한 우리나라의 영어 능숙도 순위가 100개국 중 32~37위 정도에만 머물러 있는 주요한 원인이기도 하다. 모국어를 배울 때도 수많은 실수를 통해 배우게 된다. 그러니 외국어인 영어를 배우거나 말하면서 실수하지 않겠다는 완벽주의적인 마인드셋은 당장 벗어 버릴 필요가 있다.

두 번째는, 영어를 잘하지 못한다는 열등감으로 영어에 대한 자신감이 바닥인 셈이다. 동남아권에서 온 외국인들은 대부분 한국어도 하지 못하고, 영어도 거의 하지 못해 통역기나 번역기를 사용하여 어렵게 대화를 나누어야 한다. 그중에 영어를 좀 할 줄 안다고 말하는 중국이나 인도, 파키스탄 사람들은 당당하게 영어로 말을 한다. 엉터리 또는 서투른 영어Broken English를 쓰면서도 전혀 주눅이 드는 기색이 없다. 이들은 영어 앞에서 당당하다. 그들에게 영어는 외국어이기에 조금이라도 말하는 그 자체가 대견스러운 일이라는 생각이 그렇게 당당하게 만

영어 참견러's 연애 십계명

든 것이다. '당당함'이라는 것은, 영어로 대화할 때 전혀 긴장을 하지 않거나, 하더라도 아주 조금 하는 상태Zero or Low Anxiety를 말한다. 영어를 말하는 것에 대한 두려움이나 긴장은 말하기 실력 향상에 가장 큰 방해물이 된다. 〈영어 연애 십계명 사, 사랑하라〉를 기억하라! 영어와의 연애를 원한다면 눈을 마주치고 사랑한다고 말하자.

미국에 거주한 지 한 달 만에 아들이 여름 캠프에서 고관절 골절의 사고를 당하게 되었다. 수술 후의 입원과 치료 과정, 그리고 로펌Law Firm의 변호사들과 소통하고 증인을 서는 등 3년이라는 시간이 걸렸지만, 재판에 앞서 보험사와 합의를 보는 결과를 얻었다. 잠시 미국 땅에 머문 이주민이었지만, 당당하게 권리를 주장할 수 있었던 것은 어려서부터 실수를 하거나 성적이 좋지 않아도 부모님께 야단을 맞은 적이 없어서 형성된 태도 때문인지는 모르겠다. 실수나 실패를 하더라도 영어로 소통하려는 노력과 경험만으로도 이미 충분하다는 성장 마인드셋을 가진다면 자신감의 문제도 해결되리라 본다.

세 번째는, 다른 사람이 나를 어떻게 생각할지 의식하거나 비교하는 '체면 문화'다. 체면 문화는 다른 사람들에게 멋지게 보이려는 심리가 작용하는 문화라는 뜻인데, 문제는 그럴수록 더 심리적인 갈등을 경험하게 된다는 것이다. 국내 음성학 학회 회장의 초대를 받아 음성학회에 참석한 적이 있다. 한 교수가 영어로 논문을 발표하였고 내용도 좋았다. 하지만, 마지막 질문을 받는 과정에서 자신의 영어 실력이 "poor"하다고 말하면서 분위기가 이상해졌다. 그 후 젊은 발표자가 원어민과 같은 발음으로 발표하자, 교실 밖으로 나갔다. 연구 내용의 깊이는 젊은 발표자와는 비교가 되지 않을 정도로 우수했지만, 정작 본인은 영어 말하기 실력과 발음에 대한 자신감이 너무 없었다. 원인은 바로 남과의 비교에서 생긴 체면, 속어로 쪽팔림 Losing Faces이다.

『한국인의 심리코드』의 저자인 황상민 교수는 한국인에게서 공통으로 보이는 행동과 생각을 연구한 결과를 보여준다. 대표적인 결과로는 한국인이 행복 불감증에 걸려있다는 것이다. 한국인의 자살률이 OECD 중 최고이고 출산율은 최저이다. 인구 감소로 인해 '소멸 국가 1호'라고도 한다. 한국의 경제성장에도 불구하고 행복하지 않은 진짜 이유는 '돈'만을 믿고 살기 때문이다. 체면을 차리고 잘사는 모습을 보이려면, 돈이 있어야 한다는 믿음으로 인해 가난한 나라 사람들보다 행복하지 않게 느낀다. 이런 경우 아무리 돈이 많아도 행복해지기 힘들고, 이러한 문제를 해결하기 위해서는 정체성을 탐색하고 확인해야 한다고 주장한다. **한 사람의 심리적 갈등과 고민의 핵심이자 삶을 이끄는 것은 바로 '나는 누구인가'를 아는 것이다.** 다시 말해서, 자

영어 참견러's 연애 십계명

신의 정체성이자, 자신이 가진 믿음의 실체를 아는 것이다. 그는 정체성Identity이란 '나는 누구인가?'를 나타내는 것으로 '남이 뭐라 하든, 자기 눈으로 자신을 일관되게 보는 특성'인데, 이러한 인식을 위해서는 자기 성찰이 필요하다고 한다. 소크라테스를 위대한 철학자로 만든 주요한 이유는 깊은 성찰을 통해 자신의 무지를 깨달았다는 것이다. 그리고 대화와 질문을 통해 자신을 더 알고자 노력했다는 점이다. 이러한 '너 자신을 알라'는 경구를 우리나라 사람에게 적용해 보면 대부분 스스로에 대해 자부심이 있지만 남보다 멋지게 보이려는 마음으로 인해 자존감이 낮아지는 이중적인 심리 반응을 보인다고 한다.

인생 후반전을 위해 학원을 정리하고 나니 허전함을 느꼈다. 그때 '난 누구인가?'라는 질문을 통해 내가 크리스천이라는 것과 영어를 사랑하는 사람이라는 사실을 알게 되었다. 그 후에, NIV 영어 성경 읽기 모임을 하게 되었고, 이렇게 영어와 관련한 글을 쓰는 계기가 되었다. 만약 완벽한 영어 실력을 갖추어야 글을 쓸 수 있다고 생각했다면, 절대 시작하지 못했을 것이다. **'나는 누구인가?'라는 질문을 통해 진정한 나를 만나는 것이 필요하다. 나를 바로 알게 되면 절대로 구겨지지 않기 때문이다.**

Though a righteous man falls seven times,
he rises again!

Proverbs 24:16

의인은 일곱 번 넘어질지라도 다시 일어나려니와

잠언서 24:16

- 영어와의 연애를 위한 아홉 번째 레시피 -

구겨지길 두려워 말라!
Don't be Afraid of Losing Faces!

영어 참견러's 연애 십계명

십, 십년지기가 돼라
Knowing Myself

인생 후반전을 새로 시작하면서 지나온 삶을 돌아보니 잘했다고 생각되는 것이 세 가지다. 첫 번째는 남편과 결혼한 것이다. 남편의 사랑 고백 후, 30년을 함께 살아오고 있다. 서로 숨길 것도 없고, 포장할 것도 없어 생각과 몸이 하나가 된 듯한 느낌을 받을 때가 많다. 두 번째는 요리이다. 호박전을 하기 위해 요리책을 펴야 했던 시절부터 지금까지 요리를 즐겼다. 대단하고 멋진 음식은 아니었지만, 가족과 이웃과 나누면서 소소한 행복감을 느끼곤 했다. 마지막은 영어교육을 전공으로 선택한 것이고, 배우고 가르치는 일을 해온 것이다. 나에겐 영어가 10년이 넘어 40년지기가 되었다.

저녁 식사 후, 산책하던 중 남편이 자신의 IQIntelligence Quotient가 90이었다고 고백하였다. 비밀이 없는 줄 알았는데, 아니었다. 남편은 "내 머리는 돌인지라 뭔가를 새기기는 힘들지만, 한번 새기면 평생을 간다."는 말을 하곤 했다. 하지만, IQ에 대해 여태껏 한마디도 하지 않은 것을 보니 호아킴 데 포사다의 『바보 빅터』처럼 '바보 덕수'로 살아온 것은 아니었을까? 마음이 찡해진다. 나 또한 초등 시절 IQ 테스트를 하였고 그 결과에 대해 궁금하기도 하고 걱정도 되었다. 왜냐하면, 그 당시에 IQ는 변하지 않는 데다 지적능력을 나타내 주는 성적표라는 말을 들었기 때문이다. 『바보 빅터』에서 교사의 실수로 17년간 자신을 바보로 알고 살았던 국제 멘사 협회 회장, 빅터도 마찬가지였다.

지난 100년간 뇌 과학의 가장 대표적인 연구 성과 중 하나로 손꼽히는 것이 바로 '뇌 가소성Neuro-Plasticity'에 관한 것이다. Plasticity는 Flexible의 의미로 한마디로 '뇌는 훈련하면 변화한다'는 것이다. '뇌세포는 한번 가지고 태어나면 영구적으로 손상, 소멸된다'는 이전의 가설을 뒤엎는 연구결과로 과학계에 큰 충격을 준 이론이다. 인간의 지적능력을 IQ로 정하던 시절이 있었다. 지금도 멘사Mensa 협회 가입을 위해서는 IQ가 최소 148 이상이 되어야 한다. IQ라는 '지능 지수'는 인간의 지능 일부분을 측정하기 위해 고안된 시험을 통해 산출되는 총점이다. 독일 정신학자 윌리엄 스턴William Stern이 1912년 어린이들의 인지 검사의 점수를 매기는 방식으로 제안한 것이며, 오늘날에는 웩슬러 성인 검사와, 간이 통계적으로 일반화시킨 지능검사가 있다.

지난 100년이 넘게 사용된 IQ 검사가 주로 논리 수리능력과 관련된 두뇌의 기능을 측정한 것이라면, 넓은 시각에서 인간의 잠재력을 나타내는 검사인 다중지능 검사Multiple Intelligence도 있다.

하워드 가드너Howard Gardner는 인간은 누구나 8가지 영역의 지능을 보유하고 있지만, 발달 정도에는 차이가 존재한다고 한다. 그는 8가지 지능을 언어지능, 논리수학 지능, 음악 지능, 신체 운동 지능, 공간 지능, 인간 친화 지능, 자기 성찰 지능, 자연 친화 지능으로 구분하였다. 그가 말한 것처럼, 이런 영역의 능력을 순전히 타고나는 재능이라고 말했다면, 이 이론은 그리 인기 있지 않았을 것이다. 그만큼 우리는 지능에 관심이 많다. 이 검사에 대한 논란이 있긴 하지만, 토마스 암스트롱의 다중지능 설문지를 통한 다중지능 검사를 남편과 해보았다. 내 검사 결과를 보면, 1순위는 인간 친화 지능, 2순위는 자기 성찰 지능, 3순위가 언어지능이 나온다. 내가 원어민과 쉽게 소통하는 이유는 영어 말하기 실력이라기보다는 인간 친화력 덕분이라는 해석을 해본다. 반면에, 남편처럼 논리수학 지능2위이 높고, 언어지능이 낮은 경우5위엔, 논리적으로 말을 하려는 경향으로 인해 천천히 대화했다는 것을 이해하게 된다. 덕분에 나 자신과 남편을 조금 더 알게 된 느낌이다.

영어를 배워야 할 이유와 목적도 찾았고, 성장하려는 태도와 실용적인 마인드셋도 가졌다면, 이제 **어느 정도의 노력을 해야 할까?** 우리 민족만큼이나 영어에 많은 시간을 쓰고 노력하는 민족이 또 있을까? 우리의 이웃 나라 일본사람인 우에다 이치조는 영어를 정복하고자 초월적인 노력을 한 사람으로 유명하다. 영어 백과사전을 10회 독파하고, 100편 이상의 영화를 받아 적기를 하였고 그의 저서 100권 중 25권이 베스트셀러다. 미국에 가서도 영어학습과 지도를 통해 영어를 원어민처럼 하려는 노력을 계속했다. 배경 지식이 중요하다는 생각에 다른 3인과 함께 세계사에 대한 지식과 어휘 공부를 통해 영어를 마스터하려고 『영세 공: 영어와 세계사 동시에 공부하기』라는 책을 썼다. 이러한 대단한 노력을 한 그는 영어를 마스터했을까? 여러분은 어떻게 생각하는가?

난 이분의 노력을 보면서 **영어를 정복한다거나 마스터하겠다는 무모한 목표를 세우지 않기로 했다.** 한국인으로서 한국어를 정복하고 마스터Master한다는 목표를 세우지 않는 것처럼 말이다. 다만 좀 더 고급지고 예의 바른 표현을 하기 위해 책을 읽고 쓰는 노력은 한다. 영어를 배울 때도 이러한 성장 마인드셋을 가지고 유창성과 정확성을 높이기 위해 노력한다면 영어의 능숙한 단계가 가능해지리라 본다. 여기서 능숙Mastery이라는 것은 원어민의 70% 이상의 수준을 말한다. 유창성Fluency이라고 한다면 원어민의 말에 대한 50% 이상의 이해도를 말한다. 그러니, 조금 더 능숙하길 원한다면 발음을 연습하자. 무엇보다도 실용적인 마인드셋을 가지고 문어체보다는 구어체를 사용하고, 실제 사용할 수 있는 어휘나 표현을 먼저 익히는 태도가 필요하다. 더 나은 소통과 관계를 원한다면 문화적인 속성

영어 참견러's 연애 십계명

Culture & Body Language까지도 이해하려고 노력하자. 하지만, **무엇보다도 자신의 목적과 흥미 그리고 수준이 어느 정도인지를 아는 것**Knowing Myself**부터가 출발점이 되어야 함을 기억하자.**

또 한 가지 배우게 된 것은 입력Input과 출력Output은 같지 않다는 사실이다. **읽기와 듣기를 통해 배우고 익혔다고 해서 그대로 말이나 글로 나오는 것이 아니다.** 물론 원어민과 같은 높은 수준의 실력을 갖추었다면, 원어민이 말하는 것과 똑같은 말과 글로 표현하겠지만, 난 아직 그러한 사람을 본 적이 없다. 왜냐하면, 영어라는 외국어는 마스터할 대상이 절대 될 수 없기 때문이다. 그것이 영어 연애 십계명을 쓰면서 알게 된 영어의 정체성이다. 듣기와 읽기는 수동적인 학습Passive Learning이고, 말하기와 쓰기는 능동적인 학습Active Learning과정을 거친다. 기억해야 할 점은 입력 그대로 출력이 되지 않는다는 것이다. 영어를 말하고 쓰기가 어렵게 느껴지는 것은, 바로 이러한 점을 간과했기 때문이다. 읽고 듣는 시간을 통해 수동적으로 이해하면 그것으로 된 것이고, 출력, 즉 말과 글은 내 수준과 환경과 상황에 맞게 능동적으로 쉽고 편리하게 사용하면 된다. 내가 읽은 대로 들은 그대로 말을 하려니 힘들었고 늘 부족하게 느낀 것이다.

영어와 십년지기가 되기 위한 가장 중요한 마인드셋을 잊고 있었다. 그것은 바로, **실수를 즐기는 것이다.** 실수를 통해 배운 내용은 평생 잊지 못할 즐거운 추억이 되어준다. 그러한 추억은 십년지기가 넘어 평생의 친구가 되기 위해서라면 반드시 필요하다. 영어 뉴비Newbie인 바리스타와 대화하는 한 장면을 소개하고자 한다.

라테를 마신 후에 손님이 없는 틈을 타서 따스한 물 한 잔을 달라고 했다.

Me: May I drink some hot water?
B: Okay, waTer!

정수기에서 물을 추출 중⋯

Me: Enough!
B: (계속 물을 채운다) Here, waTer!
Me: (웃는다) Thanks!

갑자기 미국에서 거주하는 동안 딸아이 친구의 생일파티 장면이 떠올라 웃음이 나왔다. 2007년에는 스마트폰이 나오기 바로 전이었고, 휴대전화를 가지고 있는 미국 아이들도 거의 없었다. 친구 엄마Mexican American가 자신의 집을 찾아오도록 전화를 걸어서 집 주소Address를 알려주었다. 미로 찾기를 하듯 운전해서 찾아간 집 마당Yard에서 파티가 열리고 있었다. 분주한 주인을 돕고 싶어 간식으로 나온 핫도그에 케첩을 뿌려주고자 케첩 병을 집어 들었다.

한 여자아이가 "Enough"이라고 하는 것이었다. 난 더 뿌려주었다. 이번에는 좀 더 급한 목소리로 외친다.

A girl: Enough!!
Me: Oh, okay!

그제야 상황 파악이 된 것이다. Enough는 "충분히 더 줘~"가 아니라 "충분하니 그만~"이라는 뜻이었다. 이렇게 해서 난 Enough란 단어의 의미를 평생 잊을 수 없게 되었다. 머리로 배운 단어와 현장에서 직접 경험한 단어는 이렇듯 정반대Opposite였던 것이다. 이러한 실수 경험은 영어와의 관계에서 좋은 추억이 되어준다.

- 영어와의 연애를 위한 열 번째 레시피 -
실수로 멋진 추억을 만들자!
Let's make good memories by Mistakes!

08
뇌 빅 데이터

　소크라테스BC 470-399가 동행한 덕분에 〈영어 연애 십계명〉 요리를 마칠 수 있었다. 무엇보다 나 자신을 알아가는 의미 있는 시간이었다. '자신을 알고자 하는 마음'은 기원전 430년경에 그리스 아테네의 거리를 다니며 청년들과 대화를 나눈 소크라테스만은 아니었다. 그의 시대부터 2450년이 지난 요즘은 '나 자신을 안다'는 것은 '나의 뇌를 안다'는 말과 같이 여겨지는 세상이 되었다. 인간의 마음도 뇌에서 일어나는 기능이라고 하니, 우리의 뇌를 아는 것이 나를 진정으로 아는 것인지도 모르겠다. 다만, IQ나 다중지능검사, 지문검사, 심리검사, ADHD 검사, MBTI 검사, 치매 검사 등 다양한 검사 결과를 해석하고 적용하는 과정에서 인간에게 주어진 삶을 운명으로 여기거나, 자신의 재능을 타고난 능력으로 제한하는 고정된 마인드셋을 가져서는 안 된다. 왜냐하면, 어떤 한 가지 직업이나 상황에서 한 가지 능력만이 필요하거나 발휘되는 것은 아니기 때문이다. 지금 오늘, 어떠한 **마인드셋을 가지고 있는지에 따라 인생이라는 여정에서 얻게 될 즐거움과 기쁨 그리고 삶의 의미의 깊이**

와 넓이가 달라지리라 믿는다.

> 믿음은 바라는 것들의 실상이요 보이지 않는 것들의 증거니.
>
> 히브리서 11:1
>
> Now faith is being sure of what we hope for and
> certain of what we do not see.
>
> Hebrews 11:1

　빅 데이터라는 도토리가 머리에 떨어진 날, 놀랐고 당황스러웠다. 하지만, 빅 데이터는 이미 생활 속에서 경험하고 있는 SNS나 책을 통한 정보를 컴퓨터에 입력Input 후 처리 과정메모리, 저장을 통해 정형화되고 논리적인 형태로 결과를 출력Output하는 과정을 거친다는 사실을 알게 되었다. 이러한 과정은 인간의 뇌가 이해하고 사고하고 표현하는 과정을 그대로 본따서 만든 것이다. 이러한 인공지능 컴퓨터의 CPUCentral Processing Unit 중앙처리장치가 처리할 수 없는 재능이 인간에겐 존재하는데, 그것이 바로 직관력이다. 이 직관은 문제를 푸는 시간을 순간적으로 뛰어넘어 바로 답을 말하는 것이다. 백신정 저자의『내 안의 빅 데이터를 깨워라』에 의하면 뇌에 있는 모든 정보를 통칭해 **'뇌 빅 데이터'라고 말하는데, 이것을 잘 표현하는 단어가 직관력이다.**

뇌 빅 데이터에서는 '유레카'와 같은 순간적인 산출이 나오기도 하는데 이러한 능력은 경험과 학습을 통해 만들어지고, 그 학습은 신경세포의 연결고리인 시냅스에서 일어난다고 하니, 이러한 시냅스의 활성화를 위해서라도 Feeling, Watching, Thinking, 그리고 Doing이라는 뇌의 학습 과정을 지속해야겠다는 생각을 해본다. Dreaming도 함께 말이다. 이 세상을 변화시킨 인물은 모두 꿈꾸는 자Dreamer라고 하니 나도 꿈꾸는 일을 계속하고자 한다. '인공지능 시대, 영어와의 연애를 계속해야 할까?'라는 질문과 함께 시작된 〈영어 참견 1〉 덕분에 **요리도 연애도 영어도, 결국은 사랑이고, 하나의 끈처럼 서로 연결되어 있음을 알게 되었다.** 인공지능이 아닌, 어떤 다른 시대가 오더라도 이러한 사랑은 지속되어야 함도 말이다.

또 하나의 소득이라면 영어의 정체성에 대해 알게 되었다는 것이다. **영어는 말이고, 절대 마스터할 수 있는 대상이 아니라는 사실을 확실하게 알게 되었고 그로 인해 난 자유를 얻었다.** 영어와의 교제의 시간이 길어질수록 영어를 정복하고자 하는 마음이 나를 사로잡았었다. 몸이 피곤할 때에도 영어 소리를 들어야 한다는 부담감에 자면서도 들었다. 한 단어 하나라도 놓치지 않으려는 강박감이 있었다. 영어를 가르치는 자로서 영어 공인인증 점수에서 만점이나 그에 준하는 높은 점수를 받아야 체면이 선다는 완벽주의적인 마음이 잡초처럼 무성하게 내 마음에 자리 잡고 있었다. 영어의 국제어이자 인터넷 언어로서의 역할과 높은 지위는 인정하지만, 그렇다고 영어의 노예가 되고 싶지는 않다. 이제 완벽한 자유를 선포한다!

AI 시대, 영어와의 연애를 계속해야 할까? 라는 질문에서 얻은 가장 큰 소득이라면 '나 자신을 알게 된 것'이다. 바로 메타인지 Metacognition **능력을 얻게 되었다.** 나 자신과 영어의 정체성을 알아가면서 질문에 대한 답도 찾을 수 있었다. 나는 이러한 나 자신을 아는 능력이 부족하여, 영어와의 연애에서도 목표도 전략도 없었다. 사랑하기에 참고 인내만 했을 뿐이다. 완벽하지 못하다는 패배의식으로 인해 자존감이 낮아지고 있는 것도 몰랐다. '너무나 사랑하기에 헤어진다'는 유행가 가사처럼 내 마음이 그러한 양가적인 마음이었다. 『삶의 한가운데』는 2차 세계 대전 시기에 한 여인을 사랑한 슈타인이 18년간 쓴 일기다. 이 글을 통해 인간이 삶의 그물에 매여 빠져나오지 못하는 상황을 보여주는데, 바로 내 모습이 그러했다. 영어를 사랑했지만, 그 덫에 걸려 자유하지 못한 영혼. 그래서 육체의 피로와 나이 그리고 AI의 도래를 핑계 삼아 도피하고 싶었던 것이었다.

만약 내가 테스 형과의 대화를 통해, '영어, 넌 누구인가?'에 대한 본질적인 질문을 하지 않았다면, 아마 이런 글을 쓸 엄두를 못 내고 있었을 것이다. 책을 쓰고자 하는 뜨거운 열정에,

'완벽한 영어 실력을 갖추어야 책을 쓸 수 있지!' '나 같은 평범한 사람이 쓴 영어책을 누가 읽겠어?'라며 정신 차리라고 찬물을 뿌렸을 테니까 말이다. 하지만, 테스 형 덕분에 이렇게 생애 첫 영어 글을 쓰게 되었다. 누군가에게 꼭 보여주고 싶었던 나만의 영어 레시피를 기록하고 나누는 시간이 참 즐거웠다. 나 자신의 요리 경험과 실력도 돌아볼 수 있었던 유익한 시간이었다. 세상을 향해 나의 부족함을 감추지 않고 말을 할 용기도 얻었다. 배우다의 'learn'의 어원은 인도유럽어의 원형인 'leis'로 '흔적을 따라 길을 찾다'이다. 배움은 지식을 쌓는다는 의미가 아니라, '삶의 의미를 찾아가는 과정'이다. 이러한 영어 레시피를 적는 시간을 통해 나의 삶을 뒤돌아보고 앞으로 영어와의 관계와 내 인생에 대한 방향성을 찾게 되었다.

영어와의 연애를 위한 레시피를 나름 정성껏 적었지만, 직접 만들어 보지 않는다면 그 맛을 전혀 알 수 없을 것이다. 슈타인이 자신의 마지막 죽음의 일기에 '니나에 대한 사랑으로 인생을 잘 살았다'라고 쓴 것처럼, 나도 '영어에 대한 사랑으로 인생을 잘 살았다'라고 스스로 위안을 심기 위함인지는 모르겠다. 이제 첫 번째 영어 참견의 막이 내려지고 두 번째 영어 참견 여행이 시작된다. **'메타버스 시대, 영어를 어떻게 가르쳐야 할까?'라는 질문에 대한 답을 찾아 떠나는 여행이다. 궁금하시다면, 저와 동행하실래요?**

Epilogue

영어책을 써야겠다는 생각이 든 것은 5년 전이었다. 성경과 영어 그리고 AI 시대를 연결하는 영어 학습과 티칭에 관한 책! 아무리 생각해 봐도 이 산을 저 산으로 옮겨야 하는 일이었다.

예수님은 그들에게 이렇게 말씀하셨다. "너희의 믿음이 적기 때문이다. 내가 분명히 말한다. 만일 너희에게 겨자씨 한 알만 한 믿음이 있다면 이 산을 향해 '여기서 저리로 옮겨 가거라' 하여도 그대로 될 것이며 너희에게 못 할 일이 하나도 없을 것이다."

마태복음 17:20

대학 시절, 전라도 시골 마을에 선교 여행을 갔을 때 한 미국인 선교사가 설교하고, 내가 통역했던 성경 구절이다. 나는 '아주 작은' 우선 겨자씨를 손가락을 사용해 표현하면서도 이렇게 작은 믿음이 산을 옮긴다니⋯ 정말일까? 살짝 의심했던 기억이 난다.

우선 겨자씨 한 알씩 줍는 마음으로 다른 추수꾼들이 흘린 지식을 조금씩 모으기 시작했다. 겨울에는 석사 논문을 쓰면서 논리적인 사고와 바른 인용법을 배웠다. 봄에는 학회와 다양한 워크숍과 교육박람회에 참석하면서 견문을 넓혔다. 여름에는 카카오 글쓰기 플랫폼인 브런치에 글을 쓰면서 초고First Draft를 완성하였고, 어느새 가을이 되어 추수하는 기쁨을 누리게 되었다. 나에게는 산을 옮기는 일이었다.

혼자서는 절대 할 수 없는 일이었다. 책을 쓰도록 끊임없이 응원해 준 지혜로운 남편이 있었기에 가능했다. 도움의 손길도 이어졌다. 고미숙 저자는 글쓰기 관련한 지식과 정보를 아낌없이 내어 주었다. 내 글을 출판사 에디터에게 보여주었고, 브런치 작가에 지원하도록 격려했고, 글의 목차도 구성해 주었다. 글을 올리자마자 Like it!좋아요!을 해준 브런치 작가 분들의 응원도 있었다. 이틀 만에 카카오 뷰 구독자가 되어 준 100명의 후원자도 있었다. 원고에 대한 교정과 피드백을 해주신 분들, 추천사를 기쁘게 써 주신 분들, 책 입양에 참여하신 지인들도 산을 함께 옮긴 동역자들이다. 2년 반 동안, 함께 성경을 묵상한 NIV 시스Sis 들도 큰 힘이 되어 주었다. 행복 에너지 출판사 관계자분들의 도움도 컸다.

마지막으로, 오랜 시간 삽질하는 엄마를 묵묵히 지켜봐 준 사랑하는 아들 주영이와 딸 하영이에게도 고마움을 전한다. 지금 이 책을 읽고 계신 당신도 산을 옮길 수 있다. 겨자씨 한 알 만 한 믿음만 있다면…!

to be continued

영어 참견러's 연애 십계명

영어, 이렇게 **중매**하라!

영어 참견러's
연애&중매 십계명

정영숙 지음

중매편
How To Teach
English
B
C
S
M
W

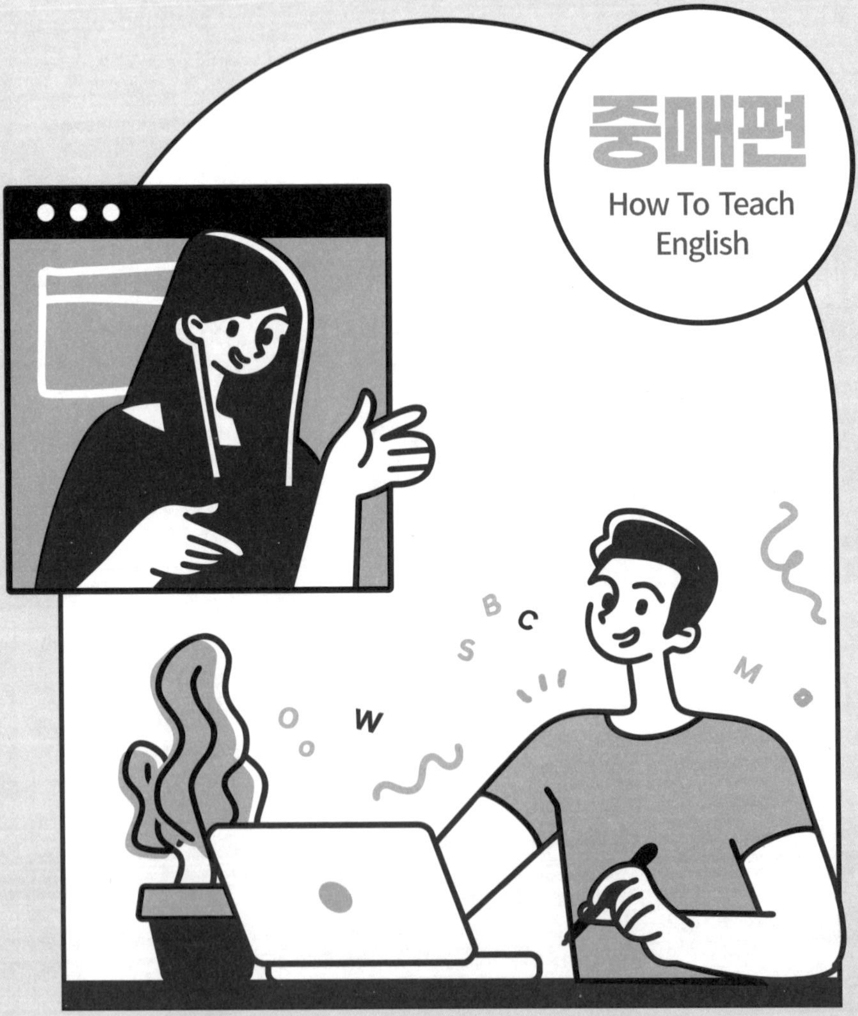

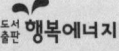

도서출판 행복에너지

CONTENTS

영어 참견러's
교사가 되지 말라!

영어 참견러's

교사가 되지 말라!

01
Prologue

Recipe for English Teaching

4년을 연애하고 27년을 살아오면서도 남편에게 사랑한다는 말이 쉽게 나오지 않는다. 언젠가, 진심으로 내 입에서 "사랑해"라는 말이 나왔다. 그동안은 사랑이 무엇인지도 모르고, 사랑하는지에 대한 확신이 없었는지도 모르겠다. 젊은 날, 남녀 간의 사랑이 무엇인지 잘 몰랐다. 나도 아들처럼 사랑에 서툴렀다. 그래서인지 가끔 〈연애 참견〉이라는 TV 프로그램을 보게 된다. 요즘 젊은 세대들에게도 연애하는 것이 마냥 설레고 즐거운 경험만은 아닌 듯하다. 시간과 비용이 들고 정신적, 심리적인 소모전이 생기기도 한다. 게다가 결혼이라는 현실적인 문제와 책임감 등의 문제로 그 관계는 심각해지기도 한다. 그저 연애와 사랑에 대해 배운 적이 없기 때문일까?

만약 내가 청춘이었을 때, 『사랑하기 전에 꼭 알아야 할 것들』과 같은 책을 읽었다면 조금은 덜 아팠으려나. 사실, 나 때는라테~는 개인 휴대폰도 없어서 집 전화를 이용해야 했다. 그 유명한 삐삐도 사용해 보지 못했다. 그 당시 겪은 가슴 설레는

경험도, 헤어지는 아픔도, 심적 갈등도 오랜만에 뒤적거리는 낡은 앨범 속의 사진처럼 아름다운 추억으로 남아있다. 물론 결혼해서 아들과 딸을 낳고 살면서 남녀 간의 사랑보다 더 넓고 깊은 사랑을 날마다 절절히 배우고 있다. **사랑의 관계가 대부분 어렵고 힘들듯이 영어와의 관계도 만만치 않다.**

14년 전에 남편의 갑작스러운 해외 발령으로 인해 가족과 함께 미국으로 이사를 해야 하는 상황이 벌어졌다. 짐 정리만이 아닌 학원을 정리해야 하는 긴박한 상황이었다. 마침 영어를 가르치고 싶어 하는 한 부부가 찾아와 학원의 모든 것을 사용하게 되었고, 내 수업 방식을 배우고 싶어 했다. 그래서 수업 장면을 비디오로 촬영하는 도중에 "다른 선생님들에게도 알려주면 좋겠다!"는 말을 하였다. 그때부터인가 기회가 된다면 나만의 지도 방법Teaching Know-How을 누군가에게 가르쳐주고 싶다는 생각을 했다. 그 부부는 영어 티칭에 대한 경험이 없어서인지 1년 만에 학원 문을 닫게 되었다. 바로 옆에 있던 보습학원 원장이 그 학원을 인수하였다가, 나에게 아무 조건 없이 돌려주면서 이런 말을 하였다. "이 학원은 선생님 것이에요!" 그 이후로 〈정's English Time〉이라는 이름으로 10년을 더 운영하게 되었다. 인생 전반전을 마무리하면서 돌아보니, **20년 동안 내가 한 일은 다름 아닌 영어 중매였다.**

3년 전 기적의 아침, 꿈에서 얻은 '영어를 배우는 방법 10가지' 재료로 만든 〈영어 연애 십계명〉은 영어와 사이좋게 지내길 원하는 분을 위한 요리다. 신혼 시절 오랜 시간 사용해 닳고 찢어져 버린 요리책이 이제 그리 필요하지 않게 되었다. 세월의 연륜으로 요리실력이 쌓인 덕이기도 하지만, 원하는 레시피를 어디서나 얻을 수 있는 시대가 되었기 때문이다. 쉽게 책이나 온라인을 통해 공유하는 시대가 되었기에 나도 내 영어요리 레시피를 끄적여 본 것이다. 〈영어 참견 1〉에서 시작된 'AI 시대, 영어와의 연애를 계속해야 할까?'라는 질문보다 앞선 질문은 '메타버스 시대, 영어를 어떻게 가르쳐야 할까?'였다. 그런데, '어떻게 가르칠 것인가?' 보다 앞선 문제가 '어떻게 배워야 할 것인가?'이기 때문에 영어 연애 십계명을 먼저 적게 되었다. 이번에는 기적의 아침 꿈에서 얻은 **'영어를 가르치는 방법 10가지' 이정표**Milestone**만을 가지고 생각 여행을 떠나고자 한다.** 영어요리보다 쉽지 않을 것 같은 예감이다. '메타버스 시대, 영어를 어떻게 가르쳐야 할까?' 아쉽게도 이번 영어 참견에는 테스형이 동행할 수 없다. 그의 나이 칠십을 앞두고 젊은이들을 선동하고, 신을 믿지 않는다는 이유로 재판을 받고 마지막 아래의 말을 마친 채 독주를 마셔야 했기 때문이다.

　"이제 끝을 맺을 시간이 되었습니다. 이제 가야 합니다. 나는 죽기 위해서, 여러분은 살기 위해서. 그러나 우리를 기다리고

있는 앞길은 어느 쪽이 더 좋은지 오직 신만이 알 것입니다."

그의 젊은 제자 플라톤이 『소크라테스의 변명』에 기록한 이 장면을 보면서 빌라도의 재판이 떠올랐다. 69세 철학자인 소크라테스의 위풍당당한 모습과는 달리, 33세의 젊은 청년 예수 Jesus는 본인의 죽음을 결정할 재판에서 아무 변명도 하지 않았다. 그를 찾아 아테네에서 자리를 옮겨 이스라엘로 가보니, 이제 막 동튼 새벽, 갈릴리 바닷가에서 숯불에 생선을 굽고 있다. 빌라도 재판 후, 십자가형을 당한 예수가 부활 후에 제자들을 찾아간 것이다. 선생이자 메시아로 믿고 따랐던 그의 죽음 후, 뿔뿔이 흩어진 제자 중 일부는 다시 어부로 돌아가 물고기를 잡고 있다. 밤새 수고하였어도 아무것도 얻지 못한 배고픈 제자들을 위해, 직접 숯불에 생선을 구워 빵과 함께 손으로 뜯어 나눠주는 모습이다. 먼 타국에서 온 이방인을 위해 마당에서 땀 흘리며 햄버거 패티를 굽고 계시던 젊은 목사님의 모습이 눈에 선하다.

왜Why보다는 어떻게How에 관심이 많았던 소크라테스. 그에겐 왜라는 질문은 의미가 없었다. 그에겐 '우주가 왜 이렇게 생기게 되었는지를 아는 것'은 인간의 영역이 아니었기 때문이다. 다만, '어떻게 의미 있는 삶을 살 수 있는지, 어떻게 정의를 실천할 수 있는지, 어떻게 나 자신을 알 수 있는지'에 대해 고민

하였다. 그는 아테네인들은 모든 것을 개선하려 노력하지만, 그 모든 것에 '자신은 포함되지 않는다는 점'을 바꿔야 한다고 생각하였다. 그래서 그 변화를 이끌어내는 것을 평생의 사명으로 삼았고, "너 자신을 알라!Know Yourself!"라고 외쳤던 것이다.

영어 참견러's 중매 십계명

02
교사가 되지 말라

Don't be a Teacher

친구와 점심 식사하러 식당에 갔는데, 생선구이가 너무 맛있어 보여 먹자고 했더니, 본인은 생선 가시가 목에 걸려 두 번이나 병원에 간 이후로는 생선을 먹지 않는다고 한다. 영어교사가 되고자 임용고시를 준비했던 나에게도 이렇게 목에 걸린 생선 가시처럼 늘 내 마음을 불편하게 하는 성경Bible 구절이 있었다.

> "내 형제들아 너희는 선생 된 우리가 더 큰 심판을 받을 줄 알고 선생이 많이 되지 말라."
>
> 야고보서 3:1

게다가 웬만하면 비유로 말씀하시던 예수도 여러 번에 걸쳐서 직설적인 경고의 말을 하는 것이 아닌가!

> "그들은 말만 하고 행하지 아니하며"
>
> 마태복음 23:3

분명, 이 말씀은 가르치는 자의 영향력에 대해 말하는 것이

고, 교사는 배우는 자에게 큰 영향력을 끼칠 수 있는 존재이기에 그에 따르는 책임에 대해 경고하는 것이다. 제대로 알지도 못하면서 잘못 가르치거나 의도적으로 잘못된 길로 인도할 가능성이 높은 사람이 교사이기 때문이다.

『언어 공부』는 책을 쓴 롬브 커토Lomb Kato는 헝가리인으로 20세부터 다양한 외국어를 배운 경험을 정리하였다. 그녀는 16개의 다중언어 구사자로 언어 통역과 번역의 일을 하면서, 85살의 나이에도 히브리어를 공부하다가, 94세의 나이로 세상을 떠났다. 그녀는 엉성하게 배워도 알아두면 좋을 만한 것이 언어밖에 없기에 언어를 배워야 한다고 하였다. 하지만 마지막까지 교사의 중요성과 전문성에 대해 강조하였다.

인터뷰 질문: 왜 외국어를 가르치는 직업을 선택하지 않았나?

대답: 누구를 가르치려면 언어 전체를 통달하는 것만으로는 부족하다. 내가 위 수술을 자주 받았다고 해서 수술용 메스를 주며 남을 수술해 보라고 시키는 사람은 없다.

질문: 언어를 배우려면 소질이 있어야 하는가?

대답: 아니, 필요 없다. 순전히 흥미와 쏟아붓는 에너지의 양이 만들어낸 결과다.

본인이 영어로 말을 잘하거나 영어에 대해 안다고, 누군가를

잘 가르칠 수는 없다는 말로 들린다. 그런데, 실제 본인의 영어 실력은 아주 기본적인 대화도 하지 못하는 정도인데, 누군가에게 영어를 가르치려거나 또는 가르치고 있는 분들을 만나기도 하였다. 정말 말리고 싶은 심정이다. 분명 누군가는 피해자가 생길 것이기 때문이다.

15년 전에 갑상선 기능 저하로 분당에 있는 큰 병원을 찾아갔고, 초기였기에 약을 처방받아 진행 상황에 따라 약의 양을 줄여보자고 하였다. 일 년이 지나서 호르몬 수치가 나빠지자 의사가 하는 말이, 약을 식전에 먹으라는 것이었다. 그때까지 식후에 약을 먹도록 처방하였다. 그렇게 의사의 작은 실수 혹은 무지로 인해 난 갑상선 기능을 아예 잃었고, 평생 갑상선 호르몬 약을 먹게 되었다. 초등교사였던 지인도 약사가 처방한 강한 항생제가 든 약을 먹고 나서 신장기능을 잃고 몇 년간 고생 끝에 결국 신장이식 수술을 받았다고 한다.

'많은 의사에게 많은 괴로움을 받았고 가진 것도 다 허비하였으되
아무 효험이 없고 도리어 더 중하여졌던 차에'
마가복음 5:26

의사를 잘못 만나게 되면 아픔과 괴로움이 더해지고 돈도 허비되듯이 교사의 영향력은 중요하다. 마치 몸의 병을 고치는

의사가 경험이나 지식이 부족하여 실수로 오진을 하거나 혹은 단순히 돈을 더 벌기 위해 의술을 행했을 때 치명적인 결과를 초래하듯이, 영어교사도 마찬가지다. 잘못된 영어교사를 만나 시간과 돈을 낭비할 뿐만 아니라 마음의 상처를 받거나, 영어와의 관계가 나빠진 학생들을 많이 만났다.

대학 졸업을 앞두고 취업과 진로에 대해 고민을 하는 시기가 되었다. 교생 실습을 나간 학교에서의 경험40명의 인원, 쓰레기장을 연상케 함, 목소리도 들리지 않음, 학교 시스템에 따라야 하는 등을 통해 학교에서는 영어다운 영어를 가르칠 수가 없음을 느꼈다. 오랜 시간 고민한 이유는 어쩌면 나 자신을 알았기 때문인지 모르겠다. 고등학교 영어교사를 하신 적이 있다는 지도교수님이 학교 교사의 힘든 점에 대해 말을 하시더니, 한 외국어학원을 소개하셨다. 이 일이 나에겐 하늘이 내려준 직업이라는 것을 바로 느꼈다. 왜냐하면, 너무 행복하고 즐거운 시간이었기 때문이다. 그때부터 지금까지 학생과 영어를 연결해주는 영어 중매쟁이를 하고 있다. 영어와 좋은 관계를 유지할 수 있었던 이유도 바로 이 직업을 갖고 있었기 때문이다. 만약 내가 영어를 가르치는 일을 하지 않았더라면, 지금 즈음 영어와 별거를 하고 있을지도 모르겠다.

엄마 손에 이끌려 학원에 온 학생 중에 이러한 질문을 하는

학생들이 종종 있었다. "영어를 왜 배워야 하나요? 전 외국에 나갈 생각이 없는데요." 이러한 질문을 받으면 나는 침을 튀겨 가며 영어를 배워야 할 이유에 대하여 설명을 하곤 했다. 그러던 내가 '메타버스 시대, 영어를 어떻게 가르쳐야 할까?'라는 질문을 하기 시작했다. 40년 전에 목에 걸린 가시와는 조금 다른 가시가 내 마음을 자꾸 불편하게 하였다.

03
학원 탈출

Big Data

새벽에 바쁘게 출근하는 남편의 구두를 보니, 비가 온 뒤라 그런지 더러워져 있다. 회사에 가서 구두를 맡기라고 말했더니, 회사 구두닦이의 이야기를 한다. 직원 수가 이천 명이 넘는 회사이고 대부분이 남자 직원인지라, 회사에 들어오면 일감이 많을 것이라 예상했었는데, 그렇지 않다고 말이다. 이유는 직원 대부분이 운동화나 단화를 신고 다니기 때문에 구두를 닦을 일이 없다는 것이다. 예전에는 양복에 구두를 신고 다녔던 직원들의 복장이 수년 전부터 점차 평상복으로 바뀌고 있었지만, 그 구두닦이는 그러한 사실을 깨닫지 못했다. 이처럼 사회는 변화하고 있지만, 그 변화를 감지하지 못하면 사업의 수익이 줄어들면서 망하게 되는 것이다. 구두닦이는 다름 아닌 5년 전의 나의 모습이기도 하다.

10여 년 동안 수지 한 아파트 상가에서 학원교습소: 1인 학원을 운영하며 유, 초, 중, 고 학생들에게 영어를 가르치고 있었다. 이솝 우화에 나오는 이야기처럼 어느 날, 내 머리에 떨어진 빅

데이터라는 도토리로 인해 우물 안 개구리인 나 자신과 마주
대하게 되었다.

빅 데이터는 학원이라는 작고 아담한 우물 안에 오랜 시간 머
물고 있었던 나에게 세상이 변화하고 있다는 사실을 알려준 알
람 음Wake-up Call이었다. 요나스 요나손Jonas Jonasson의 장편소설
인『창문 넘어 도망친 100세 노인』이 자신의 생일 축하 파티를
앞두고, 사람들에게 알리지도 않고 양로원 창문을 통해 탈출을
감행했듯이 나도 나이 오십을 앞두고 내 생각을 행동으로 옮기
기 시작했다. 알렌 칼손 할아버지의 마지막 거처가 양로원이
되라는 법이 없듯이 나도 학원이 내 마지막 거처가 되라는 법
이 없다고 생각했다. 하지만 우물 밖에서 배워온 지식이나 기
술을 가지고 남아있는 학생들을 조금이나마 잘 가르치려는 생
각에 학원 탈출 시간을 조금 미루기로 하였다.

그 후 바로 발견한 곳이 '사이버 외대 테솔 대학원'이었다. 입학 설명회 참석 후에 서류를 준비하고, 인터뷰를 보러 가는 택시에서, 기사님이 "교수님이시죠?"라며 말을 건네는 것이었다. "나이로는 교수가 되어있어야 하는데, 이제 학생이에요."라고 멋쩍게 웃었다. 순간, 대학 졸업 후 학원에서 학생들을 가르친 시간과 결혼해 두 자녀를 키운 긴 시간이 주마등처럼 스쳐 지나갔다. 그날은 무엇을 배우고 무엇을 나누고 싶은지에 대한 이유와 목적이 확실해서인지 대학 입학 때보다 가슴이 더 설레었다.

인터뷰 장소에는 미국인과 한국인이 있었는데, 나는 미국인 교수와 신나게 이야기를 나눴다. 한국인누구신지 나중에 찾아봤는데 결국엔 모름이 대화에 끼어들지 못하다가, 뭔가 어색한 질문을 하였는데, 나는 "Whatever, Whoever!"를 외쳤다. 내 경험이 무엇이든지Whatever, 누구든지Whoever 나누기 위해 그곳에 지원했다는 뜻이었다. 나와 미국인 교수는 눈웃음으로 교감을 마쳤고, 합격을 확신하며 면접실에서 나왔다. **그렇게 대학을 졸업한 지 25년 만에 다시 학생이 되어 즐거운 배움의 여정을 시작했다. 바로 빅 데이터 덕분이었다.**

대학원에서의 온라인 강의와 한 달에 두 번 정도의 화상 수업은 나름 쉬웠고, 교수법과 듣고 말하기 지도 수업의 과제인 수

업 동영상 촬영과 발표 그리고 피드백을 주는 과정은 아주 실질적이고 유익했던 과목이었다. 뒤늦게 시작한 공부가 재미있었고, 무엇보다 토요일에 하는 콜로키움에서 다양한 강연을 통해 지식을 얻는 기쁨도 컸다. 게다가 학생 자치 활동인 연구회인 코티칭Coaching+Teaching 연구회에서 회장을 2년간 맡아 대표 격으로 여러 학회와 콘퍼런스에 참석하면서 나의 좁았던 견문이 점점 넓어지기 시작했다. 마지막 학기에는 졸업 논문을 통해 학생들에게 영어 일기 쓰기 지도를 하면서 궁금했던 문제들이 해결되는 기쁨을 누리기도 하였다.

학원 탈출을 행동으로 옮기려던 즈음에 이세돌과 알파고와의 바둑 대결이 언론에 크게 보도되었고, AI라는 말이 4차 산업혁명이라는 단어와 함께 쓰나미처럼 나라 전역에 몰려왔다. 구글 딥마인드 데미스 하사비스 최고경영자CEO는 알파고의 승리에 대한 소감으로 "이겼다. 우리는 달에 착륙했다."라고 했는데, 이 바둑 대결에서 100개의 CPU를 사용했다고 한다. 그 전까지만 해도 낯설게 느껴졌던 AI라는 이름을 한 방에 한국민의 마음에 각인시켜 준 사건이었고 그 위력은 크게 느껴졌다. 하지만, 그 존재의 실체는 당시에는 보이지 않았기에 더욱 불안했다. 마치 코로나의 소식이 들려오기 시작하고, 그 이름이 COVID 19으로 명명된 이후에도 그것의 실체를 잘 몰라서 불안했던 것처럼, AI가 아주 먼 미래가 아닌 현재의 직업까지도

위협할 수 있을 것이라는 두려움이 느껴졌다. 특히 영어를 포함하여 외국어를 지도하는 교사와 교수들도 그러한 위협을 느끼고 있을까? 하는 생각과 함께 과연 영어교육에 어떤 변화의 파장을 일으킬지 궁금해지기 시작했다.

마침 학교에서 〈4차 산업혁명과 영어교육의 미래〉라는 주제로 원주에서 워크숍을 주최하였고 그곳에 참석하기 위해 혼자 운전을 하고 갔다. 그날은 학원과 대학원 수업을 병행하면서 과로를 한 탓인지, 귀에 문제가 생겨 어지럼 증세로 심하게 구토를 하여 119에 실려 갔다가 퇴원한 다음 날이기도 하였다. 그만큼 나는 영어교육의 미래가 궁금했었고, 그런 마음을 대변한 듯, 외대 통역 대학원 지망생이라는 남학생이 "통역사나 번역가의 직업을 가져도 되는가?"에 대한 질문을 하는 것이었다. 그 자리에는 외대 테솔 대학원과 교육대학원 교수들과 중등교원 임용고시 문제 출제자, 그리고 영어 전문가로 알려진 분도 계셨지만, 그 누구도 속 시원한 답을 주는 이는 없었다. '4차 산업혁명'이라는 이름이 무색하게 느껴졌고, 우리나라 영어교육의 미래는 예전보다 더 어두워 보였다.

그 후로 5년이라는 시간이 흘렀고 신문에서 이런 기사를 읽었다.

「이동통신과 교통카드 등 공공 빅 데이터를 활용해 사람들의 하루 활동 스케줄과 이동 정보를 분석해 교통 수요를 예측하는 시스템이 개발됐다. 활동 인구를 시간과 공간 단위로 분석해 도시 개발과 교통계획 수립을 위한 모빌리티 시뮬레이션을 할 수 있게 되는 것으로 앞으로 재난 대피, 관광, 상권, 환경, 질병 확산의 영향 등 인간 활동과 모빌리티가 연관된 다양한 분야에 활용될 것으로 전망된다. '아바타'로 명명된 이 시스템은 당장 세종시 스마트 시티와 부산 에코델타 시티의 교통계획에 활용된다고 한다. 빅 데이터를 토대로…」 서울 경제 2021년 6월 3일

빅 데이터는 계속 폭풍 성장을 하고 있고, 우리의 삶을 더욱 풍요롭게 해줄 것이라는 기대가 크다. 실제 아무도 예상치 않았던 코로나 팬더믹Pandemic 전염병을 겪으면서 이동에 대한 정보가 얼마나 중요한지에 대해서 이미 잘 알고 있다. 반면에 이러한 빅 데이터로 인해 개인의 사생활이 얼마나 쉽게 대중에게 노출될 수 있는지도 두려운 마음으로 지켜보았다. 빅 테크Big Tech 기업은 이동 거리뿐만 아니라 각 계정에 있는 위치 설정으로 인해 개인에 대한 많은 정보를 알고 있다. 국적, 성별, 나이, 직업, 종교, 관심사 등등 말이다. 가끔 온라인으로 물건을 구매한 데이터를 이용해 필요한 시점에 안내 문자를 받기도 한다. 구매 정보가 빅 데이터 수집을 통해 어느 한 회사의 마케팅에 이용되고 있다는 것이 그리 반갑지만은 않다.

그 외에도 이미 각 나라의 정부가 인터넷, CCTV, 그리고 여러 인증과정을 통해 빅 브라더Big Brother가 되어 국민에 대한 정보를 거의 알고 있다고 할 수 있다. 이러한 정보가 유용하게만 사용된다는 보장을 할 수가 없으니 경계의 마음이 생긴다. 그래서인지 난 SNS 활동을 통해 사생활이 드러나는 것을 피했다. 하지만, 빅 데이터는 내가 알든지 모르든지, 싫든지 좋든지 상관없이 이미 나의 삶의 일부가 되어 가고 있었다. 다만 그 정체의 이름을 알지 못했을 뿐, 이미 인터넷 사용과 함께 코로나 바이러스처럼 전 세계로 번지고 있었고, 이미 함께 살아가고 있었던 것이다.

04
영어 중매담

Matchmaker vs. AI Assistant

영어교습소는 영어 놀이터이자 선교의 장소였다. **학원에 도착하면 바로 하는 것이 세 가지가 있는데, 기도와 청소, 그리고 수업 계획이다.** 먼저 나 자신을 위해서 기도한다. 하늘의 지혜를 가지고 친절함과 인내로 학생들을 대할 힘을 얻는 시간이다. 하늘의 지혜라는 것은 아이디어를 말한다. 다양한 연령대의 다양한 수준의 학생을 가르치다 보면 매 순간 지혜가 필요하다. 단순한 영어에 대한 지식뿐만이 아니라 학생들을 어떻게 가르칠 것인가에 대한 해답을 기도 중에 얻곤 한다. 어두운 얼굴로 학원 문을 들어온 학생이 수업이 끝난 후에는 웃으면서 나가는 것이 매일의 목표인데, 이 또한 기도 없이는 불가능한 일이다. 다음으로는 학생들이 영어를 쉽고 재미있게 배우도록, 그리고 그들의 성장과 변화로 인해 가정이 행복해지길 기도한다. 기도가 끝나면 청소를 한다. 당연히 배우고 가르치는 환경이 깨끗해야 하기 때문이다. 좋은 분위기의 교실에서 친절한 선생님에게 배운 경험은 학생들이 공부한 내용보다 그들의 감정에 긍정적인 영향을 미칠 것이다. 깨끗하고 정돈된 마음으로 수업

계획을 세운다. 수업의 진도 외에도 그날 해야 할 수업 활동을 기록하는 시간이다. 물론 계획대로 이루어지지 않을 때도 있긴 하지만, 수업 준비와 기록하는 습관은 질 높고 알찬 수업이 되기 위해서는 반드시 필요한 시간이다. 정리해 보니, 마음을 청소하고, 교실을 청소하고, 수업 계획을 세우기, 딱 세 가지를 했으니, 여기에서도 3의 원리가 적용된다고 말할 수 있다. 이렇게 이곳에서 10년이 넘는 세월을 유, 초, 중, 고등학생들과 함께했다.

하지만, 내 나이 오십이 되면서 인생 후반전에는 학생들이 아닌 성인들에게 영어를 어떻게 배우고 가르쳐야 하는지를 알려 주고 싶었다. 유치원생부터 고3 학생들까지 다양한 연령대의 학생들을 혼자서 가르치는 일은 정신적, 심리적, 육체적으로 힘든 일이었다. 게다가 학생들이 수능까지 치르고 나면 내 몸과 영혼이 완전히 고갈된 느낌이 들었다. 그래서 인생 후반전에는 테솔 박사 과정을 하고 책을 쓰고자 했다. 무엇인가 학교에서 더 배울 것이 있어서라기보다는 단지 책을 쓰고 성인들을 가르치고 싶은 꿈을 위해 스펙을 올리고자 했다.

드디어 운영하던 학원을 정리하고 이사를 왔지만, 계획과는 달리 건강에 적신호가 온 바람에 박사 공부를 접어야 했다. 그리곤 일 년 동안 4명A, B, C, D의 아이를 순차적으로 만나 다시 영

어를 가르치게 되었다. A도민초5 학생은 강아지 산책 중에 만났다. 대화 중 영어 이야기가 나왔고, 자신은 여태 파닉스를 배운다면서 친구들과 수준이 맞지 않아 같이 다닐 수 있는 학원이 없다는 것이었다. 연락처를 주었더니 어머니께서 전화를 주셨고, 면담 자리에서 수업이 바로 시작되었다. 나의 넓은 오지랖 때문이라는 생각을 하면서도, 영어를 가르칠 생각을 하니, 마치 데이트를 하러 가는 기분처럼 가슴이 설레고 행복했다. 수업 후 한 달 정도 지나 학생이 이런 말을 하는 것이다. "선생님, 이제 영어 간판이 눈에 들어오고 읽을 수 있어요!" "드디어 장님이 눈을 떴구나!"라는 농담을 하며 같이 기뻐해 주었다. 사실 이런 맛에 20년 동안 영어를 가르쳐 왔다.

내가 가르친 학생들은 대부분 영어를 잘하지 못해 자존감이 낮은 아이들이었다. 물론 잘하는 학생들도 있었고, 자존감이 너무 높아 무례한 학생들도 있었지만, 영어로 인해 자존감이 낮은 아이들이 많았다. 덩달아 부모님들의 자존감까지도 말이다. 그렇다고 영어를 잘하지 못하면 자존감이 낮아지고 불행하다는 말은 아니다. 하지만 우리나라의 교육과 사회 환경에서는 영어를 잘하게 되면 자신감이 생기고, 삶에서 이르고자 하는 꿈이 커지고 기회가 자주 찾아오는 것은 부인할 수 없는 현실이다. 『자존감 수업』의 저자 윤홍균은 본인의 인생 고민을 정리하면서, 행복해지는 과정은 자존감을 회복하는 과정이었고,

가장 불행했을 때는 자존감이 가장 저하되어 있었을 때라고 말한다. 자존감은 자신을 존중하는 마음 또는 사고의 척도다. 난 개인적으로 영어 중매쟁이Matchmaker 역할을 하면서 자존감이 회복되었다. 그래서인지 **학생들이 영어를 배우면서 성장하고 자존감이 높아지는 모습을 보는 것은 내 삶의 보람이자 존재의 정체성을 구축하는 일이었다.**

교사를 양성하는 사범대학교 교생 실습 기간에 반드시 해야 하는 과정이 있다면 바로 수업 안Lesson Plan을 짜는 것이다. 각 수업의 목표와 시간, 그리고 활동 등의 자세한 내용을 수업 전에 미리 기록하고 그 교안대로 수업을 진행해야만 한다. 대학교와 대학원 과정에서 레슨 플랜을 짰었고, 그대로 수업을 재연하기도 하였다. 실제 학원에서 학생들의 수업을 시작하기 전에 대략의 계획을 짜 놓고 수업을 하는데, 이러한 과정이 효율적인 수업을 위해서는 필요하다. 하지만 수업 계획을 짜면서 반드시 주의해야 할 점이 있다. 그것은 바로 교사가 학생들의 성향이나 흥미, 그리고 수준을 고려하지 않고 무조건 자신이 준비한 교재를 가지고 계획대로 가르치려는 태도다.

테솔 대학원 교수법 수업에는 각자의 수업 동영상을 찍어 서로 피드백을 주는 과정이 있다. 내가 피드백을 주어야 하는 차례가 되었다. 어느 학원 교사의 수업 안 계획에는 창의적인 수

업을 진행한다고 쓰여 있어 기대했다. 그런데, 영어의 연결 어구예, in other words, by the way 등를 읽고는 반복해서 무조건 따라 읽게 하는 수업을 하는 것이었다. 당황스러웠고, 어떻게 피드백을 주어야 할지 난감했다. 이런 식으로는 인공지능 로봇과 경쟁하기는커녕 학생들의 마음도 영어에서 점점 멀어질 것이다. 사실 영어 가르치기는 너무나 많은 에너지가 소모되는 일이다. 언어의 속성상 듣고 따라 읽고 말하고 쓰는 연습을 시켜야 하기 때문이다. 하지만 이런 반복적인 따라 읽기는 다양한 매체를 통해서 속도를 조절하면서 반복 듣기를 할 수 있다. 심지어 챗봇Chatbot이 등장하여 간단한 대화도 나눌 수 있는 시대가 되었으니, 교사가 인공지능과 협업을 잘한다면 교사의 수명은 늘어날 것이다.

하지만, **영어 교사에겐 인공로봇을 능가하는 능력을 키워야 한다는 숙제가 남아있다.** 본인의 영어 능숙도뿐만 아니라 다양한 지식을 연결하여 문제를 해결하는 능력도 있어야 한다. 또한, 인간만이 가지고 있는 인성과 사회성을 키워나가야 한다. 인공지능 로봇은 인간과 비슷한 모습으로 프로그램되어 움직이고 말하고 지식인처럼 행동할 수는 있지만, 인간과 같은 영혼이 없는 존재다. 다시 말해 인성도 사회성도 없다. 상대방과 의사소통하는 듯하지만, 타인의 표정이나 감정을 읽을 수 없다는 치명적인 단점이 있다. 따라서 교사들은 이 부분을 공

략해야 한다. 날마다 노력하지 않는다면 영어교사는 이 땅에
서 설 자리를 잃게 되거나, 아니면 그저 인공지능의 보조교사AI
Assistant 정도의 역할만을 하게 될 것이다.

영어 참견러's 중매 십계명

05
좋은 선생님이란

Who is a Good Teacher?

누가 좋은 선생님일까?

한 유대인 지도자가 예수에게 "선한 선생님, 제가 무엇을 해야 영원한 생명을 얻겠습니까?" 하고 물었다.

A certain ruler asked him, "Good teacher, what must I do to inherit eternal life?"

그러자, 예수가 대답한다.

"왜 나를 선하다고 하느냐? 선한 분은 하나님 한 분뿐이시다."
누가복음 18:18 현대인의 성경

"Why do you call me good?" Jesus answered. "No one is good except God alone."
Luke 18:18 NIV

그렇다면 좋은 교사란 이 세상에는 존재하지 않는 것이다. 왜냐하면, 하나님 외에는 선한 사람이 없으니, 당연히 선한 교사도 존재할 수가 없게 되는 것이다. 미국 올해의 교사상the

National Teacher of the Year 수상자들이 말한 노하우Know-how에는 '무지Ignorance의 축복'이라는 말이 있다. 좋은 교사란 자신의 무지를 아는 사람이고, 자기가 이미 모든 것을 알고 있다고 믿는 사람은 좋은 교사가 될 수 없다고 한다. **좋은 교사란 교사이기 전에, 먼저 세상을 배우는 좋은 학생이어야 한다.**

딸아이가 고3이 되어 진로에 대해 같이 고민하면서 내가 가지 않은 길을 가면 어떨까 하는 생각에 물어보았더니 바로 거절을 한다. 임용고시 필기시험에서 두 번 합격하고도 운명적으로 가지 못했던 공교육 영어교사가 되는 것을 말한 것이다. 오히려 내가 하던 영어 학원을 물려달라는 것이다. 학원은 학생들이 자발적으로 돈을 내고 배우러 오기에 학생지도에 그리 어려움이 없지만, 학교는 다르다면서, 본인도 학생이지만 학교 교사는 정말 힘들다고 말한다. 사실, 나의 엄마조차도 이런 말씀을 하셨다. 외할아버지도 엄마가 교사가 되는 길을 막으셨다고 한다. "선생 똥은 개도 먹지 않는다."라고 말하면서 말이다. 똥이 시커멓게 변할 정도로 힘든 직업이라는 말이다. 하지만 요즘은 누구나 서로 '선생님'이라고 부른다. 대중적인 호칭이 된 것이다. 누군가에게 배울 점이 하나 정도는 있을 테니까 그리 불러도 괜찮다. 하지만 **'누가 좋은 선생님일까?'라는 질문에는 답하기가 힘들다.**

〈영어 참견 1〉에서 나와 동행해 준 테스 형도 나의 좋은 선생님이 되어주었다. 소크라테스는 사람들로 하여금 자신의 무지를 깨달아 스스로 해답을 찾아가게 하였기에 교사Teacher가 아닌 교육자Educator라고 불린다. 나에게도 질문을 통해 내 문제점과 무지를 알게 도와주었다. 그런 의미에서 그는 내 교육자가 되어주었지만, 그렇다고 해서 그분과 무슨 개인적인 추억이 있는 것은 아니다.

나의 학창 시절을 뒤돌아보면 좋은 교사에 대한 추억은 별로 없다. 초등 고학년이 되면서, 선생님이 공부를 잘하는 학생을 좋아한다는 것을 느끼게 되었다. 그래서 선생님의 관심을 받기 위해 공부를 하기 시작했다. 그 결과 저학년 때는 양, 가, 집 여인에서 고학년 때는 우, 수, 한 여인이 되었다고 농담을 하곤 하였는데, 성적표에 수우미양가로 표기되었던 옛날이야기다. 하지만, 성적 우수상을 받을 즈음에 한 친구의 엄마가 선생님께 선물을 드린 후, 내가 받아야 할 상을 친구가 받게 되었다. 교사에 대한 배신감이랄까, 세상이 정의롭지 않다는 사실을 어린 나이에 인지하였다. 이상하게도 화가 나지 않았고, 그저 슬펐다. 졸업식 준비 기간에 우연히 노인 흉내를 내며 인생 노래를 지어 불렀더니, 선생님이 졸업식 날에 공연을 시켰다. 강단에 올라가 마치 광대처럼 선생님들과 친구들을 웃기면서도 정작 13세 소녀에겐 슬펐던 졸업식으로 기억된다.

가족이 미국에서의 생활을 접고 한국에 들어온 후, 아들은 예전에 다녔던 중학교로 전학했다. 며칠이 지나서 담임이 전화를 하였다. 아들을 반에서 1등 하는 여학생 자리 옆에 앉게 했는데, 필통을 잘 안 가져와 그 친구의 필기도구를 빌린다는 말이었다. 이상했다. 그게 무슨 전화를 할 정도인가? 그리곤 며칠 후 또다시 전화가 왔다. 이번에는 반에서 제일 말썽인 아이 옆에 그것도 맨 뒷자리에 앉게 하였다는 말을 하는 것이다. 내가 수술을 앞두고 있다는 말을 하니 아무 말 없이 전화를 끊었다. 그 후로 아들은 작은 일들로 힘든 시간을 보냈고, 사춘기를 아주 심하게 보냈다.

교사를 위한 자존감 코칭에 대한 이야기인 『교실 속 자존감』을 쓴 조세핀 김 저자는 하버드대 교육대학원 교수다. 한마디로 학생의 미래는 자존감에서 시작된다고 말한다. 8세에 미국 이민 갔던 그녀는 4학년 때, 낙제생이 될 뻔한 본인에게 영한사전을 이용해 단어를 가르쳐 준 교사 이야기를 한다. 단어 퀴즈에서 10개를 맞히자, '100'과 'Wonderful!'을 써주고는 활짝 웃어준 교사의 미소가 지금의 그녀를 있게 하였다고 말한다. 중학교 시절에 나의 이름을 불러주고, 손을 잡아주던 가정 과목 선생님이 기억난다. 수업 중에 집중하는 내 눈이 이쁘다는 엉뚱한 말을 하셨던 그분이 그나마 나에겐 좋은 선생님으로 남아있다.

또 한 분이 떠오른다. 고등학교 3학년, 내신에 대한 압박감이 심한 시기에 화학시험인가 외울 것이 너무 많았다. 다 외운다는 것이 불가능해 보였고, 그리 의미도 없게 느껴졌다. 그래서 시험 전에 급하게 한 행동이 책받침에 화학기호와 용어를 빼곡히 적는 것이었다. 그리고 시험지 아래에 놓았다. 지금 생각하면 당연히 눈에 띄는 모습인데, 초범인지라 어리숙했다. 때마침, 아주 자비심이라곤 손톱만큼도 없어 보이던 과학 선생님이 시험 감독으로 교실에 들어오셨고, 시험지를 받자마자 들켰다. 퇴학을 당하겠구나!라는 생각에 얼굴이 달아올랐고 몸도 굳었다. 그녀는 맨 뒷자리에 앉아있던 내 책받침을 조용히 가지고 갔다. 그리곤 아무 일도 없었다. 생각지도 못한 용서를 받은 것이었다.

국제학교 전학을 앞두고 잠시 나에게 배운 D시윤초3 학생의 어머니께서 말씀하셨다. 자신의 딸은 "좋은 어른의 이야기는 새겨듣는다."라고 말이다. 여기서 좋은 어른이란 감사하게도 나를 말한 것이기도 하다. 조세핀 김 저자도 진심으로 돌봐 주는 '단 한 명의 어른'만 있으면 아이는 변한다고 한다. 만약 내가 이름도 기억 못 하는 그 과학 선생님이 내 잘못을 덮어 주지 않고 자존감을 다치게 했다면, 한 명의 좋은 어른이 되려고 노력한다거나 영어를 가르치지는 못했을 것이다. '좋은'과 '선생님' 또는 '어른'의 기준을 어디에 두느냐에 따라 좋은 선생님이

누구인가에 대한 답을 얻을 수 있을 것이다. **청년 예수가 말한 '선한'의 기준은 너무 높아서 인간으로서는 다다를 수 없는 영역이다.** 아니, 그럴 수 없는 존재로 타고났다. 어찌 보면 선한 것이라곤 손톱 때만큼도 없는 존재인지도 모른다. 그저, 자르고 다듬고 칠하면서 예쁘게 보이려고 노력할 뿐이다. 그러니, 선생님이든 어른이든 호칭이 뭐 그리 중요한 것은 아니다.

대니얼 T. 윌링햄 인지심리학 교수는 『왜 학생들은 학교를 좋아하지 않을까?』에서 학생들이 **어떤 선생님을 좋은 선생님으로 생각하는지에 대한 연구결과를 설문지와 평가서를 기반으로 정리하였다. 좋은 교사들의 공통점은 두 가지다. 첫째는, 재미있게 설명하는 교사다.** 재미있는 말솜씨와 따뜻한 태도와 같은 교사 개인의 자질은 수업 분위기를 좋게 만들어 수업에 집중하게 도와준다. **두 번째 자질은 학생의 관심을 끌어내는 방식이다.** 학생에게 필요한 수업 내용의 의미를 생각할 수 있도록 하는 것이 중요하다고 한다. 대학교 학기 말에 평가하는 교수의 수업 평가는 두 가지로 정리된다고 한다. 교수가 좋은 사람인가와 수업의 구성이 탄탄했는가? 이 말은 좋은 교사는 학생들이 수업내용에 집중하도록 좋은 수업 분위기를 만들어야 하고, 동시에 수업의 질과 전달력을 높이기 위해 노력해야 한다는 말이다.

영어 참견러's 중매 십계명

이렇게 좋은 분위기를 만들고, 수업의 질과 전달력을 높이기 위해서는 3S를 반드시 기억해야 한다. 바로, Study, Smile, 그리고 Skill이다. 공부하고 미소짓고, 가르치는 방법을 배운다면, 좋은 선생님이 될 확률이 높아질 것이다.

한 권으로 영어 중매쟁이 되기

English Matchmaker

대학을 졸업하자마자 처음으로 산 한 권의 책이 기억났다. 혹시나 해서 책장을 뒤져보니 책 전체가 누렇게 변한 모습으로 먼지를 뽀얗게 뒤집어쓴 채 책장에 꽂혀있다. 제목은 『이 땅의 교사로 서기 위하여』이다. 책의 마지막 장에 이런 글이 적혀있다.

[이 땅의 교사로 서기 위하여]를 읽고

누군가를 가르치는 자로서의 위치는 지키기에 힘든 것이다. 특히, 우리 한국 땅에서 교사로 선다는 것은 무척이나 힘겨운 것이다. 그것을 알기에 나는 그 자리를 원치 않았다. 아니, 원하는 마음은 있었지만, 자신이 없기에 회피하려 하였다. 단순히 하나님의 뜻으로서 교사직을 생각하기에는 나를 쓰러뜨리는 요인이 많기에 어떤 다른 신념이 나에게 있는가 살펴보고자 한다. 아직 발견하지는 못하였다. 하지만, 하나님의 음성에 귀를 기울이면서 동시에 교사로서 갖추어야 할 교양과 능력을 쌓아가며 찾아보고자 한다.

- 나에게 선을 시작하신 이가 끝까지 이루실 것을 믿는 마음으로… April 26th. 1992

23살이라는 어린 나이지만, 이 땅에서 교사로 서기 위한 고민을 한 짐 지고 있는 모습이다. 그 후 30년이라는 긴 세월이 지났건만, 이 시대에 어떤 교사가 되어야 할지에 대한 고민을 여전히 하고 있으니, 이 땅에서 교사로 서기 위해서는 책 한 권으로는 부족했던 모양이다.

5년 전 어느 날, 갑자기 내 머리에 떨어진 빅데이터Big Data라는 도토리로 인해 학원을 탈출할 계획을 세울 때만 해도 AI의 정체가 희미했고 확실하게 답을 해주는 사람이 없었다. 그래서 직접 나서서 두렵고 설레는 마음으로 하늘에서 떨어진 도토리를 하나둘씩 줍다 보니 AI와 4차 산업혁명, 통역기와 번역기, 챗봇, IOT, 코딩, 스마트 팩토리, 가상화폐, 블록체인, NFTNon-Fungible Token, 대체 불가능한 토큰 등 보기에도 좋은 토실한 도토리들로 내 주머니는 가득 채워졌다. 지금도 매일 알알이 꽉 찬 도토리들이 떨어지고 있지만, 나의 작은 생각 주머니에 담을 수도 없거니와 산속 동물을 위해서도 좀 남겨 놓으려고 한다. 이것으로 무엇을 할 것인지 잘 알지는 못하지만, 한 가지 단순하고 평범한 사실 하나는 세상이 이러한 도토리들로 인해 무너지지는 않을 것이라는 사실이다. 시선을 돌려 하늘을 올려다보았다. 여전히 푸르고 드넓은 하늘 아래 예쁘고 푸르른 떡갈나무 잎들이 내게 윙크를 한다.

이젠 그들의 정체를 알았고 세상이 무너지지는 않을 것이라고 안도하면서 돌아오는 길목에서 메타버스 시대가 도래했음을 알리는 팡파레를 듣게 된다. 영어인 메타Meta-는 그리스어인 메타μετά에서 유래되었다. ~뒤After, ~넘어서Beyond, ~와 함께With라는 뜻을 가진 전치사로 뒤에 오는 단어를 완성하거나 추가하는 데에 쓰인다. 좀 다른 의미지만 가공과 추상을 의미하는 메타Meta와 현실 세계를 의미하는 유니버스Universe 우주의 혼성어Portmanteau로 쓰인다. 혼성어는 두 개 이상의 낱말이 합쳐져 혼합된 뜻을 가지게 된 낱말을 말한다. 한마디로, 아바타가 등장하는 가상현실VR과 증강현실AR의 기술로 구현한 가상공간을 메타버스라고 말한다.

'아바타'라는 말은 1992년 닐 스티븐슨Neal Stephenson이 쓴 과학 소설 『스노우 크래시』에서 메타버스Metaverse라는 가상세계의 형체Form를 뜻하는 말로 처음 쓰였다. 위키백과에 의하면 아바타Avatar의 어원은 힌두교에서 지상 세계로 강림한 신의 육체적 형태를 뜻하는 산스크리트어 낱말 '아바타라अवतार'다. 산스크리트어의 조상어가 인도-유럽어, 즉 가나안페니키아인이 사용한 언어알파벳 글자 사용라는 것을 고려한다면, 여기에서 말하는 아바타가 하나님으로서 이 땅에 내려온 예수에 대한 예언적인 단어인가라는 엉뚱한 생각이 든다. 물론, 역사적으로 가나안은 우상숭배로 가득한 땅이었기에 다른 영적인 뜻으로 사용되었을 것

이라는 추측도 해본다. 인도에서 유학 온 연구원들과 식사를 하는 자리에서 성경 이야기를 나누었더니, 자신에게도 비슷한 경전이 있고, 이야기도 비슷하다는 것이다. 그때는 그저 흥미롭다는 생각만 했는데 알파벳 글자와 함께 성경 이야기가 그들에게 전해졌을 가능성이 있다. 영화 〈아바타〉를 보면서도 아바타라는 단어에 이런 의미가 있는지 생각해보지 않았는데, 이런 생각을 해보는 것도 다 메타버스 덕분이다.

자, 이제 '메타버스 시대, 어떻게 영어를 가르칠 것인가?'라는 질문에 답을 찾는 '생각 여행'을 떠날 준비를 하고자 한다.

몇 년 전부터 교사 대신 코칭Coaching이라는 말이 한창 유행이다. 누군가에게 지식을 전달해주는 뜻의 가르치다Teaching와는 구별되는 의미로, 개인이 지닌 능력을 최대한 발휘하여 목표를 이룰 수 있도록 돕는 일을 가리키는 말이다. 자신의 경험과 지식으로 누군가를 도와주고 인도하는 것을 멘토링Mentoring이라 하고, 상담과 조언하는 것을 카운슬링Counseling이라 한다. 교사의 자질과 모습도 시대에 따라 카멜레온처럼 바뀌고 있는 시대인 것이다. 처음 영어를 가르치던 때는 학생들이 영어를 단지 재미있고 즐거운 경험으로 느끼도록 하려고 했고 그것만으로도 충분하다고 생각했다. 조금 더 나아가서 학생들의 영어 성적이나 실력을 올려주고자 했다. 하지만 그것만으로는 부족했다. 학

생과 부모님의 마음과 그들의 상처까지 마음 쓰이기 시작했다. 영어 참견을 넘어 학생들의 인생 참견에도 의미를 부여하기 시작했다. 영어를 통해 학생들이 자신감을 얻게 되는 것뿐만 아니라 인생을 살면서 알고 배워야 할 기본적인 예의와 태도, 그리고 얻은 지식으로 삶의 문제를 해결하는 방법까지도 가르치고자 했다. 그렇게 하다 보니, 심리학에도 관심 가지게 되었다. **그들을 이해해야 하는 것이 최우선 순위가 되었다.** 요즘 가르치는 학생들은 예전의 학생들과는 사뭇 다르기 때문이다.

내 자녀만 해도 90년대생으로 디지털 네이티브Digital Natives다. 태어나면서부터 인터넷을 이용해 컴퓨터를 사용하였던 아이들로, 얼마 전 취업을 위해 둘 다 AI 면접을 봤다. 지금 가르치고 있거나 앞으로 가르쳐야 할 세대는 스마트폰 없이는 살지 못하는 사람들이다. 2008년 출시된 애플의 스마트폰으로 인해 사람들의 삶의 방식과 태도가 많이 바뀌었다. 온라인SNS상에서는 친근하거나 열정적인 모습을 보이다가도, 실제 만나면 서로 대화도 하지 않는 모습을 보면, 인간으로서의 따스한 기운마저 사라지는 느낌이 들곤 한다. 그들은 이미 스마트폰을 신체 일부처럼 쓰는 포노 사피엔스Phono Sapiens이다. 그들만이 아니라 스마트폰이 일반화된 2011년 이후 거의 모든 인류가 포노 사피엔스로 살아가는 중이다. 스톡 앱스Stock Apps가 제공한 데이터에 따르면, 2021년 7월에 휴대폰 사용자의 수는, 거의 53억

명에 이르렀으며 이는 세계 인구의 67%에 해당한다. 이제는 원하는 지식을 실시간으로 검색하고 소통하는 디지털 신인류에게 가장 중요한 것은 SNS를 통한 네트워크 형성이다. 이러한 모습의 사람들을 사이버 신인류 혹은 호모 모빌리언스Homo Mobilians라 칭하기도 한다. 이민화 저자는 『호모 모빌리언스』에서 개개의 인간이 스마트폰이라는 아바타Avatar와 결합해 슈퍼맨이 되어가고 있다고 말한다. 과거 슈퍼맨이 가졌던 백과사전적 지식과, 초능력, 초감각을 평범한 사람도 소유하면서 앞으로는 개개인의 인간에서 집단으로서의 인류로 재탄생을 하여 새로운 초인류를 형성할 것이라 한다. 그렇다면, 이러한 **초인류에게 영어를 중매하기 위해서는 어떤 자질이나 자격을 갖추어야 할까?**

먼저 자신과 영어와의 관계가 좋아야 한다. 가장 기본적으로 갖추어야 할 자질로는 영어로 수업을 진행할 정도의 영어 능숙도다. 영어 통역기와 번역기의 오류를 구별할 수도 있어야 한다. 그리고 어디에서 누구를 어떻게 가르칠 것인지에 따라 수업에 필요한 스킬Skill이나 기술Technique도 배워야 한다. 영어 교수법Teaching Method이나 SLASecond Language Acquisition에 대한 이론과 음성학Phonetics에 대한 지식도 필요하다. 영어교사는 카멜레온처럼 다양한 역할을 해야 하고 예전보다 더 스마트해져야 한다. 더 이상 지식 전달자로서의 교사는 필요 없는 시대가

되었기 때문이다. 영어 교사 자격증이나 테솔 자격증이 있다거나 박사라든가 혹은 영어인증 만점자라고 해서 영어교사나, 영어교육 전문가라고 말할 수 없게 되었다. 왜냐하면, 이미 공유 플랫폼을 통해 교사의 수업을 듣거나 번역 앱을 통해서 영어를 한글로, 한글을 영어로 번역하거나 혹은 온라인상에서 영어 원어민과 대화하는 경험을 자연스럽게 하기 때문이다. 그리고 모르는 정보나 지식은 원하는 순간 스스로 바로 알아낼 수 있게 되었다.

피터 드러커Peter F. Drucker의 『경영의 지배』에 의하면, 자본주의 사회와 사회주의 사회를 초월한 '자본주의 이후 사회' 즉, '지식사회'가 온다. 자유와 평등을 막는 공산, 사회, 전체주의가 등장하지 않고, 기능적인 사회Functioning Society가 되기 위해서는 지식사회의 지식근로자가 자신의 역할을 해야 한다. 하지만, 이제는 지식사회를 훌쩍 넘어선 가상사회가 다가왔다. 아직은 소문난 잔치에 먹을 것이 없듯 메타버스에 대한 소문만 있을 뿐 교육 현장이나 일상생활에서 그 존재를 크게 느끼지는 못하고 있다. 하지만, 한 걸음 앞서 미래를 예측하고 메타버스 시대를 준비한다는 의미에서 초인류에게 영어를 중매하기 위한 특별한 능력을 찾아보았다. 이것도 세 가지다.

첫째, 메타인지 능력이다. 메타인지Metacognition는 Meta와 인

지認知, Cognition의 합성어로 1970년대 발달심리학자인 존 플라벨J. H. Flavell에 의해 만들어진 용어다. 메타인지는 상위인지로 자신의 인지 과정에 대해 관찰·발견·통제·판단하는 정신 작용으로 '인식에 대한 인식', '생각에 대한 생각Think about Thinking', '다른 사람의 의식에 대한 의식' 그리고 고차원적으로 생각하는 기술Thinking Skill이다. 메타 인지는 배움 혹은 문제해결을 위한 특별한 전략들을 언제 그리고 어떻게 사용하느냐에 관한 지식을 포함한다. 쉽게 말해, 자신이 무엇을 알고 무엇을 모르는지를 아는 것을 뜻한다. '자기가 생각한 답이 맞는지', '이 언어를 배우기가 내게 어려울지' 등의 질문에 답할 때도 사용되며, 자신의 기억력이나 판단력이 정상인지를 결정하는 데에도 사용한다. 메타인지는 아이들의 발달 연구를 통해 나온 개념으로 자신의 능력과 한계를 정확히 파악해서 시간과 노력을 필요한 곳에 적절히 사용하면서 효율성이 높아진다. 성인이 되어감에 따라 자연스럽게 메타인지 능력은 향상된다고 하는데, 사람의 무지함을 일깨우려 할 때 자주 사용되는 개념이기도 하다. '내가 누구인가?', '내가 무엇을 알고 무엇을 모르는가?'를 바로 파악할 수 있는 이러한 메타인지 능력은 인공지능보다 빠르고 정확하게 답할 수 있는 능력이기도 하다. 또한, 가상과 현실 세계를 구분하는 판단능력도 메타인지 능력이니 그러한 메타인지 능력이 어느 때보다도 필요하다.

둘째, 연결 지능이다. 연결 지능Connected Intelligence은 다양한 지식과 경험을 연결하고 통합하여 활용하는 능력, 즉, 창의성을 말한다. 인터넷을 통해 전 세계인이 연결되는 시대이기에 창의성creativity이 어느 때보다 필요하다. 온라인을 통해 넘쳐나는 정보와 지식의 연결을 통해 남과 다르게 생각하고 느끼면서 전문 영역의 담을 넘어 서로 연결하는 능력이 있어야 한다. 이러한 연결 지능은 태도attitude에서 나온다. 학교라는 울타리와 안정된 직장이라는 안락한 구역comfort zone에서 벗어나 자신의 부족함과 결핍 그리고 진정으로 원하는 것이 무엇인지를 알고자 하는 태도에서 창의적인 생각이 나온다. 애플의 창업자 스티브 잡스가 모토로 내걸었던, 'Think different!'에 different 다른라는 형용사가 아니라 differently다르게라는 부사adverb를 사용해야 한다고 주장하며 틀렸음을 지적했던 그러한 완벽주의와 구시대적인 사고방식을 버려야 한다. 이것은 사회적인 메타인지 능력과도 연관이 되어있다. 좀 넓은 의미로 사회 전반적인 잘못된 인식이나 사고의 문제점을 파악하는 능력도 포함된다. 개인적으로는 자신의 사고와 행동을 옭아매고 있는 프레임Frame 즉, 선입견이나 편견 또는 체면의 창문을 깨고 세상 밖으로 나와 개인적인 성장과 사회의 변화를 위해 노력하고자 하는 태도다.

셋째, 네트워크 지수다. NQNetwork Quotient는 IQ지능 지수나 EQ

감성지수와는 다른 공존지수로 다른 사람들과 더불어 잘 살아갈 수 있는 능력을 의미하며 행복지수라고도 불린다. 보통 말하는 인맥관리나 처세술과는 다른 네트워크를 말하며 모두가 행복하고자 하는데 목적을 두고 있다. 『NQ로 살아라』의 김무곤 저자는 IQ의 그늘에서 벗어나 NQ로 살자고 말한다. 그는 인류의 역사상 가장 높은 NQ를 소유했던 사람은 다름 아닌 예수였고, 그를 NQ의 천재라 부른다. 33세의 젊은 나이에 학벌도, 인맥도, 자산도 없었지만, 신의 아들이자 사람의 아들로 그 시대뿐만 아니라 21세기 지금까지 수많은 사람의 삶에 영향을 미치고 있는 예수를 NQ의 꽃이라 칭한다. 청년 예수의 인생의 목적은 돈도 사업도 명성도 아닌, 모든 인간의 행복과 구원이었다. 그래서인지 성경에 있는 모든 계명을 단 한마디로 요약정리한 그의 외침은 "하나님을 사랑하고 이웃을 사랑하라!"이다. 그는 이미 자신이 하나님의 아들이자, 메시아로서 이 땅에 구원자로 왔고 십자가에서 죽어야 한다는 삶의 목적을 명확히 알고 있었기 때문에 자신이 누구인지 질문할 필요가 없었다.

메타버스 시대에 영어 중매쟁이가 되기 위해서는 기본적인 자질 이외에도 메타인지 능력과 연결 지능, 그리고 네트워크 지수까지 갖추어야 한다니 벌써 부담된다. 하지만, 자신이 누구인지, 왜 어떻게 무엇을 가르칠 것인지에 대한 생각을 하는 것도 메타인지에서 비롯된다. 자신이 모르는 무엇인가를 가르

치려는 것도 위험하지만, 진짜로 위험한 건 자신이 모르고 있다는 사실조차 모르는 것이다. 인터넷으로 인해 지식과 지식이 연결되는 시대에 구시대적이고 틀에 갇힌 사고로는 디지털 네이티브를 제대로 가르칠 수 없다. 또한, 인터넷과 스마트폰 사용을 통해 실시간으로 전 세계인이 연결되고 소통하는 시대이기에 네트워크 지수도 필요하다. **이 세 가지는 인공지능이 절대 가질 수 없는 능력이기에 이 시대에 더욱 필요한 능력이라는 생각이 든다.**

영어 참견러's 중매 십계명

07
영어 중매 십계명

Jesus Christ

〈영어 참견 2〉는 〈영어 참견 1〉의 시리즈로 서로 연결되어 있다. 하지만, 〈영어 참견 1〉을 읽지 못한 독자를 위해 제7화 글인 영어 연애 십계명의 글을 그대로 복사하고자 한다. 이렇게 할 수 있는 이유는 한날 같은 꿈에서 얻은 신의 선물이기 때문이다.

나는 잠이 많은 편이다. 특히 아침잠이 많다. 그래서 절대로 '미라클 모닝'에는 참여할 수 없는 여자다. 그렇지만 가끔 미라클 모닝기적의 아침을 경험한다. 늦은 아침에 영감을 주는 듯한 선명한 꿈을 꾸곤 한다. 꿈의 내용과 상황을 이해하느라 침대에서 바로 나오기가 힘들기도 하다. 로마 황제였던 마르쿠스 아우렐리우스도 침대에서 나오기가 힘들었던 모양이다. 그의 〈명상록〉에는 "침대에서 나오기가 힘들면"이라는 문구로 시작하는 글이 많다고 한다. 참 위로가 된다.

꿈을 자주 꾸다 보니 꿈의 해석 또는 해몽에 관심이 생겼다.

그래서인지 프로이트Freud의 『꿈의 해석』을 가끔 읽곤 한다. 그 책에는 꿈의 해몽은 들어있지 않다. 꿈에 관심이 많았던 26세 청년인 프로이트는 그의 약혼녀에게, '나는 온종일 관심을 집중한 사물들에 관해서는, 결코, 꿈꾸지 않습니다. 단지 하루 중 한 번 건드렸다가 곧 중단한 주제들에 대해서만 꿈을 꿀 뿐입니다.'라는 편지를 썼다. 꿈은 과거나 꿈꾸기 전날 낮에서 유래한 하나 이상의 소원들이 성취되는 것이라는 말이다. 한 마디로 꿈의 본질은 '소원 성취'다. 흥미로운 사실은 그가 이러한 연구에 관심 가지게 된 결정적인 동기가 바로 정신분석 치료를 받는 환자들이라는 것이다. 그들의 무의식적인 꿈의 요소를 '자유 연상 법칙'에 의해 추적하면서 이러한 꿈–해석 방법이 최초로 시도되었다.

3년 전, 이동원 목사의 〈웰빙 가정의 10가지 법칙〉이라는 책을 한 권 읽고 잠이 들었다. 석사 논문을 마치고 영어를 가르치는 방법을 어떻게 전할 수 있을지 고민하던 때였다. 그다음 날 아침, 프로이트가 말한 것처럼 너무나 선명한 꿈을 꾸게 되었다. 아니 꿈이라기보다는 연상이었고 영감이었다. 눈을 뜨기 바로 직전에 머릿속에 새겨지듯이 기억났다. 아하! 모멘트 moment였다. '일, 이, 삼, 사… 십'까지 떠 올라, 눈을 뜨자마자 기록하였다. 이렇게 꿈에서 얻은 십계명의 법칙은 1부터 10까지 외우기 쉽도록 대두 문자Acronym: 단어의 머리글자로 만든 말로 되어

영어 참견러's 중매 십계명

있다. 이 십계명의 순서는 중요성에 따라 순서가 정해진 것이 아니라 서로 긴밀하게 연결되어 있다.

마치 모세의 하나님께서 내 마음 판에도 직접 써 주신 것처럼 생생하게 기억이 났다. 신기했다. 물론 내 꿈에 영적인 의미를 부여하고자 하는 것은 아니다. 매일 이러한 꿈을 꾸는 것은 더더욱 아니다. 다만 프로이트가 말한 꿈과 비슷한 꿈을 나도 꾼 것이다. '한 번 건드렸다가 중단된 주제'의 꿈을 꾼 것이다. 난 가끔 영어로 꿈을 꾼다. 꿈속에서도 내가 현실에서 아는 만큼만 영어를 말할 수 있다. 내가 알지 못하는 영어표현은 말하지 못한다. 무엇보다 중요한 사실은 아르키메데스그리스 자연과학자가 "유레카!"를 외치면서 욕조 밖으로 발가벗은 채 나온 것처럼, 나를 안식처인 침대 밖으로 나오게 했다는 것이다.

로마 황제 마르크스를 침대에서 나오도록 한 것이 그의 50만 명의 군사와 전쟁이었다면, 나를 침대에서 나오도록 한 것은 다름 아닌 여행이다. 기적의 아침Miracle Morning에서 뜻하지 않게 얻은 10가지 준비물을 챙겨 영어 참견 여행을 떠나고자 한다. '메타버스 시대, 어떻게 영어를 가르칠 것인가?'라는 질문만 가지고 떠나는 생각 여행에서 길을 잃지 않도록 방향을 잡아 줄 이정표Milestone가 되어 주리라 기대해 본다. 이번 여행에는 청년 예수와 동행하고자 한다. 사실, 그는 내가 교사가 되고

자 했던 청년 시절, 가고자 했던 공교육 교사의 길을 가로막은 분이기도 하다. "선생 된 우리가 더 큰 심판 받을 줄 알고 선생이 많이 되지 말라!"라고 하면서 말이다. 그런 분이 이제는 또 이런 말을 하면서 등장한다. "선한 분은 하나님뿐이시다." 결론적으로 선한 혹은 좋은 선생님이 되기는 불가능하다는 말이다. 그렇다면 '메타버스 시대에 어떻게 가르쳐야 할까?'라는 질문도 의미가 없어지게 된다. 하지만, 꿈에서 얻은 10가지 이정표를 챙겨 두 번째 영어 참견 여행을 떠나고자 한다. 첫 번째 영어 참견을 시작하면서 뇌 새김질처럼 했던 '자신을 알라!'는 외침이 나를 점점 늪에 빠지게 하는 듯한 기분이 든다. 그래서 철학적인 질문을 통해 정답을 찾기는 힘들다는 말이 맞는지도 모르겠다.

그래서 이제부터는 궁금할 때마다 신의 아들인 청년 예수에게 질문하고자 한다. 간단하고 명확한 질문을 하다 보면 원하는 답을 얻을 수 있으리라는 기대와 함께 말이다. 33년이라는 길지 않은 인생을 통해 인류의 역사를 기원전BC:before Christ과 기원후AD:라틴어 Anno Domini로 바꿀 정도로 능력자이신 분이니까, 기대해 본다. 이 글을 통해 나누고자 하는 내용은 어떠한 신의 계명이나 영어교육 전문가의 학설과 같은 권위가 있는 내용은 아님을 미리 밝혀두고자 한다. 다만 영어를 어떻게 가르칠 것인가에 대해 고민을 하는 독자 또는 인생 후배를 위해 기록하

영어 참견러's 중매 십계명

는 것이다. 평생토록 누군가 땀 흘려 키운 지식의 열매를 먹는 즐거움을 누렸으니, 이제는 내 지식의 열매를 나누고자 한다.

< 영어 중매 십계명 >

일, 일일이 찾아보며 배워라

이, 이 아이, 저 아이 살펴보라

삼, 삼삼한 재미를 줘라

사, 4가지를 한 번에 가르치라

오, 오직 영어를 사용하라

육, 육하원칙으로 질문하라

칠, 칠판만 사용하지 말라

팔, 팔팔한 활동을 하라

구, 구구절절 설명하지 말라

십, 십자가를 바라보라

일, 일일이 찾아보며 배워라
Language is Changing

모든 언어는 변화한다. 사람들이 살아가는 삶의 문화와 환경과 시대에 따라 변화해 왔고, 또 계속 변화 중이다. 새로운 단어인 신조어Coined Words가 생기고 표현도 변하고 문법도 변화한다. 그래서 특히나 **영어교사는 일일이 찾아보며 배워야 한다.**

내 자녀들과 학생들은 모르는 단어가 나오면 스스로 찾아보는 것이 아니라, 나에게 물어보곤 했다. 그때마다 답해주었기에, 그들의 '걸어 다니는 사전Walking Dictionary'이 되어주었다. 한번은 'Film'이라는 단어의 L발음을 하지 않는 줄 알고 있었는데, 한 여학생이 지적하였다. 찾아보니 내가 틀린 것이었다. 그동안 발음을 잘못 알고 있었고 잘못된 발음으로 가르치고 있었던 것이다. 나의 무지에 너무나 당황했다. 안다고 확신하는 순간에 보지 못하는 블라인드 스팟이 생겨 자신의 오류나 실수를 보지 못하는 상황이 발생한 것이다. 블라인드 스팟Blind Spot은 운전할 때 옆의 거울로 보이지 않는 구간을 말하지만, 우리의 시각으로 보지 못하는 공간을 의미하기도 한다. 교사라고 완벽할 수는 없지만, 이러한 실수를 줄이도록 노력해야 한다. 미국 올해의 교사상The National Teacher of the Year 수상자들의 인터뷰에 의하면, 학생들은 무언가 배웠다고 생각될 때 스스로에 대해

긍정적으로 느낀다고 한다. 그러므로 **실질적이고 지식적인 내용을 가르칠 수 있도록 '철저히 준비'하라고 조언한다.**

영어교사가 일일이 찾아보며 배워야 할 이유는 또 하나가 있다. 그것은 바로 영어가 지금까지 변화해 온 것과는 달리 빅 데이터를 장착한 AI 챗봇이 교사의 자리를 넘보는 시대가 코앞이기 때문이다. 아직은 도우미Assistant 정도의 역할을 하지만, 영어교사 자격증이나 테솔 자격증, 석사나 박사, 혹은 교사나 교수라는 지위로 대우를 받거나 자격 요건으로 인정받는 시대가 저물어 가고 있다. 피터 드러커 소사이어티 워크숍Society Workshop에서 '4차 혁명 시대의 살길'이라는 교육과 관련한 강연에서 나온 핵심은 앞으로의 교육은 평생교육Lifelong Education, 사이버 학습Cyber Learning, 학교를 넘어선 교육Out of School Barrier Education이 될 것이라고 한다. 앞으로는 교과서를 통해 배우지 않고 인터넷상의 무제한의 정보를 통해 배우게 된다. 당연히 내용을 암기하는 것이 아니고 이해하고 지식을 적용하고 통합하는 과정의 수업이 진행되어야만 할 것이다. 교사가 말한 내용이 맞는지 인터넷을 통해 바로 사실 확인Fact Check을 하는 것이 요즘 학생들의 모습이다. 따라서 **교사가 학생들보다 공부를 더 많이 해야 한다.**

고등학교 시절, 문법서를 한 권 독학하였고 지금까지 변하지

않을 규칙으로 알았다. 그 덕분인지 대학교 영작문 수업에서도 좋은 성적을 받을 수 있었다. 졸업 후 학생들에게 문법을 가르칠 때도 전혀 어려움이 없었다. 당연히 학생들에게도 영문법은 한번 제대로 배워두면 평생 영원히 변치 않을 영어의 기틀을 잡는 것이라고 말하곤 했다. 왜냐하면, 고등학교 시절에 배운 내용 그대로 평생을 가르쳤기 때문이다. 영문법의 비중을 크게 두고 가르친 것은 아니었지만, **영문법은 변하지 않을 것이라는 믿음이 있었다.**

빅 데이터의 정체를 알기 위해 첫발을 내디딘 곳은 사이버 외대 테솔 대학원 입학 설명회였다. 설명회가 끝난 후 재학생이 논문 발표를 하는 시간이 이어졌다. 발표 중에 내 귀에 들려오는 '코카~'라는 소리에 귀가 솔깃해졌다. '코카'라면 코카콜라 약자인가? '그건 coke인데…' 입학 신청서를 작성하고 와서는 집에 오자마자 코카COCA의 정체를 알아보았다. 코카COCA, Corpus of Contemporary American English는 코퍼스 또는 말뭉치로서 언어 연구를 위해 언어의 표본을 추출한 집합체이고, 영어 데이터베이스Database 중 하나다. 이 또한 빅데이터Big Data에 근거하여 영어 사용 현황을 적나라하게 볼 수 있는 공간이다. 구어체와 문어체를 비롯하여 각종 저널에서 사용되는 영어 표현 즉, 많은 현대 사람들이 사용하는 단어와 문법 그리고 문체를 알 수 있는 곳. 살아있는 영어 표현Authentic English Expression이 다 모여 있

는 곳으로 영어 은행Bank of English이다. 40년 동안 배우고 20년 동안 가르쳐 왔던 기존 영문법의 규칙은 화석처럼 변하지 않을 것이라고 굳게 믿고 있었던 나에게 코카는 살아있는 영어 박물관이었다. 죽은 화석으로만 여긴 영어 문법이 살아서 움직이고 있고 변화하고 있음을 느낄 수 있는 곳이다. 한마디로, 현재 사용하고 있는 영어의 말과 글에 대한 자료를 모아놓은 창고다. **덕분에 실제 삶에서 영어 원어민들이 사용하는 일상 대화의 언어 중 99%는 2000개 이내의 단어를 사용하고 있다는 것도 코카 덕분에 알 수 있는 것이다.**

졸업을 앞두고 석사 논문으로 두 명의 초등학교 3학년 학생들의 일 년간 쓴 영어 일기의 오류를 분석하는 연구를 하였다. 오류 분석Error Analysis이란 학생들이 범하는 오류의 종류를 살펴보고 학생들이 어떤 오류를 자주 보이는지, 그리고 그런 오류를 스스로 다룰 수 있는지, 없는지를 알 수 있는 중요한 정보를 얻을 수 있는 연구 방법이다. 두 학생이 일 년간 쓴 일기의 문장 수는 대략 2000개의 문장이었는데, 문법적인 오류를 일일이 손으로 기록해 가며 학생들의 일기를 분석하였다. 이 연구로 알게 된 점은 학생의 수준과 발달 단계 그리고 환경에 따라 적절한 지도를 해야 효과적이라는 것과 영문법이 변하고 있다는 사실이었다. 그중에서 가장 큰 변화 중 하나는 접속사다.

학생들의 문장에서 오류를 찾아보자. 어떤 오류가 보일까?

But I think an ending is boring.
And I saw a dead squirrel.

내가 최근까지 절대 변하지 않을 규칙으로 알았고 사용했고 가르쳐 온 문법은 규범 문법Prescriptive Grammar이다. 의사로부터 처방받은 처방전처럼 위에서 아래로 지시되는 방식이기에 하향식 접근법Top-down Approach을 취한다. 접속사는 등위 접속사와 종속 접속사로 나뉘는데, 등위 접속사Coordinate Conjunction는 and, but, or, so, for 등이고, 이러한 접속사는 문장 앞에 올 수 없는 것이 규범 문법이다. 그래서 '그러나'의 의미를 나타내는 But 대신에, 'however'와 같은 부사를 쓰고 '그리고'의 의미를 나타내는 And 대신에, 아래의 문장처럼 'in addition'과 같은 부사구를 사용해야 한다. 따라서, 접속사 But과 And를 문장 앞에 쓴 것은 오류다. 말하자면, 이런 식으로 써야 옳은 문장이다.

However, I think an(the) ending is boring.
In addition, I saw a dead squirrel.

실제 생활에서 사용되고 있는 언어의 데이터를 활용하여 시대

영어 참견러's 중매 십계명

에 따라 바뀌는 문법을 기술 문법Descriptive Grammar이라 부른다. 이러한 기술적인 접근은 아래에서 위로 향하는 방식이기에 상향식 접근법Bottom-up Approach을 취하고 있고, 언어가 변한다는 것을 보여주는 증거가 된다. 코카를 보면 But을 문장 앞에 사용한 횟수가 664160번으로, 59857번 쓰인 However보다 더 많은 것을 볼 수 있다. 또한, And를 문장 앞에 사용한 횟수가 806661번으로, 28238번 쓰인 '게다가In addition'보다 3배 이상 더 자주 사용됨을 볼 수 있다. 이것은 4년 전 자료이지만, 굳이 코카를 통한 자료를 보지 않더라도 영자신문과 저널을 비롯한 NIV 영어 성경에서도 But과 And 접속사가 문장 앞에서 주로 사용되는 것을 쉽게 볼 수 있다. 그렇다면 위의 문장에서의 접속사 사용은 오류가 아니다. 하지만 학생들의 문법적인 오류를 확인하고 자료를 분석하면서 이러한 접속사의 사용을 오류로 규정하고 분류하였다. **실제 오류를 범한 사람은 학생들이 아닌 규범 문법의 잣대를 들이대었던, 바로 나 자신이었다.** 20년간 영어를 가르치면서 문법이 변할 것이라는 생각을 한 번도 하지 않았던 나 자신에게는 충격이었다. 내 논문을 검토하고 지도하고 확인 사인을 해준 테솔 대학원과 외대 영어교육과 교수도 인지하지 못했다. 논문이 발행되고 난 다음 해, 연합 영어 학회에서 이 문제를 위주로 발표했지만, 아무도 질문하는 사람이 없었다.

이렇게 언어는 변화하고 있고 영어 문법도 변할 수 있다는 사실을 알게 해준 것은 데이터다. 데이터의 크기나 속도 그리고 다양성3V: Volume, Velocity, Variety의 측면에서 본다면 학생들의 일기 자료는 빅 데이터가 아닌 작은 크기의 자료Small-Sized Data다. 일일이 손으로 했던, 자료를 수집하고 분석하고 해석하는 과정을 AI가 했더라면 엄청나게 빠른 속도로 다양한 정보를 얻을 수 있었을 것이다. 하지만, 문제는 학생들을 어떻게 가르칠 것인가였다. 규범 문법을 계속 고집하면서 가르칠 것인지, 실생활에서 사용되는 기술 문법을 가르칠 것인지 고민이 되어, 원어민 교수를 만날 때마다 질문하였다. 결국엔 언어는 바뀌기에 학생들이 영어를 배우는 초기 단계에서는 유창성을 위해 자연스럽게 기술 문법적인 표현을 허용해야 한다. 하지만, 에세이나 학술 논문을 쓸 때는 기존의 규범적인 문법을 사용하는 것이 바람직하다는 결론을 내게 되었다.

그렇다면, 어떻게 어디에서 일일이 찾아보며 배울 것인가의 문제가 남았다. 이는 영어 연애 십계명, 8에서 제시한 것처럼 팔방에서 배울 수 있다고 답할 수 있다. 지금은 온라인과 오프라인 어디에서나 언제나 무료로 혹은 적은 비용으로 배울 수 있는 시대다. '팔방'이라 함은 온라인 외에 오프라인, 학교를 넘어 책, 논문과 저널, 그리고 자신보다 실력이 앞선 다른 영어교사나 동료가 된다. 누구에게나 어디서나 배운다는 겸손한 마인

드셋이 필요하다. 다음 단계는 블라인드 스팟이 있는지 확인하고 또 확인하는 것이다.

- The 1st. Milestone -

Double Check the Blind Spot!

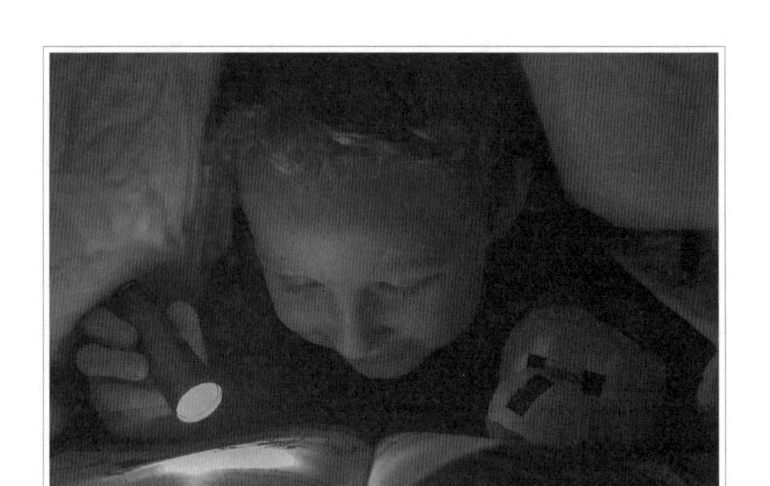

이, 이 아이 저 아이 살펴보라

Personalizing

난 어려서 의상실을 한 엄마가 만들어 준 맞춤옷만을 입고 자랐다. 그래서인지 결혼 후에 사서 입은 일반 기성복을 입으면 불편함을 느꼈다. 그전까지는 느끼지 못했던 불편함이었다. 엄마가 내 몸에 맞게 맞춤으로 만들어 주었다는 것을 그때야 알게 되었다. 그동안 가르친 학생 중에 같은 성향과 태도와 똑같은 수준의 학습능력을 가진 학생은 아무도 없었다. 구글 전 회장인 에릭 슈미트와 구글 싱크탱크였던 제러드 코언는 『새로운 디지털 시대』에서 향후 가장 중요한 발전은 '개인화 Personalization'라고 한다. 사람들은 각자 처한 환경에 따라 다양한 기기를 사용해 자신이 스스로 무엇을 보고 무엇을 할 것인가를 정할 것이다. 이미 우리는 흥미롭고 다양한 콘텐츠를 선택해서 원하는 시간에 반복해서 시청하고 있다. 기존의 방송사나 교사가 일방적으로 알려주는 내용에 흥미를 느끼지 못한다. 이처럼 사이버 신인류를 이해하고 지도하는 것이 무척이나 어렵기에, 난 요즘 심리학과 뇌 과학에까지 관심 가지게 되었다. 학생들의 뇌가 궁금해질 정도로 그들을 이해하고 지도하기가 어렵기 때문이다. 월트 디즈니의 명언 중 "시대와 상황이 빠르게 변화해서 우리 목표의 초점을 끊임없이 미래에 맞춰야 한다"라는 말이 있다. 하지만 목표의 초점을 현재에 맞추기도 버거움을 느낀다. 하지만, **이 아이, 저 아이를 살펴보면서 대화**

영어 참견러's 중매 십계명

하는 시간인 모니터링을 통해 개인화를 할 수 있다. 모니터링 Monitoring은 수업 전이나 과정에서 학습자에 대한 정보를 수집하는 시간이다. 이러한 시간은 개인화를 위한 시작점이다. 그렇다면, 개인화를 통해 무엇을 하여야 할까?

첫째, 동기를 부여해야 한다. 동기動機, Motive는 어떤 행동을 일으키게 하는 내적 요인이다. 동기부여는 행동하도록 하는 힘이자 심리적인 과정이다. 그래서 내적인 힘인 동기와 움직이게 하는 동기부여가 동시에 있어야 한다. 동기부여를 위해서는 어떤 긍정적인 행동을 하게 만드는 힘, 즉 동인動因, Drive이 필요하다. 여기에서의 긍정적인 행동은 영어를 즐겁게 배우거나 연습하는 과정을 말한다. 관찰이나 질문을 통해 학생의 흥미나 관심사 혹은 욕구를 아는 것에서 동기부여가 시작된다. 따라서 교사가 동인이 되기 위해서는 이 아이, 저 아이 살펴야 한다.

유리츠3는 똘똘하지만 새침해서 왠지 마음을 나눌 수 없었다. 혼자 있기를 좋아하는 성격인지라 친구 관계가 썩 좋지 않았고 가끔 어머니가 오셔서 속이 상해 울기도 하셨다. 그런데 그 아이가 새에 대한 관심이 많다는 것과 새 연구 학자가 되고 싶어 한다는 사실을 영어 일기를 통해 알게 되었다. 그때부터 새에 관한 이야기를 하면서 수업 중에 새소리가 들리면 창문을 열어보곤 했다. 모르는 새 사진을 찍어 보내주면 어떤 새인지 내게 설명도 해주는 등 새에 관한 이야기를 나누면서 한층 친해졌고

수업의 집중도가 높아졌다. 유리가 일 년 이상 쓴 영어 일기를 기반으로 논문을 쓰게 되었는데 대부분 일기 내용이 새와 관련된 내용이다.

　동이초2는 자폐아였는데 영어를 배우고 싶다고 해서 혼자 가르치게 되었다. 수업에 집중하지 못하였고 교실 여기저기 둘러보며 물건을 뒤지는 행동을 거의 한 달 동안 하였다. 사실 교재도 필요 없는 상황이었다. 다행히 영어 동요와 숫자에 관심이 많아 상점 놀이 식으로 장난감 코인을 가지고 물건을 사고파는 흉내를 낸다거나 쌓기를 한다거나 하는 식의 반복적인 행동을 하였다. 그런 중에도 난 계속 영어로 말을 했기에 상당히 힘든 시간이었다. 그런데 집에만 가면 영어 노래를 종일 틀어 놓고 따라 부른다고 한다. 그 CD는 내가 아끼는 것으로 잠시 빌려준 것이었지만, 그렇게 동이의 소유가 되었다. 그 후 두세 달 정도 지나서인가 노트를 보여주는데 깜짝 놀랄 만한 것이 있었다. 아이가 영어로 글쓰기를 하였는데, 각 상점에 관한 이야기를 한 페이지 가득 써 놓은 것이다. 칭찬하자, 매주 두세 편씩의 글을 써 오곤 했다.

　인간이 어떠한 행동을 하는 데는 기본적인 생리 욕구나 본능 혹은 여러 심리가 작동한다. 매슬로우Maslow의 욕구단계설 Hierarchy of Needs은 인간의 욕구를 생리욕구−안전−사랑과 소속감−자부심−자기성취의 5단계로 설명하였다. 이 이론에 비추

어 볼 때, 유리와 동이는 대략 3단계에서 4단계 정도의 사랑과 자부심 정도를 느꼈으리라 추측해 본다. 영어 학원에 왔다는 것은 영어를 배우고자 하는 동인이 있어 이미 동기유발이 된 것이다. 말하자면, 어떤 이유에서든지 영어와 맞선 보는 자리에 나왔으니, 이제는 영어와의 만남을 지속한다거나 더 깊은 관계로 나아가도록 이끌어 주는 것이 영어 중매쟁이의 역할인 것이다.

30년간 구글, 애플 등 세계적인 기업을 변화시킨 리더십 전문가로 불리는 수전 파울러의 『최고의 리더는 사람에게 집중한다』에 의하면 사람들은 이미 동기부여가 되어있다고 한다. 따라서 직장에서 직원들의 긍정적인 경험을 높여주면, 에너지, 활력, 행복감을 만들어내면서 발전하게 된다고 한다. 저자는 동기부여의 관점을 부정적인 관점과 긍정적인 관점에서 6개의 스펙트럼spectrum, 범위으로 구분하였는데, 학생들의 태도와 행동을 이 관점에 비추어 보니, 이 스펙트럼에서 크게 벗어나지 않는다. 6가지 동기부여Motivation 중 일 혹은 학습에 대한 세 가지 부정적인 관점Suboptimal, Junk Food을 소개하면, 무관심 관점 Disinterested Outlook은 일이 가치 없고, 시간 낭비로 생각되며 무기력해지는 것이다. 외부적 관점External Outlook은 돈, 지위 상승, 외적 이미지 향상 등을 기대하여 수행하는 것이다. 강요 관점Imposed Outlook은 모두가 하기에 안 하면 생기는 죄책감, 불이익에 대한 우려로 억지로 하는 것이다. 반면에, 세 가지 긍정적

인 관점Optimal, Healthy Food을 소개하면, 연계 관점Aligned Outlook은 배우든 가르치든 학습과 같은 중요한 가치와 연계시키는 것이다. 통합 관점Integrated Outlook은 공부를 개인의 삶이나 미래의 목표와 통합시키는 것이며, 내재 관점Inherent Outlook은 순수하게 회의를 즐기고 의견을 나누는 그 시간을 재미있게 느끼는 것이다. 이 6개의 스펙트럼으로 비추어 볼 때, 유리와 동이는 긍정적인 관점과 건강한 입맛을 가지고 있었다고 말할 수 있다.

하지만, 이러한 관점은 부정적이고 건강하지 못한 입맛으로 쉽게 바뀔 수 있게 된다. 심리적인 요인이 작용하기 때문이다. 수전 파울러는 동기부여를 통해서 사람을 어떻게 변화하게 만드는지에 대한 심리적인 요인으로 세 가지를 들고 있다. 세 가지는 자율성, 관련성, 그리고 역량으로, 이 'ARCAutonomy, Relatedness, Competence'는 도미노처럼 하나가 무너져서는 안 되고, 다 충족되어야 한다고 말한다. 유리와 동이의 행동이 긍정적인 방향으로 바뀐 원인에는 심리적인 요인이 작동했을 것이다. 처음에 두 학생에게서 무관심이나, 외부적인 기대, 혹은 강요와 같은 부정적인 모습은 보이지 않았다. 둘 다 자율적으로 자신이 좋아하는 새와 관련한 글을 쓰거나 영어로 좋아하는 놀이를 했기에 흥미와도 관련된 재미를 느낀 것이다. 만약 이 세 가지 중에 하나라도 부족했다면 계속 영어를 배울 동력을 잃었을 것이다. 이러한 인간의 심리적 요인은 인간의 정체성을 나타내는지도 모르겠다.

영어 참견러's 중매 십계명

성경 창세기에 의하면, 하나님이 세상을 창조하고 그곳에 거할 인간과 동물들을 만드신 후, 보기에 좋다고 말한 후, 인간에게만 생기를 부어주었다. 이것은 인간과 신과의 관련성을 말한다고 할 수 있다. 인간에게 생기Spirit를 넣어 주고 나서, 부여한 첫 임무는 창조된 동물들에게 이름을 짓는 것이었다. 이것은 대단한 창의성을 요구하는 역량을 발휘하도록 한 것이다. 그리고 에덴동산에 있는 지식의 열매를 먹을 수도 먹지 않을 수도 있는 자율성, 즉 자유의 의지를 부여하였다. **이러한 세 가지 자율성과 관련성 그리고 역량에서 비롯된 '행복감'은 인간으로서 무엇인가를 하게 하는 동인이 된다.** 영어를 배우는 데 있어서 역량 개발은 영어 실력이 향상되고 있다는 느낌, 즉, 도민이가 간판을 읽을 수 있다고 느낀 '발전감'이다. **따라서, 이러한 심리적인 요인을 고려하면서 동기부여를 하는 노력이 필요하다.**

둘째로, 이 아이 저 아이의 학습 유형 즉, 학습 스타일도 살펴야 한다. VARK Model유형은 개개인의 학습 스타일에 따라 배우는 방식을 말한다. 시각적 학습자, 청각적 학습자, 듣고 쓰기 학습자, 그리고 몸으로 배우는 학습자로 구분이 된다. 이러한 학습 스타일을 이해하고 가르친다면 학생들의 학습 동기를 유발하고 재미를 주는 데 도움이 된다.

시각적인 학습자 Visual Learners**는 정보를 얻기 위해 비디오를 보거나 필기를 하면서 배우기를 좋아한다.** 특히 하이라이터형광펜

를 사용하여 그림이나 표를 그리면서 기억을 돕는다. 이런 학습자는 말로만 하는 수업에서는 강의를 기억하거나 배우는 데 어려움을 겪어 재미를 느낄 수 없게 된다. 유리가 시각적인 학습자 경향을 보였다. 새 그림을 그리거나 새와 관련한 이야기를 글로 표현하곤 했는데, 이러한 학습자는 읽고 쓰기를 좋아하는 경향이 있기에 글과 그림으로 표현을 지속하도록 격려만 해도 수업에 재미를 느끼면서 참여하게 된다.

청각적인 학습자 Auditory Learners**는 교사가 말하는 것을 듣거나 다른 사람과 말을 함으로써 배우는 것을 좋아한다.** 어떤 정보를 기억하기 위하여 따라 읽거나, 친구나 가족들에게 자신이 배운 것을 말하면서 기억을 한다. 메모나 기록은 잘 하지 않고, 과제를 하면서 음악을 듣기도 한다. 재민이가 전형적인 청각적인 학습자다. 단어를 외운다거나 글을 쓰기보다는 대화를 자주 하곤 했다. 글의 내용을 이해하고 듣는 능력도 향상되었다. 하지만, 글을 읽을 때마다 졸린 상태나 글에 대한 부정적인 태도로 인해 결과적으로 영어를 배운 시간에 비해 영어 실력은 그리 향상되지 않았다. 다시금 글을 통한 영어학습의 중요성을 느끼게 된다.

읽기 쓰기 학습자 Reading & Writing Learners**는 책이나, 글을 이용한 정보나 지식을 통해 배울 때 집중하게 되고, 주로 필기하는 것을 좋아하는 경향이 있다.** 대부분 전통 교실에서 암기형

의 학습력이 뛰어난 학생들이라고 볼 수 있다. 이러한 학습자는 대부분 성적이 우수한 편이다. 읽기와 쓰기 학습자에게도 다양한 수업 방식을 제공하면 깊은 이해력과 사고력이 생겨 창의적이고 글로벌한 지식인으로 자라게 될 것이다. 〈영어 연애 십계명 오, 오감을 이용하라〉에서 소개한 신연이가 이러한 학습자 경향이라면, 솔이는 시각적인 학습자였다. 지금, 신연이는 공무원이 되었고, 미술을 전공한 솔이는 미국에서 취업하였다고 한다.

몸촉각을 이용하는 학습자 Kinaesthetic or Tactile Learners**는 실제 몸을 움직이면서 배우는 것을 좋아한다.** 딱딱한 의자에 앉아 배우기보다는 편안한 자세에서 배우는 것을 좋아한다. 그래서 보통 교실에서 이러한 학습자는 태도가 좋지 않거나 느린 학생으로 낙인찍히게 된다. 이런 학습자는 직접 몸을 이용한 게임에 흥미를 더 느낀다. 남윤이가 이러한 몸을 이용한 대표적인 학습자다. 글이나 소리보다는 카드나 게임을 이용한 수업에 흥미를 느낀다. 처음에는 20분 정도의 집중력만을 보였는데 이제는 한 시간 정도 글에 집중하는 모습을 보인다. 남윤이만이 아니라 초등 저학년인 경우, 대부분 몸을 이용한 활동을 좋아한다. 따라서 **나이와 흥미 그리고 학습자의 유형에 따라 다양한 활동을 하는 것이 중요하다.**

이러한 학습 유형은 학생 개개인에 따라 한두 가지 유형을 보

이기도 하지만, 네 가지 유형을 다 보이기도 한다. 따라서, 교사가 이 아이 저 아이의 학습 스타일에 관심을 가지고 지도한다면 재미있고 동기부여가 되는 수업이 될 것이다. 하지만, 학교나 집단을 대상으로 수업하는 경우에 개개인에 따라 맞춤 수업을 한다는 것은 불가능하고 비현실적인 말로 들릴 것이다. 개인 맞춤 수업이라고 해서 관심 있는 내용이나 좋아하는 방식으로만 가르칠 수는 없다. 실제, 진정한 학습은 자신이 관심 있거나 좋아하는 것만을 배우고 연습하는 것이 아니다. 다만, 학습에 대한 재미나 발전감, 혹은 성취감을 느끼도록 해주는 것이, 학습의 첫걸음이 되기에, 이러한 노력을 기울여야 함을 말하는 것이다.

예전이나 지금이나 앞으로나 어떻게 동기부여 할 것인가에 대한 답은 단답형이 아닌 주관식이다. 어떤 답이 나올지 전혀 예측할 수 없고 정답도 없다. 왜냐하면, 인간은 다양한 존재로 창조되었기 때문이다. 하지만, 어떤 식으로든지 교사는 각 개인에게 맞는 학습 방법을 찾는 노력을 해야 한다. 그들의 행동을 관찰하고 대화하면서 답을 찾고자 한다면 찾게 될 것이다. **학생의 행동을 관찰하고 대화하는 모니터링을 통해 가능한 개인에게 맞춤학습을 한다면 더할 나위 없이 좋은 영어 중매쟁이가 되리라 믿는다.**

이때 마침, 청년 예수가 한마디 응원의 메시지를 던진다.

"구하라 그리하면 너희에게 주실 것이요. 찾으라 그리하면 찾아낼
것이요. 문을 두드리라 그리하면 너희에게 열릴 것이니."

마태복음 7:7

"Ask and it will be given to you; seek and you will find;
knock and the door will be opened to you."

Matthew 7:7

AI와 메타버스 기술 기반 에듀테크 기업 중에는 AI 개인 맞춤학습을 진행하는 곳이 있다고 한다. 'AI 오늘의 학습'에서는 학교 공부, 교과 필독서, 특별학습까지 초등 시기에 필요한 다양한 콘텐츠를 AI가 제공한다. 'AI 공부 친구'는 문제 풀이 중에 고쳐야 할 습관인 건너뛰기, 찍기 등을 실시간으로 잡아준다. 'AI 오답 노트'는 맞힐 수 있는데 틀린 문제, 몰라서 틀린 문제 등 오답 원인을 분석하고 비슷한 문제를 제공해 오답을 정확하게 해결할 수 있게 돕는다. 'AI 분석지'에서는 AI가 주·월별, 단원별로 학습 결과를 분석해 아이의 학습 현황을 정확하게 확인할 수 있는 자료를 만들어준다. 학습자의 감정을 읽는 AI 엔진을 보유하였다고 홍보하는 한 기업은 MR·VR·AR과 같은 실감형 기술과 AI 기술을 사용해 학습자에게 놀라운 경험을 제공하는 것을 목표로 한다. 에듀테크는 맞춤형 학습, 학습자 주도형 학습, 국경을 초월한 학습, 그리고 기존 교육 체제를 뛰어넘는 학습체제를 구축하기에 학습혁명Learning Revolution이라고도

불린다. 이전에 교육과 기술을 이분화했던 사고에서 교육과 기술의 만남이 절실히 필요한 시대다. 하지만, 아무리 하드웨어와 소프트웨어가 개발되고 적용된다고 할지라도, **교사가 사물에 대해 달리 생각하고, 서로 다른 지식의 연결이 가능하도록 다양한 독서와 지식 탐구의 정신을 소유하지 않는다면 진정한 학습 혁명은 결코 이루지 못할 것이다.** 오히려, AI 로봇의 보조교사 역할에 머물 수 있다. 왜냐하면, 그 어떠한 기술도 인간이 깊고 스마트한 생각을 하도록 이끌지는 못하기 때문이다.

이 아이 저 아이 학습 유형을 살피면서 동기를 부여해야 하는 이유와 방법을 찾아보았다. 동기부여는 일반적인 행동을 가리키는 심리적 과정이다. 반면에 동기는 그 행동의 구체적인 원인이다. 동기부여는 그 자체로 과정이지만, 동기는 행동의 직접적인 이유다. 따라서, 행동의 동기나 이유가 없다면 동기부여가 있어도 무의미하다. **이제는 '무엇을, 어떻게 가르칠 것인가?'를 고민하기 전에 '왜 영어 중매쟁이가 되고자 하는가?'에 대한 질문을 해야 할 시점이다. 왜냐하면, 자신의 동기가 무엇인지부터 살펴야 누군가를 동기부여 할 수 있을 것이기 때문이다.** 내가 누구인지를 아는 메타인지 능력이 필요한 시점이다. 질문의 초점을, 가르치고자 하는 상대가 아닌 가르치고자 하는 내게 맞춰야 한다. 나는 왜 영어 중매쟁이가 되고자 하는가? 『나는 왜 이 일을 하는가?』의 저자인 사이몬 사이넥Simon Sinek은 골든 서클Golden Circle에서 자신의 문제의 원인을 발견했다. 그

는 마케팅 전문가의 일을 택했고 성공한 듯 보였지만, 어느 순간에 '왜'를 잃었다고 한다. 방법과 전략만 말하고 있는 본인은 누군가에게 진정한 영감을 줄 수 없는 장사꾼이 되어있음을 깨달았다. 하지만, 'WHY'에 대해 생각하면서, 삶의 우선순위, 결심하는 기준, 행동하는 절차가 바뀌었다고 한다. 물론, 여전히 '무엇을' '어떻게' 할 것인가를 고민하지만, 결과는 이전과 혁명적으로 바뀌었음을 강조한다. 영어 중매쟁이에게도 Why 마인드셋이 필요한 이유다. 그렇다면 **여러분은 왜 영어 중매쟁이가 되고자 하는가?** 'Why'에서 시작해 보자.

- The 2nd. Milestone -

Start with Why!

삼, 삼삼한 재미를 줘라
Motivating

　요즘 남녀노소를 막론하고 너 나 할 것 없이 재미를 추구하는 세상이다. '재미'가 무엇인지는 굳이 말할 필요가 없을 정도다. 그렇다면 '삼삼하다'는 말은 무슨 뜻일까? 네이버 검색창에서 이런 질문과 답변을 발견했다. 한 포르투갈 여성이 쓴 질문인데 번역기를 사용한 듯 너무 정확하다.

> **A(포르투갈인):** 한국어 관련 질문: '삼삼한'은 무슨 뜻인가요?
> **B(한국인):** It means 'bland'.
> **Me:** It means 'bland, but tasty'.

　나도 한국인이지만 참 설명하기 모호한 단어다. 음식의 경우에 간이 세지 않아도 맛있는 맛이 날 때 그 맛이 '삼삼하다'라고 한다. 그리 꾸미지 않아도 매력적이고 지적인 여성에게 "저 여자, 삼삼한데!"라는 식으로 남성이 여성을 유혹하는 말투로 쓰기도 한다. 그렇다면 영어에 있어서 삼삼한 재미란 어떤 의미일까? 그리고 어떻게 해야 삼삼한 재미를 줄 수 있을까?

　'재미'라는 것은 어떤 일에 흥미를 느끼고 즐거운 마음의 상태다. 내가 운영한 영어학원의 모토는 '정's English Time is

Fun!'이었다. 학생들이 영어를 배우면서 제일 먼저 영어의 '재미'를 느끼길 원했기 때문이다. 중학교 1학년 처음 영어를 배우던 그때는 영어가 첫사랑처럼 좋았지만, 학창 시절 영어 수업에서 재미를 느껴본 적은 거의 없었다. 대학에서 영어교육을 전공하면서 교수법에 대해 배우게 되었다. 대부분 이론이었지만, 이론을 응용한 방법을 사용하면서 학생들과 함께 재미를 느끼곤 했다. 지난주 '어떻게 문법을 가르쳐야 하는지'에 대해 안젤라와 함께 짧은 영상을 찍어 유튜브에 공유하였다. 그녀는 1년 정도 영어학원에서 초등학생들을 가르치고 있는데, 수업에서 가장 중요하게 여기는 것이 무엇이냐고 질문을 했다. 난 주저하지 않고 재미Fun라고 말했다. 재미의 경험은 앞으로 영어와의 관계에서 힘들 때마다 버티게 해줄 추억이 될 것이다. 재미는 다른 무엇보다 동기부여에 있어 가장 좋은 요소이다. 인간으로 태어났다면 누구나 엄마의 젖을 먹게 된다. 정신의학자인 프로이트에 의하면 아기들이 배고파하는 시간에 충분한 양의 젖을 제때에 먹지 못하면, 아기들은 좋은 젖과 나쁜 젖으로 또는 좋은 엄마와 나쁜 엄마로 생각을 하게 된다고 한다. 이런 이분화된 생각에서 양가적인 감정이 비롯된다는데, 마찬가지로 **영어를 처음 배우기 시작할 때 즐겁고 만족스러운 추억이 없다면, 나쁜 영어로 인식하게 되어 평생 스트레스의 원인이 되거나 영어와의 좋은 관계에 걸림돌이 될 것이 분명하다.**

13년 전, 미국에 가야 하는 상황이 생겨 운영했던 학원을 다른 선생님께 맡기었다. 미국에서 돌아와 학원을 방문하러 갔는데, 계단에 이러한 말이 쓰여 있었다. English is Funny! 순간, 한숨이 나왔다. 왜냐하면, 영어는 웃기는 존재가 될 수 없기 때문이다. 한 유튜브 영상을 보니 영어교사가 학생들을 웃기기 위해서 코미디언처럼 개그를 하는 모습이다. 그렇게 해서라도 영어 수업에 재미를 느끼게 하려고 노력하는 모습이다. 교사가 코치와 상담자를 넘어 연예인Entertainer이 되어 학생들을 즐겁게 하려는 노력이 필요할 때도 있긴 하다. 하지만, 그런 조미료를 매번 부어 만드는 맛 말고, 다른 삼삼한 맛을 주는 비법을 찾아보고자 디지털 세상을 돌아다녔다. 디지털 신인류에게 삼삼한 재미를 줄 비법을 찾아다녔지만, 결국엔 아무것도 찾지 못했다. 순간 나의 어린 시절이 떠올랐다. 생각해 보면 난 항상 재미있는 놀이를 찾아다닌 아이였다. 친구들과 함께 하는 고무줄 놀이, 소꿉놀이, 인형놀이, 구슬치기나 딱지치기, 땅따먹기 등을 즐겼다. 넷이나 되는 남자 형제와 했던 야구나 권투도 재미있는 놀이였다. 체육 시간에 하는 발야구나 심지어 달리기, 철봉에서 매달리기 등도 재미있었다. 중학교 가정 수업에서 배운 요리도 집에서 다시 해보곤 했는데, 바로 재미가 있었기 때문이다. 지금도 요리는 마치 소꿉놀이를 하는 것 같고, 과학실에서 실험하는 느낌이 든다. 먹을 수 없는 재료가 먹을 수 있는 음식이 되는 것을 보면 늘 재미를 느낀다. 가끔 아들에게서 "엄마,

음식을 가지고 실험하지 마세요!"라는 말을 듣긴 하지만, 나의 대답은 한결같다. "매번 똑같은 레시피의 요리는 재미없잖아!"

이러한 여러 놀이와 요리처럼 학생들에게 영어를 가르치는 것도 재미있었다. 나름대로 **수업에 재미를 주면서 영어공부에 대한 동기부여를 주었다.** 여러 다양한 영어게임과 100포인트 제도를 사용하였다. 100포인트 제도는 수업의 여러 규칙을 지키거나 수업에 적극적일 때, 또는 게임에서 얻은 점수를 합쳐 매 수업에서 받게 되는 점수이다. 예를 들어 지각하면 −1점, 숙제하면 + 점수를 받게 되니, 수업 시작하면서 학생들은 포인트를 받게 된다. 발표와 질문을 하거나 대답을 할 때도 포인트라는 당근을 주었다. 100포인트를 모으면 용돈이나 선물을 주었고, 매년 연말 크리스마스 때에는 일 년 동안 모은 포인트를 미국 현지에서 사용하는 수표Check로 바꿔준 후, 은행에서 달러Toy Dollar로 교환하여 원하는 음식과 물건을 사는 행사를 통해 재미와 자부심을 느끼도록 했다. 중고생은 각자가 정한 시험 점수의 목표와 결과에 따라 상금도 받고, 학교 시험 후엔 치킨파티를 열었다. 각반마다 한 교재가 끝나면 북 파티를 열어 과자와 음료를 친구들과 나눠 먹으며 게임만 하는 날도 있었다. 이러한 포인트 제도나 파티와 같은 당근 효과가 통한 것인지 대부분 학생이 수업을 잘 따라와 주었다. 수업에 늦거나 빠지거나 하는 일이 거의 없었고, 수업 태도들도 좋았다. 나 스스로

학생들을 잘 다루고 잘 가르치는 선생님이라 여겼다. 하지만 학원을 정리하고 이사를 와서 **코로나 팬더믹 시대에 만난 학생들은 그렇지 않았다.** 지금까지 4명의 학생을 만났는데, 이러한 나의 경험이 전혀 통하지 않는 학생들이다. 난 그들을 코로나 신인류라 부른다. 우선 이들은 포인트에는 관심이 전혀 없다. 예전의 학생들과 즐겨 했던 노래나 게임 그리고 간식 등 내가 주는 당근만으로는 변화가 좀처럼 일어나지 않는다. 무엇보다 이 신인류의 뇌 속에는 숙제나 교재를 챙긴다거나 수업시간을 지켜야 한다는 등의 생각이 저장되어 있지 않다. 집에서 가르친 학생의 모습을 통해 신인류의 모습을 잠시 소개하고자 한다.

B남윤초5이를 만났을 때 복용하던 ADHD 약을 잠시 중단한 상태였는데, 학교 수업을 자주 빠졌다고 한다. 무엇보다 영어에 관한 관심이 전혀 없는 상태였다. 수업 전에 강아지와 노는 시간도 갖게 하고 간식을 먹거나, 피아노로 가벼운 연주를 통해 마음을 안정시킨 후 가르치곤 하였다. 배우는 속도는 느렸지만, 2~3개월 지나 영어 단어를 읽게 되면서 자신감이 좀 생긴 듯했다가 코로나 단계 상승기에는 몇 달을 쉬어야 했다. 그런데 오랜만에 수업하면서 크게 달라진 점을 발견할 수 있었다. Noob나 Newbie 등과 같은 게임용어를 묻더니, 라이브 게임에서 여러 나라의 게이머들과 대화를 할 수 있다며 영어를 배우길 잘했다고 말하는 것이다. 게임용어를 함께 찾아보면서

관심을 보이니 한층 더 가까워진 느낌이다. 숙제도 없고, 교재도 놓고 다니고, 수업시간도 지키지 않는 것이 문제이긴 하지만, 그래도 실력이 제법 늘었다.

C재민초6이는 초등 저학년 시절에 어학원을 몇 년 다녔지만, 영어 단어 암기에 싫증이 나서 공부를 그만두었다고 한다. 절대 음감을 가진 특성이어서 그런지 듣기도 잘하고 따라 읽기 Shadow Reading도 잘하고 감각도 있지만, 책만 열면 반수면 상태로 바뀌어 얼음이나 껌을 씹어야만 하는 상태가 된다. 수업 전에 피아노나 기타를 치면서 잠을 깨우고 무언가 관심과 재미를 주려고 노력하지만 통하지 않는다. 얼마 전에는 몇 시간을 들여서 〈영어 참견〉이란 제목으로 내 책의 표지를 제법 멋지게 만들었다. 이렇듯 자신이 하고 싶은 일에는 열정을 보이는 모습이다. 영어 수업만 예외인 것이 문제다.

수전 파울러의 6개 동기부여의 관점으로 비추어 볼 때, 남윤이는 무관심 관점에, 재민이는 강요관점에 속한 것으로 보인다. 학생이나 자녀를 지도할 때 가장 어려운 일이자 가장 중요한 일은 동기부여다. 교육학에서는 스키너와 같은 행동주의자들의 실험에서 보이는 '비둘기 모이 패러다임'의 상과 벌, 혹은 당근과 채찍을 이용한 여러 학습법이 등장한다. 하지만, 이러한 이분법적인 방식으로 인간의 행동을 움직이게 하는 전통적

인 접근 방법은 더 이상 효과가 없는 것처럼 느껴진다. 가상세계에서 자극적이고 재미있는 시간을 보낸 학생들에게 영어라는 외국어를 즐겁게 배우고자 하는 동기와 동기부여 방법을 찾기가 쉽지 않다. 한마디로, 정크푸드Junk Food에 길들여진 입맛을 가진 아이들에게, 건강에 좋은 음식을 먹이기 쉽지 않은 상황이다. **그렇다면 어떠한 방식으로 동기를 유발할 것인가?**

심리학에서 말하는 동인이론Drive Theory에 의하면, 동기란 사람들이 어떤 방향으로 행동하도록 원인을 제공하는 동력의 집합이라고 하며, 이러한 동기는 기본적으로 욕구에 의해 유발된다. 그렇다면 어떠한 욕구를 자극해야 할까? 일시적으로 당근을 주는 방식은 관심과 흥미를 끌기 위해서는 필요하다. 하지만, 동력 감소 이론Drive-Reduction Theory에 의하면 어느 시점이 되면 동력이 서서히 줄어든다. 그래서 매슬로우의 욕구단계설에서 설명하였듯이, **사랑과 소속감을 넘어 자부심과 자기 성취를 얻도록 목표를 설정하는 것이 필요하다.** 에드윈 로크 Edwin Locke의 동기부여를 위한 목표설정 이론Goal-Setting Theory of Motivation에 의하면, 상이나 선물과 같은 외적인 동기부여에서 일에 대한 목표 달성으로 인한 성취감과 같은 내적인 동기부여로 이동하는 방식을 추천한다. **이러한 과정에서 누군가의 피드백은 아주 중요한 역할을 한다.**

내가 이렇게 힘들게 글을 쓰고 있는 것도 재미가 있어서 하

는 것이니 내 행동의 동기는 재미다. 혼자든 같이하든 간에 난 거의 모든 놀이와 삶에서 재미를 느끼곤 했다. 교실에서 강의를 듣고 필기하고 암기하고 시험을 치르는 공부만 제외하고 말이다. 내 놀이의 대상과 노는 시간, 그리고 공간과 도구는 참 다양했다. 여러 놀이를 통해 느낀 재미는 좋은 어른으로 성장하는 데 좋은 비료가 되어주었다. 오감을 사용하면서 몸을 움직였고, 힘겨움도 아픔도 이겨 내야만 했다. 친구와 대화를 하고 협력하고 문제를 해결하는 능력과 상상력도 놀이를 통해 얻을 수 있었다. 조금씩 성장하면서 더 이상 이러한 놀이는 하지 않게 되었지만, 영어를 배우고 가르치는 데서도 재미를 느끼곤 한다. '놀아본 놈이 논다!'라고, 일과 삶의 모든 곳에서 재미를 발견하곤 한다. 사춘기 시절 격변의 시간을 보낸 아들이 가끔 이런 말을 한다. 자신 덕분에 엄마 인생이 "재미있지 않았냐!" 라고 말이다. 이 말은 '특, 전, 격'이 있었음을 암시한다.

『재미의 발견』을 쓴 김승일 저자는 "재미있네?"라는 출판사 사장의 말을 들은 후, 재미를 주는 요소를 찾아다닌 후 발견한, 재미의 황금비인 '특. 전. 격'을 소개했다. 인기 있는 콘텐츠에는 '특이', '전의', '격변'이 담겨있다는 뜻으로, '특이'는 보통 상태에 비해 두드러지게 다름을, '전의'는 생각이나 의미가 바뀜을, '격변'은 상황이 갑자기 심하게 변하는 것을 말한다. 이러한 특성이 있어야 시청자가 당혹하고 집중하고, 결국엔 재미를

느낀다고 한다. 이렇듯 저자는 영상 매체 안에서 재미를 발견했다. 자극적이고 생생한 온라인 게임을 비롯하여 웹 기반 동영상에서도 특이하거나 전의나 격변과 같은 재미가 쏟아져 나오고 있다. 그렇다면 **앞으로 가상과 증강현실 세계에서 살아갈 디지털 신인류들에게 어떻게 하면 영어에 대한 삼삼한 재미를 줄 수 있을까?**

한동안 찾아 헤매었지만 삼삼한 재미를 줄 비법을 발견하지 못했다. 그런데 오늘 발견하지 못한 이유를 발견했다. 그것은 바로 시선을 학생이 아닌 교사에게 두었기 때문이다. 무엇을 어떻게 가르칠 것인가를 찾으니 찾을 수가 없었다. 언제나 문제에 대한 해답은 멀리 있지 않고 가까이에 있음을 다시 한번 깨닫게 된다. 이제는 시선의 초점을 교사나 교재에서 떠나 이아이 저 아이에게 맞춰야 한다. 인간 개개인이 다르듯이 학생 개개인의 성격과 흥미 그리고 학습능력이 다양하다. 이들은 이미 동기부여가 되어있기에, 스스로 관련성을 찾아 역량을 발휘하도록 돕는 것이 영어 중매쟁이의 역할이다.

그렇다면 어떻게 재미있는 수업을 할 수 있을까?

첫째로, 학생들이 배우는 내용에 관심을 가지도록 삶과 연결지으면서 질문하고 생각을 유도하는 기술이 필요하다. 인지심

리학자인 대니얼 T. 윌링햄이 쓴『왜 학생들은 학교를 좋아하지 않을까?』라는 책은 인간의 뇌는 우리가 생각하는 것과 달리 생각하는 용도로 설계되어 있지 않기에 본래 '생각을 잘하지 못한다'는 전제로 시작된다. 따라서 인간은 어렵거나 풀리지 않는 문제에는 매달리려고 하지 않는다. 학교 공부가 어렵기만 하다면 학생들이 학교를 좋아하지 않는 것은 당연하다.

둘째로, 수업 내용을 전달하는 방식에 약간의 변화를 주는 것만으로도 학생들의 관심을 끌 수 있다. 변화를 시도하는 것이다. 시청각 자료를 이용하기도 하고, 몸을 이용한 수업도 하고, 읽기와 쓰기의 경험을 색다르게 하도록 바꿔보는 것이다. 게임도 하고 퀴즈도 하고 노래와 춤도 추고 만들어 보기도 하고, 도서관에도 가고, 야외로 나가기도 하는 등 다양하고 창의적인 방법을 사용해 보자. 수업에 집중하게 되고 기억력에도 도움이 될 것이다. 무엇보다 본인들을 위해 이렇게 노력하는 교사를 학생들은 좋아하고 존경할 것이다.

셋째로, 교사와 학생 간의 관계뿐만 아니라, 학생들 간의 관계도 살펴보아야 한다. 친구들 간의 심리적인 거리가 있는 경우에는 재미를 찾기가 어려워진다. 그렇기에 학습자 간의 심리적, 정서적인 유대감을 위해서도 노력해야 한다. 배우는 내용보다 관계가 더 중요하다는 사실을 알게 된 계기가 있다. 학

생들 간에 갈등이 해소되지 않게 되어 수업을 중단하게 된 경우가 있었다. 그만큼 가르친다는 것은 지적인 영역뿐만 아니라 심리적인 부분까지도 고려해야 하기에, 모니터링관찰하는 능력도 키워야 한다.

　나 때라테~는 한 교실 안에서 수십 명의 학생이 교사의 일방적인 강의를 듣고 받아 적고 암기하는 교육이 통하던 무지한 시대였다. 디지털 신인류는 교실에 앉아 있는 것 자체만으로도 참기 힘들어 교실 밖으로 튀어 나가게 될 것이 분명하다. 일방적인 강의와 기계적인 연습, 혹은 암기를 통한 시험과 경쟁을 통한 동기부여는 이제 통하지 않는 시대다. 교사가 먼저 질문하고 생각하고 문제를 해결하는 능력을 키우도록 노력해야 한다. 학생에게 어떻게 삼삼한 재미를 줄 것인가에 대해 고민하는 태도에서 창의적인 생각이 나오게 된다. 창의적인 생각과 행동은 배움과 질문에서 나온다. 나 또한, 디지털 신인류에게 필요한 특별하고도 삼삼한 재미의 비법을 아직 발견하지는 못했다. 하지만, 내 삶을 돌아보니, 재미를 느낀 모든 놀이와 배움, 그리고 인생의 모든 순간에 이 세 가지가 있었다. 그것은 **ARC, 즉, 인간의 자율성과 관련성 그리고 역량이다. 이 세 가지가 충족될 때 비로소 만족감과 함께 재미를 느끼는 것이다.** 외부적인 동기부여나 강요가 아니라 자발적으로 참여하고 내 삶과 연계된다고 느낄 때, 그리고 나의 역량이 계발되고 발전

영어 참견러's 중매 십계명

되고 있음을 느낄 때다. 인간 본연의 욕구와 본질은 시대가 변해도 바뀌지 않을 것이다. 영어 중매쟁이라면 '어떻게 재미있게 수업을 할 것인가?' 고민하면서 방법을 찾는 태도가 필요하다. 자, 창의적인 마인드셋을 장착하고, 삼삼한 재미를 줄 방법을 찾아보자!

- The 3rd. Milestone -

Keep a Creative Mindset!

사, 4가지를 한 번에 가르치라
Hole in One

얼마 전, 골프를 배운 지 2개월 만에 홀인원을 하게 되었다. 홀인원Hole in One이라는 것은 골프공을 한 번에 홀컵Hole Cup에 넣는 것을 말하는데, 스크린 골프를 치다가 일어난 일이다. 골프장 사장님께 자랑하였더니, 본인은 30년 동안 골프를 친 프로지만 한 번도 홀인원을 해본 적이 없다고 하신다. 심지어 스크린에서도 말이다. 생각해 보면 난 영어를 가르칠 때도 홀인원을 즐겨 했다. **홀인원이라는 것은 영어의 4가지 기둥이라 할 수 있는 듣고 읽기, 말하기와 쓰기를 한꺼번에 가르치는 방법이다.**

이러한 어떤 이론이 있는 것이 아니고, 그저 경험에서 나온 것이다. 집에서 학생을 가르치는 계획이 있던 한 대학원 후배가 질문했다. 어떻게 4가지를 한 번에 가르치냐고 말이다. 요즘 나처럼 4가지를 한꺼번에 가르치고자 하는 교사가 가끔 보이기도 한다. 한 블로그에 소개한 방법은 이러하다. Let's go교재명를 가지고 수업을 하시는 분인데, 교재에 나오는 모든 문장을 암기하고 오게 한 후에 발표하게 하고 받아쓰게 한다는 것이다. 이런 식으로 네 가지를 한꺼번에 가르치는 수업으로 소개하는 글이다. 내가 말하는 네 가지 영역을 한 번에 가르치라

는 수업은 절대로 그런 수업이 아니다.

영어의 학습 영역을 듣기 말하기 읽기 쓰기, 이렇게 4가지 영역으로 구분한다. 여기에 입력Input의 영역을 듣기와 읽기로, 그리고 출력Output의 영역을 말하기와 쓰기로 나눈다. 언어를 배움에 있어서 입력이라는 것은 어떠한 단어나 문장의 표현을 듣거나 읽는 경험을 말한다. 그리고 출력이라는 것은 이렇게 입력된 내용을 말이나 글을 통해 표현하는 것을 말한다. 문제는 영어를 가르칠 때 이것을 구분하여 지도한다는 것이다. 대부분의 영어 교재도 이 4가지 영역을 구분하여 가르치도록 만들어져 있기에, 일반 교사들도 그렇게 지도하는 것을 당연하게 여긴다. 영어 서점에 가서 보더라도, 파닉스, 단어, 문법, 독해, 듣기, 말하기, 쓰기, 등의 영역으로 나뉘어 있는 수많은 책을 보게 된다. 일본 영어교육의 영향으로 인한 폐해라고 할 수 있다.

하지만 난 이러한 교재를 거의 사용하지 않는다. 필요한 경우에는 가능한 짧은 시간 동안 필요한 부분만 사용한다. 왜냐하면, **이러한 교재는 영어의 4가지 기능이 서로 연결되지 않기 때문이다. 한마디로 말해, 영어의 능숙도를 위해서는 그리 효과적이지 않다.** 언어의 기능을 피자 조각처럼 4조각 8조각으로 나누다 보면 전체적으로 연결이 되지 않고, 효과적으로 영어를 익히지 못하게 방해를 한다. 골프장에서 만난 프로전문 코치는 첫

수업부터 클럽을 꽉 잡고 다리나 허리를 움직이지 않은 채 손만 사용하도록 지도를 했다. 2개월간 그렇게 하다 보니, 몸의 자세도 이상해졌고, 손가락 마디도 변형이 오기 시작했다. 예전에 골프를 쳐 본 경험이 있음에도 불구하고 기본자세를 가르친다고 한 것이다. 너무 힘들었고 재미도 없었다. 그렇게 해선 안 되겠다는 생각에 혼자 스크린 골프를 하다가 홀인원을 하게 된 것이다.

프로 자신은 그런 방식으로 연습을 해서 프로가 되었고 그렇게 가르쳐 왔는지는 모르겠지만, 난 프로가 되고 싶은 생각도 그럴 가능성도 없는데 자신의 방식을 고집한 것이다. 좀 더 쉽고 빠르게 골프를 즐길 방법과 원리를 혼자 공부하면서 재미를 찾았다. 그것은 처음에 홀인원 하는 경험을 통해서다. 클럽 하나만 가지고 몇 개월 연습하는 것이 아니고, 연습 때마다 모든 클럽을 골고루 다 사용해 연습한 결과 즐기게 되었다. 당연히 프로다운 실력이 목표가 아니었기에 이만하면 만족스럽다.

영어교사들도 경력 30년이 되어서도 홀인원을 경험하지 못한 채, 운이 따라 주지 않았다고 말해서는 안 된다. 내가 만난 골프 프로처럼 어떤 영어교사는 파닉스만 6개월 이상 가르치기도 한다. 영어로 말하거나 듣거나 하는 다른 경험도 제공하지 않은 채, 파닉스를 마스터하지 못해서 1년 이상 그것만 가르치

는 교사도 있다. 내가 만난 도민이도 5학년 때까지 파닉스만을 배우고 있었다. 실제 글을 읽거나 말하는 다른 즐거운 경험을 하지 않은 채 말이다. 그러니 몸과 마음이 병들고 스트레스를 받는 지경에 이르게 되는 것이다. 오히려 교사가 아이의 발목에 영어를 더 이상 배우지 못하고 포기하게 만드는 덫을 놓는 격이 된다.

영어를 처음 가르친다고 한다면 먼저 알파벳과 파닉스가 떠오를 것이다. 나 또한 알파벳과 파닉스를 가르치지만, 그 기간은 매우 짧아야 한다. 학생들이 알파벳과 음가Phoneme를 알았다면 바로 글로 배워야 한다. 파닉스는 기본 단모음과 자음을 가르치는데 길어야 3개월 정도를 추천한다. 이 기간에도 쉬운 스토리나 단계별 리딩 교재Graded Reader Book를 이용한다. 이 말은 파닉스라는 영어 음소의 규칙만을 가르치지는 않는다는 말이다. 마치 파닉스를 마스터해야지 마치 영어를 읽을 수 있다며 파닉스가 완성되지 않으면 더 이상 진도를 나가지 않는 지도 방식에 반기를 든다.

파닉스Phonics 수업은 단순히 알파벳 글자와 소리의 관계를 이해하고 간단한 단어를 쓸 수 있는 정도면 충분하다. 왜냐하면, 모든 글자가 소리와 일치하지 않기 때문이다. 영어 단어의 22% 정도는 왜 그렇게 철자가 쓰이게 되었는지 알 수 없는 경

우다. 영어가 성장하는 과정에서 라틴어의 영향을 받은 중세 프랑스어가 영어에 혼합되었기 때문이다. 한편으로는 18세기, 영문학 거장인 사무엘 존슨Samuel Johnson이 1755년에 영어 사전인 『dictionary』를 완성하면서 소리가 나지 않는 자음이 들어간 단어를 그대로 철자로 넣었기 때문이기도 하다. 실제로 난 파닉스를 배운 적이 없다. 기본적인 알파벳의 기본 음가의 소리만 알고도 영어를 읽을 수 있었다. 철자와 소리가 연결되지 않은 단어는 국제 음성 기호IPA, International Phonetic Alphabet만 보고도 읽을 수 있다. 요즘에는 단어와 문장의 음성뿐만 아니라 원어민이 발음하는 입 모양과 혀의 위치 등을 직접 보면서 배울 수 있는 시대가 되었다. 그러니 교사나 학생이나 **파닉스의 덫에서 빠져나와 영어의 4가지 또는 5, 6가지 다양한 클럽을 사용하여 하루빨리 홀인원을 하길 바란다.**

미국에서의 골프 환경은 한국과는 너무나 다르다. 영어도 마찬가지다. 미국에서 외국인이 영어를 배우는 환경은 ESLEnglish as a Second Language이다. 한마디로, 영어를 제2언어로 배우며 귀로 영어를 듣고 말할 수 있는 환경이고, 그러한 학습자를 귀 학습자Ear Learner라고 한다. 우리나라의 환경은 골프 환경만큼이나 영어를 배우기에 척박한 환경이다. 바로 EFLEnglish as a Foreign Language 환경이기 때문이다. **영어를 외국어로 배우긴 하지만, 일상생활에서 영어를 사용할 필요가 거의 없거나 사용**

해도 이상하게 여겨지는 환경이다. 그렇기에 우리는 눈 학습자Eye Learner다. 눈을 주로 사용하는 학습자를 말한다. 이런 환경을 고려하지 않고 유명한 언어학자들이 주장한 그대로 우리나라에 적용하니 부작용이 생기는 것이다. 자연 접근법Natural Approach을 주장하는 크라센Krashen과 같은 언어학자들에 의하면, 영어를 자연스럽게 말하기 위해서는 영어로 말하는 연습 전에, 모국어를 배우듯이 어느 정도의 듣기만 하는 시간이 필요하다고 한다. 이러한 지나면 자연스럽게 말하게 된다는 것이다. 1980년대의 연구결과지만, 지금까지도 언어학의 완벽한 이론으로 정착된 모습이고 의미가 크다. 이 과정에서 침묵하는 기간Silent Period을 지나 이해 가능한 입력Comprehensible Input을 많이 하고 서로 간의 상호작용을 통해 영어를 자연스럽게 습득한다는 주장이다. 하지만, **영어는 우리에겐 모국어가 아닌 외국어다.** 넓은 의미에서 언어를 배우는 방법과 과정이 같아 보이지만, 분명히 우리는 영어를 외국어로 배우고 있는 환경에 살고 있다. 그것도 태어나면서 듣고 자라고 말하는 환경이 아니다. 말하자면 일상생활에서 영어를 거의 사용하지 않는 EFL 환경임을 생각해야 한다. 미국의 유명한 언어학자들의 주장이라고 해서 우리에게 그대로 적용하는 것은 무리가 된다. 그들의 연구 과정이나 대상을 보면, 미국에 유학이나 이민 온 사람들이고 그들이 사는 환경은 우리와는 완전히 다른 ESL 환경이다. 그들의 연구대상은 미국에 이민 온 이주자의 자녀들

이나 성인이다. 영어를 모국어로 사용하는 미국이라는 나라에 살면서, 자신의 모국어와 영어를 동시에 사용하는 ESL 환경에서 산다는 점이다. 그래서 듣기만 하는 시간이 필요하고, '말을 연습하는 것이 아니라 말하는 경험을 통해 자연스럽게 배운다'라고 말하는 것이다. 하지만, 영어를 외국어로 배우는 우리나라의 환경에서는 그냥 듣고만 있다고 어느 순간에 말을 자연스럽게 하지는 못한다. 자연스러운 생활에서 들은 내용의 의미를 본능적으로 이해한다거나 말하는 상황을 실제 경험하지 못한다. **그래서 듣기만 해서 이해된다거나 말을 하게 되지는 않는다. 의식적인 학습을 하지 않고서는 말을 할 수 없다. 읽고 이해하고 듣고 말하는 연습을 해야 한다.** 연습은 반복되는 연습Drill처럼 생활에 불필요한 단어나 문장을 연습하는 것이 아니다. 말하고자 하는 내용에 적절한 표현을 사용해 자신의 생각이나 의견을 전달하는 경험을 말하는 것이다. **따라서 학생들의 나이와 수준 그리고 심리적인 요인뿐만 아니라 이러한 환경도 고려해야 한다. 이 말은 듣기가 먼저가 아니라 항상 읽기와 병행해야 한다고 주장하는 이유다.** 4가지를 한 번에 가르치는 방법은 읽기-듣기-말하기-쓰기-읽기-듣기-말하기-쓰기를 반복하는 것이다. 물론, 유아에게 자주 영어 음원을 들려준다거나 부모가 영어로 말을 하는 것은 예외의 활동으로 본다. 자연스럽게 언어를 배우는 과정이 당연히 의미가 있지만, **기억해야 할 것은 영어는 외국어라는 점과 효과적인 방법으로 가르쳐야 한**

다는 것이다.

　그렇다면 어떻게 4가지를 한 번에 가르칠 수 있을까? 우선 수준에 맞는 읽기 자료를 음성을 들으며 따라 읽기를 한다. 내용을 이해하였다면 교사나 부모 혹은 친구의 질문을 통해 말하기를 한다. 그리고 읽거나 말한 내용과 연관된 일을 글로 써본다. 글을 쓴 후에는 교정을 하는 과정에서 문법도 자연스럽게 배우게 된다. 발표하는 과정에서 다시 한번 읽기와 말하기를 연습하게 된다. 이 과정에서 다시 질문과 대답을 한다면 홀인원 할 확률이 높아질 것이다. 이런 식으로, 누구든지 영어의 수준이나 나이에 상관없이 4가지를 한 번에 배우거나 가르칠 수 있다. **이렇게 4가지 영역을 거의 동시에 지도할 수는 있지만, 읽기부터 시작해야 가장 효과적이다. 하지만, 반드시 음성파일을 통해 소리로 들으면서 같이 소리 내어 읽는 시간을 가져야 한다. 이러한 쉐도잉 연습은 우리의 입과 혀 그리고 입 주변 근육을 쉽게 영어로 말하도록 만드는 것이다.** 교사도 기기에서 나오는 소리만 들려주는 것이 아니라, 자신의 육성을 이용해 같이 따라 읽어야 한다. 생생한 교사의 목소리를 들려줘야 더 효과적이기 때문이다. 그 이유는 〈영어 연애 십계명 육, 육성으로 들어라〉를 참고하기 바란다. 읽기 연습이 되었다면 이해도를 점검하기 위해 질문을 한다. 이를 통해 말하는 연습이 자연스럽게 된다. 말은 연습이 아니라 그냥 말하는 것talking이라고 한다.

하지만 그것은 모국어나 ESL 환경에서의 말이다. 외국어를 배울 때는 의식적으로 연습하는 과정을 통해 강세와 억양과 리듬을 익힐 뿐만 아니라 문장의 구조를 이해하게 된다. 여기까지의 연습을 시켰다면 이미 거의 학습과 지도의 반은 한 것이다. 들으면서 따라읽는 쉐도우 리딩을 했다면, 글과 관련한 질문을 통해 말하기를 연습하는 것이다. 읽기 교재의 내용을 연습하고 나면, 이미 문장을 이해하고 대부분의 문장을 암기하고 있기에 이 과정에서 학생들이 대답을 자연스럽게 말하는 것을 보면 놀라움을 감출 수 없게 된다. 그렇다고 암기 연습을 따로 시키라는 말은 아니다. 삼세번의 반복으로 인해 외워질 정도로 어렵지 않은 내용의 교재를 선택하는 것이 필요하다. 다시 한번 말하지만 이러한 읽기 과정에서 반드시 교사가 같이 읽는 연습을 해야 한다는 점이다.

따라서, **이러한 홀인원 과정에서 교사의 능숙한 지도 기술** Teaching Skills**이 필요하다.** 〈영어 연애 십계명 일, 읽어라〉에서 설명한 음성을 들으면서 따라 읽기Shadow Reading를 하는 과정에서는 손가락 음독법을 사용하기도 한다. 이것은 유대인의 독해력 향상 공부법으로 손가락으로 짚으며 소리 내어 읽는 방법이다. 이 방법을 기초과정에 있는 어린 이들에게 사용하면 집중력도 높아지고, 글자와 소리의 관계도 쉽게 이해하게 된다. 이 과정을 할 때 교사가 함께 정확한 발음과 억양에 따라 읽어주

는 것이 좋다. 혹시 발음에 자신이 없다면, 원어민의 음성이 녹음된 파일을 들려주면서 함께 따라 읽으면서 본인의 육성을 들려주어야 한다. 이러한 읽고 따라 읽는 과정을 삼세번 연습하는 과정에서 내용을 이해하고 있는지 질문을 통해 확인한다. 만약 모르는 부분이 있다면 간단하고 명료하게 설명하는 것이 필요하다.

  질문하는 과정에서도 여러 방식을 사용할 수 있는데, 대부분 'OX'나 'Yes or No' 식의 게임이나 퀴즈를 사용하면 학생들이 즐겁게 말하기를 하게 된다. 그리고 교사는 학생들의 말하기와 동시에 이해력을 자연스럽게 확인할 수 있게 된다. 이러한 말하기 연습이 끝난 후에는 쓰기 과정을 진행한다. 따라 쓰기Copying부터 진행하다가 점차 자유로운 글쓰기를 하도록 지도한다. 노트에 쓰는 것 외에 소책자를 만든다거나 책의 내용과 관련하여 여러 창의적인 생각을 통해 즐거운 미술놀이처럼 쓰기 수업을 해보자. 여러 단계에 따른 방법이 다양하지만, 짧은 글쓰기에서 일기 쓰기, 에세이 등 높은 수준의 단계로 나아가야 한다. 한글 워드Word를 사용할 수 있기만 해도 'PPT'를 이용한 발표를 통해 말하기를 연습한다. 초등학교 고학년이 될때까지 이러한 연습을 하면 사실 문법을 따로 배울 필요가 없고, 문법의 종류와 이름 정도만 배우면 된다. 아쉽게도 이상적인 경우다. 하지만, 시간의 우선순위를 두고 이러한 연습을 한

학생들은 이러한 결과를 얻는다.

하지만 성인의 경우 이러한 과정을 반드시 따를 필요는 없다.
그저 자신의 직업과 흥미와 관심에 따라 매일 조금이라도 쓰는
연습을 일상에서 하도록 격려하면 된다. 영어 유튜브에 영어로
댓글을 적는다거나, NIV 성경 모임처럼 성경을 묵상한 글을 영
어로 적거나 기도문을 적는 등의 연습을 매일 조금씩 생활에서
하는 것이 필요하다. 영어로 글을 써보고 스스로 교정하는 시
간을 통해서 많은 것을 배우게 된다. 요즘에는 문법 오류를 교
정하는 앱을 사용한다거나, 번역기나 통역기를 사용하기도 한
다. 하지만, **영어 중매쟁이의 교정이나 피드백이 필요한 때가
있다. 교정**Correction**은 글쓰기에서 보이는 오류를 고쳐주는 것
즉, 오류를 직접 고쳐준다거나 문제점을 알려 주는 것이다.** 반
면에 피드백Feedback은 좀 넓은 의미로 교사가 학생에게 반응을
해주고 격려해 주면서 자신의 능력을 최대한 발휘할 수 있도록
동기부여를 해주는 행위를 말한다. 따라서 여기에서 말하는 교
정은 문법 교정Grammar Correction으로 '학습자들의 글쓰기 향상
을 목적으로 문법적인 오류를 수정해 주는 것'으로 이해하면 쉬
울 것이다. 문법을 교정하는 방법에는 여러 가지가 있다. 말로
만 해주거나 오류 여부만 표시로 알려주는 간접적인 방법 외
에, 오류에 직접 답을 적어주는 첨삭Direct Correction 등의 방법이
있다. 그렇다면, 어떤 방식의 교정이 효과적일까? 모든 오류를

일일이 다 첨삭하는 것이 정말 효과적일까? 첨삭을 해주면서도 이러한 질문을 해보는 것이 필요하다.

'일기 쓰기'는 자유 글쓰기Free Writing의 가장 대표적인 방법으로 에세이와 같이 논리적인 글쓰기를 하기 전에 학생들이 쉽게 할 수 있는 글쓰기 방법이다. 미국 초등학교의 경우에는 저널Journal이라는 이름의 노트에 글쓰기를 하도록 지도하기에, 일기를 저널이라는 이름으로 부르기도 한다. 따라서, 어느 정도 자유 글쓰기가 가능한 학생들은 일기 쓰기를 한다. 하지만, **학생들의 영어 일기를 교정해 주면서 생기는 몇 가지 문제점이 있었다.**

첫째, 수업 후에 바로 일기장을 집으로 가지고 가야 하기에 수업이 끝나기 전에 교정을 해주어야 한다는 점이다. 수업 중에 교정해야 하기에 이중의 업무 부담이 생긴다. 교정에는 시간이 걸리기에 본 수업에 집중하지 못하게 되는 문제도 있다. 학생들은 일기와 관련된 일상의 이야기를 나누기를 좋아하지만, 수업 중에 일기와 관련한 이야기만을 나눌 수는 없다. 지금 생각해 보면 그렇게만 해도 큰 문제가 없었고 오히려 효과가 있었을 수도 있다. 하지만, 교재와 진도라는 틀에 갇혀 완전히 벗어나지 못했다.

둘째, 눈에 가장 잘 띄는 '빨간펜'을 사용하면서도 개인의 일상과 생각이 담긴 일기장에 이렇게 하는 것이 바람직한가에 대한 고민이었다. 일기는 일반적인 쓰기 연습과는 다른 자신의 생활이 담긴 사적인 글이다. 이러한 글에 직접 첨삭하는 방법 외에 다른 방법은 없을까? 일기 글이 아닌 다른 글도 마찬가지다. 자신이 쓴 글에 빨간 줄이 그어진 첨삭을 보면서 심리적으로 즐거워할 사람은 없을 것이다.

셋째, 매번 문법적인 오류를 교정하였지만, 잘 고쳐지지 않고 반복되는 오류가 있다는 것을 발견했다. 그렇다면, 굳이 매번 오류를 교정할 필요가 있을까? 라는 생각이 들었다. 교정으로 인해 소모되는 시간과 에너지가 만만치 않은 상황이었기에 다른 효과적인 방법을 찾고 싶었다. 만약 스스로 교정하는 방법을 찾는다면 이러한 모든 문제가 해결될 것이라는 생각도 들었다.

그래서 초등 3학년 두 명의 학생이 일주일에 두 번 정도 일년간 쓴 영어 일기를 통해 이러한 나의 질문에 관한 답을 찾을 수 있었다.

첫째, 모든 오류를 일일이 다 교정하는 것이 그리 효과적이지 않다는 사실이다. 제1언어 습득연구에 의하면, 문법 형태소

의 발달에도 순서가 있다. 제1언어 습득연구란 영어를 모국어로 사용하는 아이가 어떠한 문법 형태소Grammatical Morpheme를 배우는지 연구하는 것이다. 결과는 -ing, 복수형-s, 불규칙 과거형, 소유격's, 연결 동사be 동사, 관사a, the, 규칙 과거형-ed, 3인칭 단수 현재형-s, 조동사 등의 순서로 습득한다. 제2언어 학습자도 비슷한 발달 단계를 보였다. 제2언어 학습자는 영어를 제2언어나 외국어로 배우는 것을 말한다. 그래서 어떠한 문법적인 오류는 계속 교정을 해도 고쳐지지 않았다는 사실을 알게 되었다. 예를 들면, She went to school yesterday. 라는 문장에서 불규칙 과거 동사형인 went는 잘 썼지만, She goes to school at 8 every day. 라는 문장에서 인칭 단수 현재형-s인 goes는 배우기 어려웠다는 점이다. 이런 오류를 계속 교정하는 것은 효과적이지 않고 의미도 없다는 사실이다. **학습자의 발달 단계를 고려해야 할 중요한 이유가 된다.** 한마디로 학생의 수준과 발달 단계에 맞게 교정할 것은 교정하고, 그렇지 않은 오류는 당장 교정하지 않아도 된다는 것이다. 이런 식으로 당장에 필요한 것만 교정하면, 심리적으로도 위축되지 않고, 한두 가지 오류에만 집중하여 교정하는 효과도 있게 된다.

둘째, 인터뷰를 통해 아이들이 '빨간색'보다는 '파란색'이나 '초록색'을 원한다는 것을 알게 되었다. 독서 모임에서 만난 성인인 루시도 자신의 일기에 대해 아들에게 첨삭을 부탁하였는

데, 빨간 줄이 여기저기 그어진 일기장을 보니, 기분이 나빴다고 한다. 아이들도 교사의 교정이 필요하다고 생각은 하지만, 교사가 일기장에 적어주는 직접적인 교정으로 인해 본인의 일기장이 더러워진다는 부정적인 생각이 들었다고 한다. 또한, 일기의 주제를 찾는 것, 즉 무엇을 쓸 것인지를 생각하는 것이 가장 어려웠다는 것도 뒤늦게야 알게 되었다. 영어로 일기를 쓰면서, 영어로 문장을 쓰는 것이 가장 힘들었을 것이라는 예상을 넘은 결과였다. 문제는 이러한 사실은 질문을 통해 언제나 쉽게 알 수 있었지만, 논문을 쓰면서 뒤늦게 알게 되었다는 점이다. 학생들과의 소통이 없었음을 알게 된 순간이었다. 일기를 지도하면서, 학생들에게 이러한 감정과 생각 그리고 어려운 점에 관해 질문하지 않았다는 것은, 교사라는 프레임에 갇혀 습관에 따라 가르치는 데만 관심 가졌음을 보여준다. 답은 아주 가까운 곳에 있었다. 바로, 질문이다.

셋째, 영어 중매쟁이의 직접적인 교정이 필요할 때가 있다는 사실이다. 오류에는 스스로 교정이 가능한 오류Treatable Error가 있고, 스스로 교정이 어려운 오류Untreatable Error가 있다. 문법적인 오류는 명사의 오류, 동사의 오류, 문장 구조상의 오류, 외래적인 요소의 오류, 그리고 기타의 오류로 5가지 영역으로 구분하였다. 이 중에서 명사, 동사, 문장 구조상의 오류, 기타, 실수와 같은 오류는 스스로 교정이 가능하다. 하지만, 외래적인

요소는 스스로 교정하기 어려웠다. 여기에서 말하는 외래적인 요소는 단어 선택과 표현, 그리고 전치사의 사용과 같은 요소다. A학생에게는 첨삭, 즉 직접적인 교정을 해주었다. 반면에 B학생에게는 말로 설명하는 방식의 간접적인 피드백과 스스로 문법 오류를 확인할 수 있는 아래에 있는 체크리스트를 주었고, 스스로 교정Self-Correction하게 하였다.

Don't forget!

- 대문자와 마침표 찍기.
- 주어와 동사의 수일치 맞추기
- 동사의 바른 시제 사용하기: 현재, 과거, 미래
- 명사의 관사a와 복수형s/es 사용하기
- 전치사의 사용
- 접속사의 사용 시 대문자나 콤마 사용

체크리스트Checklist는 학생이 자주 보이는 오류를 중심으로 만들었다. 이 연구에서 중점적으로 분석한 것은 글의 유창성과 정확성, 문장의 복잡성, 3가지 영역에서의 변화다. 유창성과 문장의 복잡성에서는 두 학생 모두 향상되었다. 글의 유창성Writing Fluency은 글의 단어와 문장의 수를 기준으로 양이 늘어나는 것을 말한다. 문장의 복잡성Sentence Complexity은 문장에서 사용하는 문장이 단문이나, 중문을 넘어 복문이나, 중–복문을

사용하는지를 보는 것이다. 대부분 접속사를 이용한 문장이다. 두 학생 모두 접속사를 따로 지도하지 않았어도 시간이 갈수록 유창성이 좋아지면서 복문이나 중-복문을 사용하는 문장이 늘어갔다. 물론, 다른 글이나 듣는 경험을 통해 자연스럽게 배웠을 가능성이 있다. 하지만, 정확성Accuracy에 있어서는 다른 결과를 보여주었다. 각각의 오류를 분석한 결과, 유창성이 늘면서 동시에 오류가 더 발생한 바람에 정확성에는 큰 차이가 없는 듯 보였지만, A와 B 학생 둘 다 향상되었음을 알 수 있었다. 그런데, 교사의 직접적인 교정을 받지 않고, 말이나 체크리스트를 통해 간접적으로 교정을 받은 B학생의 문장에서는 화석화의 모습이 두드러지게 나타났다.

화석화Fossilization는 중간언어의 오류가 굳어지는 현상으로 시간이 흘러가면서 자연스럽게 혹은 누군가의 교정에 의해 고쳐지지 않은 결과로 나타난다. 중간언어Interlanguage는 세링커 Selinker 학자가 사용한 용어로 학습자의 모국어와 목표어 사이에 존재하는 중간적인 체계로 외국어 학습자가 사용하는 독특한 언어를 말한다. 다소 어려운 설명으로 들리지만, 예를 들어, buyed, catched와 같이 동사의 규칙동사를 배운 후에 보이는 이러한 오류를 말한다. B학생은 A학생에 비해 글의 정확성이 높은 학생이었기에 간접적인 교정의 방식으로 쓰기 지도를 할 수 있었다. 하지만, 교사의 직접적인 교정이 멈추자 이러한 중

영어 참견러's 중매 십계명

간언어가 화석화되는 현상이 계속 나타난 것이다. 최근에 한 성인이 내 글에 쓴 댓글을 통해서도 중간언어의 실체를 볼 수 있었다. 'I thinked.' think의 과거형인 'thought'라는 불규칙 과거형을 사용하지 않고 'think'라는 동사에 규칙 동사형인 -ed를 사용한 경우다. 이런 오류는 사실 영어를 배우는 과정에서 자연스럽게 보이는 과정이다. 하지만, 단어 선택이나 표현과 같이 스스로 교정하기 어려운 오류를 제때 교정하지 않으면 이와 같은 화석화의 문제가 생기는 결과를 보여준다.

정리하자면, 영어 중매쟁이의 첨삭은 필요하다. 하지만 학생들의 모든 오류에 대해 100% 교사가 교정해야 한다는 부담감을 가지지 말자. 학생의 수준과 문법 발달 단계에 따라 꼭 필요한 오류만 수정하도록 스마트한 피드백이 필요하다. 그렇다면 발달 단계는 어떻게 알 수 있을까? 언어 학습자의 문법적인 형태소의 발달 단계에 대한 지식도 필요하다. 공부할 여건이 안 된다면 학생의 글을 잘 관찰하기만 해도 어느 정도 보일 것이다. 모든 오류를 일일이 다 교정하는 것이 아니라 학생 스스로 교정할 수 없는 오류를 중심으로 교사가 교정하자. 또한, 학생 스스로 교정할 수 있는 오류는 스스로 교정 가능한 방법을 찾아 제시해 보자. 문법 체크리스트를 만든다든지, 오류를 수정할 수 있는 앱을 같이 이용한다든지의 방법을 찾아보자. 시간도 절약되는 효과적이고 효율적인 쓰기 지도가 될 것이다. 학

생의 자율성도 역량도 동시에 키워질 것이다. **자, 이제 홀인원 하러 갑시다!**

　참, 출발 전에 반드시 챙겨가야 할 3S 클럽club이 있다 그것은 바로 Study, Smile, 그리고 Skill이다. 영어를 중매하는 과정에서도 황금의 삼위일체가 등장한다. 이 세 가지는 영어 중매를 위한 가장 기본적이고 중요한 3의 역할을 하기에 황금의 삼위일체Golden Trinity 라고 부르고자 한다. 또한, 〈영어 연애 십계명〉을 기억해야 한다. 왜냐하면, 영어를 배우는 방법과 가르치는 방법은 서로 하나의 끈으로 연결되어 있기 때문이다.

- The 4th. Milestone -

The Golden Trinity of Matchmaking

　　　　　　　　　영어 참견러's 중매 십계명

오, 오직 영어를 사용하라
TEEing

팅Teeing이란 골프공을 치기 전에 티 그라운드에서 티Tee라고 불리는 스탠드Stand에 공을 올려놓고 타격할 준비를 하는 것을 말한다. 골퍼가 아니더라도 영어를 가르치는 교사라면 Teeing을 해야 한다. 그것은 **바로 영어를 영어로 가르치는 것** TEE: Teaching English in English을 말한다. **영어라는 언어를 가르치는 교사는 기본적으로 수업할 때 영어로 말을 하고 쓸 줄 알아야 한다.** 이 말은 단순히 교실영어를 사용하는 것을 말하지 않는다. 교실영어Classroom English란 말 그대로 교실에서 자주 사용되는 영어표현이다. 영어를 가르치는 교사라면 교실에서 사용되는 기본적인 영어표현은 당연히 연습해야 한다.

딸아이 고등학교 시절에 학교 공개 수업Opening Class에 참여한 적이 있다. 영어 수업에서 교사가 간단한 교실영어를 사용하더니, 한 학생에게 교과서를 읽게 하고 단어의 뜻도 학생들에게 묻고는, 수업을 종료하는 것을 보았다. 이렇듯 교실영어 몇 마디를 사용하는 정도의 수준에 머물러서는 절대로 영어를 언어답게 가르칠 수 없다. 영어 그라운드에서 홀인원이나 이글 Eagle, 아니 파Par라도 할 확률을 높이는 가장 빠르고 효과적인 방법은 영어교사가 영어를 영어로 가르치는 것이다.

영어를 영어로 가르치기 위해서는 유창성과 정확성을 높여야 한다. 유창성Fluency이란 말이나 글을 통해 표현할 때 끊기거나 막힘없이 자연스럽게 말하거나 쓸 수 있는 능력이다. 정확성 Accuracy이란 문법적인 오류나 어색한 표현 없이 정확하게 말하거나 쓸 수 있는 능력이다. 영어를 실제 삶에서 사용하고자 배운다면 정확성보다는 유창성에 무게를 두어야 한다. 영어를 가르치는 교사라면, 두 가지 실력을 갖추기 위해 노력해야 한다. 전체적인 영어 능숙도Proficiency를 갖추는 것이 기본이기 때문이다. 골프 경기에서 드라이버를 사용해 거리가 좀 나온다면, 그 후론 정확한 샷Shot이 중요하듯이 어느 정도의 유창성을 익혔다면, 정확성을 위해 노력해야 한다.

영어 원어민의 말을 듣다 보면, 정확성이 낮은 경우를 종종 보게 된다. 미국에서 아랫집에 살던 미국 여성과 대화할 때, 종종 그녀는 이런 표현을 쓰곤 했다. "He don't like pizza." 그래서 내가 잘못된 표현이 아니냐고 질문을 했더니 바로 인정을 한다. 그리곤 또다시 그렇게 말을 하는 것이다. 원어민에게도 정확성은 그리 중요한 문제는 아니다. 하지만, 영어를 가르치고자 한다면 정확하고 자연스러운 표현을 사용하려고 노력해야 한다. 물론, 이것은 영어로 말하는 도중에 나오는 실수 Mistake를 말하는 것이 아니다. 완벽한 인간이 없듯이 완벽한 언어를 구사하는 사람도 없다. 하지만, 영어와의 연애를 위해서

는 하루 삼세번 연습이라면, 영어와의 중매를 위해서 하루 삼세번을 세 번은 더 연습해야 한다. 학습자가 교사에게서 잘못된 표현을 배울 수도 있거니와, 교사가 제대로 된 정확한 피드백을 줄 수 없을 것이기 때문이다. 따라서 교과서적인 표현이 아닌 실제 사용하는 생생하고 살아있는 영어 자료를 꾸준히 듣고, 읽고, 쓰고, 말하는 연습이 필요하다.

 그렇다면, 어느 정도의 유창성과 정확성, 즉 영어 능숙도를 키워야 할까? 언어를 배울 때 우리의 뇌는 모국어로 해석하거나 이해하는 과정을 반드시 거치게 된다. 하지만 외국어, 즉 목표어Target Language를 그대로 듣고 말하게 되는 전환의 순간이 오는데, 그 시기와 범위는 개인의 노력에 따라 달라진다. 영어 중매쟁이는 우리말을 영어로 번역하는 과정 없이 바로 영어로 생각하는 모드Mode로 전환되는 정도의 수준에 이르도록 노력해야 한다. 사실, 나도 완벽하게 100% 영어로 수업을 할 수 있는 것은 아니다. 때로는 적절한 단어나 표현이 기억이 나지 않아 입안에서 맴돌거나 제대로 표현하지 못하기도 한다. 쓰기 지도를 할 때도 문장 구성력의 부족함도 느낀다. 예전엔 당황하거나 창피했다. 하지만 이제는 학생들과 함께 스마트폰을 이용해 검색하면서 함께 배움의 시간을 가진다. 통역기나 번역기를 이용하다 보면 모든 영어를 한국어로, 모든 한국어를 영어로 전환할 수 없는 한계도 알게 된다. 그러한 시간을 통해 한국어와

영어의 차이를 알게 됨으로써 언어의 다양성과 독특함도 배운다. **디지털 네이티브들은 교사를 완벽한 지식을 갖춘 지식 제공자로 보지 않는다.** 왜냐하면, 그들이 원하는 지식이나 정보를 스스로 찾아볼 수 있기 때문이다. 그러므로 영어로 영어를 가르치기 위한 노력은 꾸준히 하되, 너무 큰 부담을 가질 필요는 없다.

공을 정확하게 보내기 위해 드라이버 대신에 우드나 유틸을 쓸 때가 있는 것처럼, 효과적인 수업을 위해 우리말을 사용해야 할 때가 있기도 하다. 영어로 장황하게 설명해야 할 어휘나 표현인 경우, 우리말로 간단하게 설명하는 것이 빠르고 효과적이다. 배우는 학생들의 수준과 나이와 심리적인 부분, 그리고 수업 내용이나 커리큘럼에 따라서 달라지기도 한다. 수업 전에 미리 영어 사용 비율을 대략 정하고 수업을 진행하는데, 가능한한 그 비율을 벗어나지 않으려고 노력한다. 사실, 영어는 단어마다 강세가 있고, 문장마다 리듬이 있기에 우리말보다 에너지 소모가 많은 언어다. 그래서 수업 중에 우리말을 하고 싶은 유혹에 빠지곤 한다. 특히, 교사가 기대한 것보다 학생들이 영어를 이해하지 못할 때 더욱 그렇다. 그럴 때일수록 미리 정해놓은 각 수업에서의 영어사용 비율을 사용하도록 노력한다. 예를 들면, 유치부는 40-60%, 초등부 60-80%, 중등부 40-60%, 고등부 20-40% 정도로 영어에 비중을 두고 수업한다. 이러한

비율은 학생들의 수준과 심리적인 부분 그리고 학교의 커리큘럼을 고려하여 나 나름대로 정한 것이다. 영어로 수업하는 것을 알고 찾아와 상담하는 부모님은 100%로 영어를 사용해 주기를 원한다. 물론 영어 능숙도가 높은 학생이라면 100% 영어로 수업을 하기도 하지만, 그런 방식은 그리 효과적이지 않다. 그래서 **문법 지도나 장문의 어려운 독해를 가르치는 경우, 영어로 설명하기 어려운 개념은 우리말로 하는 것이 효과적이고 효율적이다.**

 고등학생을 지도하는 경우 내신과 수능 준비로 인해 대부분 긴 지문을 읽고 이해하는 내용이기에 영어로 설명하는 것은 비효율적이다. 영어 지문을 읽고 한글로 해석해도 이해하지 못한 채 암기하는 방법을 택하는 학생들이 많기 때문이다. 이토록 지문 이해력이 부족한 이유는 한글 독서를 통한 기본적인 지식과 사고력이 부족하기 때문이다. 또 하나는 단편적이고 조각적인 정보를 편집하여 지문을 만든 결과, 전체적인 내용의 의미와 핵심을 이해하기 어렵게 만든 출제자들도 한몫한다. 게다가 온라인에서 손쉽게 얻은 감각적이고 단편적인 글과 그림 또는 영상에 익숙해진 학생들은 점점 더 이러한 지문에 대한 이해력이 문제가 되리라 본다. 따라서 다양한 영역의 책을 읽고 질문하고 토론하는 등의 방법을 통해 학생들이 깊이 사고하고 지식을 연결하는 능력을 키워나가도록 도와야 한다.

대부분 학생과 부모들은 한국인인 비언어권 교사NNT, Non-Native Teacher보다 영미권 원어민 교사를 선호한다. 유창성이 한국인과는 비교가 되지 않을 정도로 뛰어나기 때문이다. 학부모를 대상으로 한 여론 조사에서도 원어민 선호도가 높게 나온다. 꼭 여론조사가 아니더라도 원어민에게서 제대로 된 영어를 배울 수 있으리라 생각한다. 그래서 조기 교육Early Education, 몰입 교육Immersion, 국제학교, 외국인 학교, 조기 유학 등 제대로 된 영어를 가르치려고 높은 비용을 들이고 가족분리와 같은 아픔도 감수하는 것이다. 실제 영미 원어민 교사 한 명 정도는 최소한 초, 중학교에는 상주하도록 해야 한다고 생각한다. 초, 중학교에서 원어민이 상주할 때만 해도 학생들의 영어 말하기 실력과 영어에 대한 흥미가 상당히 높아져 있음을 느낄 수 있었다. **원어민과 함께 한국인 영어 선생님이 협력한다면 혹은 교사들 간에서도 서로 피드백을 주고받는 시스템을 만든다면 학생들과 교사들의 영어 능숙도는 좋아질 것이다.**

미국에서 이웃으로 지낸 스티브Steve는 조기 은퇴한 회계사다. 한국을 좋아해 테솔 단기과정을 밟은 후 일 년간 우리나라 고등학교에서 영어를 가르치기도 했다. 그는 미국 뉴올리언스 남부 출신으로 발음이 듣기 어려워 애를 먹기도 하였다. 그분이 수업을 잘했는지는 모르겠지만, 아마 학생들도 나처럼 힘들었을 것이다. 무조건 원어민이 영어를 가르치는 것이 좋은 것은

아니다. 오히려 티칭 기술Teaching Skill을 익힌 우리나라 영어교사의 수업 질과 효과가 그렇지 못한 원어민보다 뛰어나다는 연구도 있다. 우리나라 영어교사들은 학생들과 우리말로 소통할 수 있고 학생들과 같은 사고와 문화 속에 있기에 설명과 비유 등의 방법으로 원어민보다 질 높은 수업을 할 수 있다는 장점이 있다. 남편은 필리핀 사람과 전화 영어를 한 적이 있다. 필리핀과 같이 일상생활에서 영어를 공용어로 사용하는 사람들은 우리나라 사람과 비교해서 영어 유창성이 좋다. 물론 발음과 어휘 수준에 대한 불만이 있긴 하지만 그들은 한국이나 중국의 어린이들로부터 성인에 이르기까지 몇 마디 대화 상대가 되어주느라 새벽부터 밤까지 분주하다. 그들에게는 대단히 좋은 수입원이 되어 좋겠지만 한국의 수준 높은 교사가 없어, 낯선 땅의 사람들에게 생활 영어를 배우는 상황이 그저 안타깝다. 한국인 영어교사보다 필리핀 영어교사를 선호하는 모습을 볼 때, 우리나라 영어교사의 입지가 이토록 좁아진 것을 과연 누구의 탓으로 돌릴 것인가?

우리나라 교사들의 동료 간 피드백을 통해 발전해 나가는 하나의 주요한 방법이 있다. 그것은 교사들 간의 피드백이다. 테솔 대학원 수업에서 내가 제일 좋아하고 기억에 남는 활동은 듣기 말하기 수업과 교수법 수업에서 각자 자신의 수업을 비디오로 촬영한 후에 피드백을 주는 것이다. 사실 교사들이 가장

싫어하는 수업이기도 하다. 비디오를 촬영하고 업로딩Uploading 하는 절차보다는 자신의 부족한 모습을 보여줘야 한다는 부담 감 때문이다. 하지만 이런 비디오 촬영을 통해 스스로 자신의 수업을 평가해 볼 수 있게 된다. 또한, 다른 교사의 수업을 통해서 수업 진행 방식이나 기술 혹은 태도도 배울 수 있게 된다. 이러한 비디오 촬영을 하는 동안 학생들은 긴장하면서도 적극적으로 수업에 임하는 것을 볼 수 있다. 어떤 학생들은 주변 분위기와 자세도 신경 쓰면서 어떻게 찍어야 하는지 위치를 확인하기도 한다. 비디오 촬영할 당시에 우연히 TED 강연에서 빌 게이츠, 전 마이크로소프트 회장이 수업의 질을 높이고 학습 효과를 높이기 위해서는 교실에서 이루어지는 수업을 촬영해서 공유해야 한다고 주장하는 것을 보았다. 그는 비디오 촬영을 통해 능숙한 교사들의 수업 스킬과 기술을 배우게 함으로써 교육의 질을 높일 수 있다면서 교사수업 촬영을 통한 피드백의 중요성을 말하였다. 요즘은 유튜브를 통해 자신의 수업을 공개하기도 하고 강의도 하는데, 바람직한 현상이라고 본다. 서로 나누고 공개하고 피드백을 주고받는 등의 노력을 교사들이 먼저 시작해야 발전하는 것이다. 얼마 전부터 1년 차 영어 학원 교사인 안젤라와 함께 어떻게 문법을 가르치는지에 대한 비디오를 촬영해 유튜브 〈영어 참견 TV〉에 공개하였다. 안젤라는 학부에서는 기독교 교육을 석사에서는 상담을 전공하였기에 영어 티칭 이론이나 기술 등에 대해 배운 적이 없다. 하지만,

영어 참견러's 중매 십계명

어린 시절 외국에서 생활한 경험으로 인해 영어 말하기가 능숙해 학원에서 초등학생을 가르치게 되었다고 한다. 영어 중매쟁이가 되고자 한다면 아무리 영어 지도에 대한 경험이 없더라도 영어로 말하는 데 큰 어려움이 없어야 한다. **그 후, 어떻게 가르칠 것인가에 대한 고민과 배움을 통해 성장해 나가면 되는 것이다.**

AI 시대에 영어 통역기와 번역기가 날마다 업그레이드되어 나오고, 영어 챗봇Chatbot까지 등장하였다. 앞으로는 AI가 영어 원어민의 자리를 대체할 것이다. 번역, 통역사뿐만 아니라 영어 비원어민인 한국인 영어교사들의 입지도 흔들릴 것이다. 이런 시대이기에 **더더욱 영어를 중매하는 교사가 되기 위해서는 영어로 자연스럽게 수업을 할 수 있어야 한다.** 우리나라는 영어를 외국어로 배우고 있는 환경이기에 일상에서 영어로 말하거나 쓰는 노력을 해야 한다. 이러한 노력은 영어 중매쟁이부터 시작되어야 한다. 영어를 영어로 소개해야만 소개받는 이들도 영어가 누구인지 알게 되고, 영어와 친해지는 계기가 될 것이다. 그래서 더더욱 팅~이다.

- The 5th. Milestone -
Teach English in English!

육, 육하원칙으로 질문하라
5 W1 H

한국인 자녀: 학교에 다녀오겠습니다!

한국인 부모: 그래, 선생님 말씀 잘 듣고 와!

방과 후에,

한국인 부모: 오늘은 무엇을 배웠니|What did you learn?

자녀가 학교에 갈 때 우리는 습관적으로 "선생님 말씀 잘 들어!"라고 말하곤 한다. 이 말은 기본적으로 학교에서 생활할 때 바른 태도를 가지라고 말하는 것이기도 하지만, 수업에 집중해서 잘 들으라는 말도 포함이 될 것이다. 서울대 학생들을 대상으로 한 교육 다큐멘터리를 시청한 적이 있다. 교수가 말한 것을 하나도 빠짐없이 필기를 한 학생들, 심지어 교수가 든 예화나 유머까지 기록한 학생의 성적이 우수하다는 결과가 나왔다. 그것을 보고 있자니, 저렇게 해야 한다고 말을 하는 것인지, 문제가 있다는 것인지 분간을 할 수가 없었다. 그것은 우리나라의 현 교육의 모습을 적나라하게 보여주고 있는 예다.

좋은 대학을 가기 위해, 좋은 성적내신을 받기 위해서는 선생님이 말한 것을 하나도 놓치지 않고 기록해서 암기해야 한다. 그러한 교육 시스템에 맞춰가려면 선생님의 말씀을 잘 들어야 한다. 실제, 교사가 가르치지 않거나 말하지 않은 것이 시험 문제에 출제된 경우 항의하는 학부모와 학생이 있기도 하다. 심

지어 고등학생들의 영어공부는 오직 수능을 위해 기출 모의고사와 EBS 교재를 3년간 암기하는 식이다. 그 내용도 주로 단편적이기에 비판력이나 사고력을 키울 수도 없다. 하지만, 이러한 교육 시스템과 평가 방법에 대해 아무런 문제를 제기하지 않는 우리나라가 나에겐 '이상한 나라'다.

2007년 미국에 거주하는 동안 아들의 사고로 병원에서 물리치료를 받기 위해 대기하던 중에, 오바마 전 미국 대통령에 관한 기사를 읽게 되었다. 그때만 해도 난 그가 대통령이 되리라고는 상상도 못 했기에 그가 대통령이 되자 놀란 기억이 있다. 그런데 나를 더욱 놀라게 한 것은 2009년도에 "한국의 교육을 배워야 한다"는 그의 말이었다. "미국의 어린이들은 매년 한국의 어린이들보다 학교에서 보내는 시간이 1개월이나 적다"며 "새로운 세기의 도전은 학교 교실에서 학생들이 더 많은 시간을 공부해야 하며, 한국에서 그렇게 한다면 여기 미국에서도 할 수 있다"라고 말했다. 미국의 일부 지역에서 시행되던 강력한 학교개혁 조치를 전국으로 확산시키겠다는 것이었다. 일부 언론은 오바마 행정부의 이런 개혁정책이 한국을 모범으로 삼은 것수업시간 증가이라거나 또는 한국이 모범으로 삼을 만한 것강력한 학교개혁이라는 식으로 보도하기도 했다.

하지만, 한국인 부모들은 "유대인의 교육을 배워야 한다"라고 말한다. 세계 인구의 0.2%에 불과하지만, 역대 노벨상 수상

자의 22%를 차지하는 동시에 세계 곳곳에서 존재감을 드러내는 유대인들을 자녀교육의 롤 모델로 삼고 싶어 한다. 그래서 유대인들의 탈무드나 토론식 교육법인 하브루타를 공부하기도 한다. 하브루타Havruta는 히브리어인 하베르Haber, 친구에서 유래한 단어로 2인 1조가 짝을 지어, 질문하고 대화하고, 토론하고 논쟁하는 교육방식이다. 아이들의 질문에 바로 답하지 않고 생각하도록 대화와 토론을 이끌어 주는 것이다. 이스라엘은 청년 예수를 십자가에 못박은 후, 73년 로마와의 마지막 항쟁인 마사다 전투를 끝으로 나라가 망하게 되었고, 1948년에 이르러 건국을 선포한 나라다. 유대인들의 뛰어남은 약 1900년간 나라를 잃고 타국살이를 하던 민족성에서 나온 것이다. 생존을 위해 배운 외국어 실력이 뛰어난 덕분이기도 하지만, 조상 대대로 전해 내려온 모세의 율법인 모세 오경과 토라 등의 책을 매일 읽고 암기한 덕분에 죽을 위기Languicide: language+suicide 언어가 사라지는 상황에 놓인 히브리어도 다시 살릴 수 있었다. 하지만 난 그들이 우리와 다른 특별한 점을 육하원칙에서 찾아보았다.

유대인 자녀: 학교에 다녀오겠습니다!

유대인 부모: 그래, 모르는 거 질문하고 와!

방과 후에,

유대인 부모: 오늘은 무엇을 질문했니What did you ask?

유대인의 부모는 우리와 달리 자녀에게 '무엇을 질문하였는

지'를 묻는다고 한다. 진정으로 '무엇을 배웠는가'라는 질문과 토론을 통해서이기 때문이다. 바로, 육하원칙六何原則을 사용해 질문과 토론을 하는 것을 말한다. 육하원칙은 누가Who, 언제 When, 어디서Where, 무엇을What, 어떻게How, 왜Why라는 질문을 하는 것이다. 이러한 육하원칙은 주로 신문기사나 보도문에서 작성되는 여섯 가지 기본 요소로 정확한 정보를 전달하기 위해서도 필요하다. 논리력과 사고력을 키워줄 수 있는 기본 요소이기도 하다.

아트 마크먼Art Markman은 『Smart Thinking-앞서가는 사람들의 두뇌습관』에서 어떤 사물의 원리에 대한 사고능력은 새로운 문제를 해결하는 데 중요하다고 한다. 그렇기에 원인과 결과에 대한 추론과 질문을 해야 한다. 또한, 전문가는 인과 지식을 가지고, 지식의 질을 높여야 하는데 이것이 바로 스마트한 생각이라고 한다. 아르키메데스가 자신의 몸과 왕관과의 유사성정렬 가능한 차이점으로 왕관의 부피와 무게를 통해 밀도를 계산 Law of Displacement했던 것도 지식과 새로운 경험 사이의 유사점을 찾는 스마트한 생각에서 나온 것이다. 스마트한 생각을 하기 위해서는 질문이 반드시 필요하다.

왜 질문이 필요할까? 라는 질문을 해본다. 질문은 나에게는 자동차의 핸들과 같다. 자동차는 나의 뇌이고, 키를 사용하지 않으면 절대 움직이지 않는 고철 덩어리에 불과하다. 생각 여행

을 떠날 때마다 이 질문이라는 핸들을 사용해 왔다. 질문에 따라 여행시간도 달랐다. 중등교사 임용고시 필기에서 두 번 합격 후에도, 학교에서 어떻게 영어를 제대로 가르칠 것인가에 대한 답을 찾지 못해 면접을 제대로 준비하지 않았다. 그 생각 여행은 『이 땅의 교사로 서기 위하여』라는 책을 읽고 나서도 계속 진행되었음을 알 수 있다. 물론 안정된 직장에 학교 교사라는 자리기에 미련이 아예 없었던 것은 아니었다. 하지만, 오랜 시간 질문을 통해 자리 잡은 사교육 시장에서 학생들을 가르친 그 시간은 너무나 소중한 추억이었고 인생의 의미도 찾을 수 있는 귀중한 시간이었다. 질문이 없었다면 불가능한 일이었을 것이다.

19세기 말엽 노벨상 수상 작가인 키플링의 시Poem를 읽어보면 육하원칙을 어떻게 사용해야 할지에 대한 생각이 확실해진다.

I Keep six honest serving-men나에게는 여섯 명의 정직한 하인이 있네. Their names are what and why and when and how and where and who그들의 이름은 무엇, 왜, 언제, 어떻게, 어디서 그리고 누구라네!

육하원칙5 W1 H은 의문사의문의 죽음?다. 질문은 학생들과 함께 탐정 놀이를 하듯 해답을 찾는 놀이에서도 유용하다. **수업에서 가장 중요한 티칭 기술 중 끌어내기Eliciting하는 과정은 대부분 질문으로 시작된다.** 이 과정은 주로 실제 물건이나 그림 등을 보여주면서 질문을 통해 학생들의 관심을 끌고 학생들이 배우

영어 참견러's 중매 십계명

고자 하는 지식을 어느 정도 알고 있는지 확인하는 과정이다. 문법 수업을 할 때도 바로 규칙에 관한 설명을 하기에 앞서 사물을 가지고 질문과 함께 직접 시범을 보여주면 문법의 규칙을 재미있게 배우게 된다. 또한, 리딩 수업을 할 때도 글의 그림, 제목, 배경 혹은 주인공 등에 대한 질문을 통해 자연스럽게 이야기를 나누도록 도와준다. 이런 과정에서도 육하원칙은 유용하게 사용된다. 학습자들의 관심과 주의를 끌게 하면서 동시에 생각하고 집중하게 하는 효과가 있다. 그렇다고 한꺼번에 6가지 질문을 다 해야 하는 것은 아니다. 글을 읽는 중간에도 다양한 질문을 통해 상상력과 추론력 혹은 창의적인 생각들을 유도할 수 있다. 육하원칙은 읽기 과정이 끝나고 나서 얼마나 이해를 했는지를 알기 위한 질문을 할 때도 사용된다. 이 과정에서, 말하기 연습도 하고, 이해력도 점검할 수 있게 된다. 수준에 따라 간단한 OX 퀴즈Quiz를 하기도 하고, 문장으로 대답하도록 지도한다. 이렇게 읽고 말하고 들은 내용을 글로 쓰는 과정에서도 육하원칙은 유용하다. **자신의 생각을 쓰고 발표하는 과정에서 영어의 4가지 영역을 한 번에 배우게 되는 것이다.** 한 마디로, 질문을 이용한 홀인원이 가능한 비법이기도 하다.

그렇다면 어떻게 홀인원을 할 수 있는지 『The Magic Cooking Pot』 책을 통해 간단하게 예를 들어 설명하고자 한다.

책을 골랐다면, 책 표지에 있는 그림과 제목을 보면서 질문한다. 이것은 끌어내기 Eliciting의 과정으로 수업에 관한 관심을 끌어내는 동시에 학생의 이해도Comprehension를 미리를 점검하는 단계다.

Q1: What do you see?

A : a girl and a pot.

Q2: Oh, we see a girl and a cooking pot. Do you think that she is happy?

A: No.

Q3: Why not?

A: I don't know.

Q4: Then, what can you do with the pot?

A: Cooking!

Q5: Okay, Do you like cooking? Have you ever made any food?

A: Yes, fried eggs and Ra-myun.

Q6: Oh, I feel hungry. I'd like to eat some Ra-myun.

이런 질문과 대답을 통해 학생들의 관심과 흥미를 끌어내어 주면, 내용이 점점 궁금해지기 시작한다.

The 2nd. Step

중매쟁이의 음성으로 천천히 내용을 읽어준다. 육성이 중요하기 때문이다. 이 과정에서 학생과 같이 따라 읽어도 좋다. 이야기에 대한 간단한 설명과 함께 모르는 단어와 표현도 설명해 준다. 이 과정에서도 질문한다.

Q6: Did you find the reason why she looks unhappy?

A: Yes, she is hungry.

Q7: Why is she hungry? A: There is no food in the house.

Q8: What do you do when you feel hungry? A: Ask mom, or I cook!

Q9: Look inside her house. What is in there?

A: A pot and a table, etc.

Q10: What is in your house or in the kitchen?

A: There are many things, like sofa, tables, beds, and so on.

The 3rd. Step

음성파일을 들려주면서 같이 따라 읽는다. 쉐도우 리딩 과정이다. 이러한 연습을 삼세번 하면 유창하게 읽게 된다. 이 과정에

서 반복되는 문구에선 책을 보지 않고 서로 얼굴을 보면서 말한다.

The 4th. Step

유창하게 읽게 되면, 질문이나 OX 게임을 통해 이야기에 대한 이해도를 확인한다. 이 단계에서 말로 글 요약을 한다.

Q11: Who can summarize this story?

The 5th. Step

이야기에 관한 자신의 의견이나 생각을 말하도록 유도하고, 사고를 확장하는 질문을 한다. 내가 배고픈 상황과 소녀의 배고픈 상황을 연결 한다면 음식에 대한 감사와 함께 배고픈 사람에게 관심도 가지게 될 것이다. 배고픈 상황에서 어떻게 문제를 해결해 나갈 수 있는지도 생각하면서 문제해결 능력도 길러보자.

Q12: What do you do if you forget something important?

Q13: If you get this kind of magic pot, what do you want to get from it?

Q14: If you find someone who is hungry, what are you going to do?

Q15: How could we help them?

글쓰기 과정 후에 발표한다. 발표한 내용에 대해 친구들이 질문하도록 유도한다.

Q 16: What do you think of the idea of your friend?

글쓰기도 다양하게 할 수 있다. 나이나 수준에 따라 그림을 그리거나 요약하거나 자유 글쓰기를 한다. 이 과정에서도 영어로 말하는 시간은 이어진다.

1. 자신의 Magic pot을 그린다.
2. 원하는 음식이나 원하는 물건을 그리면서 대화를 한다.
3. 주위에 배고파하는 누군가가 있는지를 이야기한다. 동물이 될 수도 있고, 아프리카 아이들이나, 홈리스 등의 대답이 나온다.
4. 음식이나 자신이 가진 것이 넘치는 경우, 어떻게 할 것인지에 대해 이야기를 나눈다. 자신의 것을 누군가와 나누는 것에 대한 필요를 느낀다거나, 음식을 나누고 싶다는 말을 하면서 스스로 자부심을 갖는 모습을 보곤 한다.

글 쓰는 과정은 위와 같이 글을 읽거나 배운 후에 하는 독후

활동Post Activity을 말하는 것으로 읽은 내용과 관련하여 사고력을 키우는 활동이다. 또한, 책을 통해 배운 단어와 표현을 삶의 현장에서 바로 사용하거나 생활과 연관 지어 생각하고 적용함으로써 살아있는 배움이 되도록 하는 것이다. 이런 과정을 거친다면 굳이 외우지 않아도 장기기억으로 남게 된다. 질문하지 않고 교사가 설명한 내용을 받아적거나 외우기만 해서는 우리의 사고가 확장되지 않는다. 그러므로 육하원칙5 W1 H을 사용해 학생들에게 질문을 수시로 던지는 교사가 좋은 교사다. 이러한 간단한 과정에서 홀인원을 하였음을 보았을 것이다. 읽고, 듣고, 말하고, 쓰는 4가지를 한 번에 한 것이다.

영어를 배우면서 영어보다 중요한 인생의 가치와 의미, 그리고 함께 사는 법을 알도록 하는 것이 좋은 중매쟁이의 역할이자 역량이다. 이러한 육하원칙을 이용한 홀인원을 통해 숨어있던 잠재력을 최대한 끌어올려 주는 교사라면 AI를 이기려고 애쓸 필요가 없게 될 것이다. 오히려 인간이 생각하는 수준으로 업그레이드 되지 못하는 AI가 거추장스럽게 여겨질 것이다.

- The 6th. Milestone -

Ask WH-Q!

칠, 칠판만 사용하지 말라
Do not Use just a Board!

일 년에 한 번씩 세상 구경삼아 방문하는 곳이 있다. 그곳은 재래시장이나 쇼핑몰이 아닌, 코엑스 교육 박람회다. 그곳에 가면 AI 시대에 필요한 다양한 물건을 구경할 수 있다. 코딩을 위한 각종 세트와 3D 프린터로 만든 장난감들이 보인다. 특히, 전자칠판이 눈길을 끈다. 초등시절, 수업이 끝나자마자 창가에 서서 블랙보드를 닦은 지우개의 뽀얀 먼지를 마시며 눈을 감고 탁탁~털던 기억이 난다. 뭔가 교실에서 일어나는 성스러운 일로 여기곤 했다. 다음 수업을 준비하는 의례라고나 할까?

학창 시절, 내 기억에 있는 거의 모든 교사는 수업시간 반 정도를 칠판에 적고, 그리고 나머지 절반은 그 내용을 설명하거나 읽어주었다. 수업 종이 치기까지 난 내용의 대부분을 이해하지 못하였지만, 질문할 수가 없었다. 왜냐하면, 쉬는 시간을 조금이나마 넘겼다가는 다른 친구들뿐만 아니라 선생님께도 실례가 되었기 때문이다. 또한, 나의 무지를 드러내는 것 같아 그냥 아는 체하고 넘어갔다. 아니, 학생들에게 질문을 던지는 교사도 없었다. 그저 칠판에 무엇인가 쓰고, 설명하였고, 학생들은 받아 적었다. 그리고 시험을 위해 무조건 외우고 4지선다 답안지에 답을 표시하는 것이 전부였다. 무의미하다고는 할 수

없겠지만, 참 재미없는 시간들이었다. 시대가 변하면서 화이트보드와 다양한 색의 마커Marker가 나오더니, 이제는 전자칠판에 멋진 전자 펜Electronic Pen이 나왔다. 이렇듯 시대에 따라 칠판의 색과 필기도구의 형태가 바뀌고 있다. 전자칠판은 가격이 너무 고가여서 살 수도 없지만, **교사들이 가능한 칠판만을 사용하지 않길 바란다.**

토드 로즈의 『평균의 종말』에 의하면, 1차, 2차 산업혁명의 시대를 거치면서 산업 근로자와 관리자를 양성하기 위해서 그리고 효율성을 극대화하기 위해서 시스템에 맞는 평균적 인간을 양성하기 위한 공장식 학교교육이 이루어졌다. **표준화된 시스템에서는 개개의 인성이 무시되는 테일러주의적인 방식으로, 평균적인 인간을 만들어내는 방식으로 운영되었다.** 테일러는 1890년대부터 평균 방법이 오류를 최소화해 준다는 가정하에 효율성을 극대화하기 위한 비전으로 표준화를 주장하였고, 그러한 방식이 지금까지 거의 모든 산업과 교육 전체에 영향을 미친 것이다.

그 후, 시간이 흘러 난 교사 지망생이 되어 칠판에 필기하는 법을 배우게 되었다. 왼쪽부터 깔끔한 글씨체로 필기하는 법을 배웠다. 수업 중 칠판을 사용할 때가 있긴 하다. 어떤 단어의 세부적인 부분을 영어로 설명하거나 중고등 학생에게 문법을

영어 참견러's 중매 십계명

설명하기 위해서도 필요하고, 때로는 그림을 그리기도 한다. 가끔 피카소가 되어 학생들에게 웃음을 주곤 하지만, 가능한 학생들과 얼굴을 마주 보고, 눈을 맞추면서 꼭 필요할 때만 사용하려고 애쓴다. 왜냐하면, 필기하는 동안에는 학생들의 표정을 읽기 힘들고, 또 하나는 내 교실의 책상은 원탁Round Table이기 때문이다. 교사와 학생들이 소통하는 수업, 그리고 학생과 학생이 서로 대화를 나누는 수업을 원했기에 일률적으로 교실 정면에 있는 칠판을 보는 위치가 아니라 서로 바라볼 수 있는 환경을 만든 것이다. **학생의 몸짓과 표정에 초점을 맞추는 것이 중요하기 때문이다.**

요즘 학교의 수업을 참관해 보면, 칠판만 사용하는 교사들은 점차 줄어들고 있다. 칠판 대신 PPT 자료를 이용하여 수업을 진행하는 것을 보게 된다. 수업 전에 미리 보충 자료를 준비하여 시간도 절약되기에 바람직한 모습이긴 하다. 칠판의 주 기능은 학생들에게 수업의 내용을 전달하기 위함이다. 말보다는 글로써 정확하고 분명하게 지식을 전달하고자 하는 것이다. 하지만 이제는 이러한 강의식 수업을 통해서만 지식을 전달하는 방식은 전면 바뀌어야 하는 시대이다. 왜냐하면, 대부분 모든 지식은 **인터넷을 통해 팔방에서 스스로 배우고 가르칠 수 있는 디지털 시대이기 때문이다.**

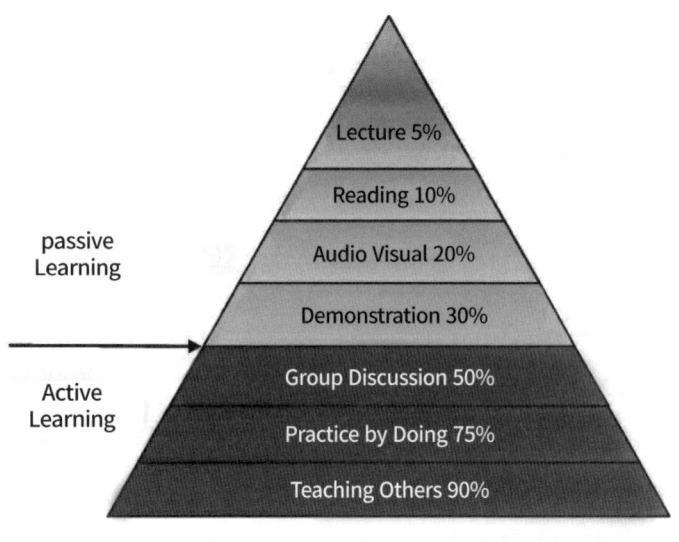

[The Learning Pyramid]

　　MIT 국립 교육 연구소National Training Laboratories에서 발표한 '학습 피라미드The Learning Pyramid'에 의하면 수업 후 24시간이 지나고 나서 평균 기억량Average Retention Rate을 살펴본 결과, **주입식 강의를 들은 학생들은 강의 내용의 5%밖에 기억하지 못하였다.** 학창시절, 강의식 위주의 수업을 들으면서 지루하고 집중하지 못했던 이유가 바로 여기에 있었다는 사실을 알려주는 반가운 연구결과다. 주입식 강의 외에도 수동적인 학습을 한 학생들의 기억량은 30% 미만이었음을 보여준다. 반면에 그룹 토론이나 타인을 가르친다거나 수업 후 배운 바를 직접 실행해 보는 등의 능동적인 학습을 한 학생들의 기억력 순위가 월등히 높음을 보여주고 있다. 또한, 교재 읽기만을 통해 배운

내용은 10%만 기억하였지만, 직접 다른 사람을 가르치면서 배운 내용은 거의 90% 기억한다는 것에 주목해 보자. 티칭은 곧 배우는 것Teaching is Learning이라는 것이 사실임을 입증해 준다. 각 학습법에 대한 소개를 자세히 살펴보면서 어떻게 가르칠 것인가에 대한 교훈을 얻어보자.

강의Lecture는 수동적인 학습법으로 자리에 가만히 앉아서 교사가 떠주는 밥을 먹듯이 정보를 듣는 형태로 비효율적이다. 하지만, 청각적인 학습자Auditory Learner는 그렇지 않은 학습자에 비해 이러한 강의를 자극적이고 교육적인 방법으로 여긴다. 강의는 학생들이 수업시간을 잘 지키고, 적극적으로 수업에 참여하고 노트필기Taking Good Notes를 잘할 때 효과적이다.

독서Reading는 강의보다는 효과적이지만, 여전히 정보를 얻고 기억하는 데 그리 효과적이지 않다. 하지만, 시각적인 학습자 Visual Learner에게 교과서를 읽는 것Reading Textbooks은 비-시각적인 학습자Non-Visual Learner에 비해 효과적이라고 할 수 있다. 교과서는 대부분 모든 수업에서 필수적인 방법이기에 효과적으로 읽기 위한 전략을 찾아볼 필요가 있다.

시청각 방법Audio-Visual Learning Methods도 20%만의 기억력을 가져다주었다. 시청각 도구Tools는 비디오Videos, 음향Sound, 사

진Pictures, 그리고 도표Graphs다. 미디어와 컴퓨터 기술의 발달로 인해 새로운 학습법과 조화를 이루면 더욱 효과적인 학습법이 될 것으로 예상한다. **메타버스 시대에는 이러한 시청각 방법이 주요한 학습법이 될 것이기에 주목하여야 할 것이다. 그런데, 이러한 시청각을 통한 학습도 설명이나 시범, 토론이나 직접 가르치기와 같은 능동적인 학습에 비해 우리의 기억력에 미치는 영향은 적다는 사실을 알 수 있다.**

설명 혹은 시범Demonstration은 가르치는 사람이 직접 시범을 보이는 것으로 활동적인 학습Active Learning 방법이다. 학생들에게 모호한 개념을 이해하기 쉽게 만들어 주는 학습법이다.

토론Discussion은 협력적이고 적극적인 학습법으로 학생들의 참여도를 높이고 사고력과 기억력을 높이는 방법으로 추천된다.

실제 해보기Practice (by) Doing는 발견학습Discovery Learning의 한 형태로 가장 효과적인 학습법 중에 하나다. 실제 학생들이 배운 것을 직접 해보는 것으로 이해도가 높아지고Deeper Understanding 장기기억Long-Term Memory이 생성된다. 이러한 활동은 개인적인 경험이 되기에 더욱 의미가 있다. 내가 학생들과 만들어 본 음식과 만들기 등의 활동이 여기에 속한다. **마지막으로 다른 사람을 가르치기Teaching Others는 마스터가**

되기 위한 키라고 설명한다. 다른 사람에게 정확하게 가르칠 수 있다면 그 개념은 마스터했다고 할 수 있는 것이다. 학생들 간에 친구 가르치기Peer Tutoring와 스터디 그룹Study Group을 통한 친구 간의 티칭Peer to Peer Teaching도 추천한다.

강의가 비효과적이라고 해서 중요하지 않다는 것이 아니다. 기억력과 관련한 연구이기에 이를 보완하기 위해 필기하는 방법도 있다. 하지만, 이 연구는 능동적인 학습과 티칭의 중요성에 대해 생각하게 하는 연구결과다.

그렇다면 4차 산업혁명과 디지털 시대에 어떻게 가르쳐야 할 것인가? 이미 여러 가지 다양한 방식이 시도되고 있다. 그중, 대표적인 학습법은 **거꾸로 학습**Flipped Learning**을 통한 혼합형 수업**Blended Learning**이다.** 하버드 의대, 경영대학원과 미네르바 스쿨에서도 사용하고 있는 거꾸로 수업은 수업 전에 미리 학생들이 강의를 듣고 오는 것이다. 수업시간에는 강의나 설명보다는 토의나 토론 혹은 실험 등을 통해 수업의 질을 높이고, 학생들의 참여와 상호작용을 높이고자 나온 수업 방식이다. 제대로만 이루어진다면 학습의 효율과 효과가 있는 수업의 형태임에는 분명하다. 우리나라에서 이러한 거꾸로 수업을 여러 학교에서 진행한 결과 장점과 단점이 나오게 되었다.

장점으로는,

첫째로 학생들이 미리 수업을 듣고 왔기에 수업 이해도가 높다.
둘째는 학생 수준에 따라 여러 번 반복해서 들을 수 있어서
중간 수준의 학습자에게 도움이 된다.
셋째는 교사의 강의에 대한 부담감이 줄었다.

단점으로는,
첫째로 인터넷이나 컴퓨터의 사용에 있어서 취약한 가정의
학생들은 학습에 어려움이 있었다.
둘째는 학습 의욕이 적은 학습자는 미리 듣고 오지를 않아서
수업 내용을 이해하지 못한다.
셋째는 교사의 부담감이 오히려 늘었다.

특이한 점은 교사에 대한 점이다. 장점과 단점이 겹치는 상
황이 된 것이다. 곧, **교사의 역량이 상당히 필요한 수업이라는
말이다.** 교사가 수업 전에 학생들이 예습하는 수업 자료, 특히
동영상을 제작해야 하는 부담감이 가장 크다. 또한, 수업 중에
토의나 토론을 통해 학습 내용을 다른 지식과 연계하거나 질문
을 통해 학생들의 사고력과 창의성을 키워야 하지만 방법도 지
식도 부족하다. 이러한 역량을 단기간에 키울 수는 없기에, 이
러한 '거꾸로 수업'은 교사들이 '고꾸라지게 만든 수업'이었던
것이다. 게다가 학부모들도 자녀들이 학교에서 배우는 것이 없
고, 교사들은 수업 중에 아무것도 하지 않는다고 말하며 반발

도 한다. 그러다 코로나 시대를 맞이하여 억지로 온라인 수업을 할 수밖에 없는 상황이 된 것이다. 지금의 온라인 수업에도 장, 단점이 있겠지만, 어떤 환경에서도 잊지 말아야 할 것은 더 이상 교사의 설명을 통해 지식을 얻는 시대가 아님을 인식해야 하고, 교실 안에서의 주도권과 초점을 교사에서 학생에게로 넘겨야 한다는 것이다.

하지만 어떠한 도구Tool를 교실에서 사용할 것인지에 대한 문제가 남아있다. 미국 실리콘 밸리의 발도르프 초등학교는 애플, IBM 등 실리콘 밸리에서 근무하는 이들의 자녀들이 다니는 학교다. 스마트폰과 아이패드와 같은 디지털 도구를 만든 부모들이 아이러니하게도 본인 자녀의 수업시간에 전자기기 사용을 금지시킨다. 그 이유로 전두엽을 활성화시키는 데에는 책과 연필만 한 게 없기 때문이라고 한다. 게다가 화면Screen으로 보이는 글은 뇌에서 글이 아니라 그림으로 인식하기에 종이책을 강조하는 것이다. 학교에서 스마트폰 사용을 금지하거나 아예 학교에도 가져오지 못하도록 하는 것을 법으로 지정하는 나라도 늘고 있다. 프랑스 대통령은 디지털 기기를 학교에서 사용하는 것을 금지할 것을 약속하기도 했다. 프랑스 교육부 장관은 대중의 건강 위기라는 표현을 사용하며, 스크린 중독의 현상으로부터 학생들을 보호해야 한다고 주장했다. 그 외에도 사이버 중독, 수면 부족, 불링Bullying: 괴롭히기 등을 일으킨다는 이유로

2020년에는 금지하기도 했다. 하지만, 이러한 미디어 매체 금지로 인해 학습 향상을 하지 못할 것이라는 반대의 주장도 있다.

여러분은 어떻게 생각하는가? 우선 책과 필기도구는 기본적으로 필요하다. 왜냐하면, 문자를 통한 문화와 문명의 발달을 이루어 온 인간의 역사를 거스를 수는 없기 때문이다. 또한, 여러 다양한 매체를 통한 진정한 학습Authentic Learning을 할 수 있는 환경이 이미 주어져 있고, VR과 AR을 통한 생생한 교육을 할 수 있다면 가능한 모든 것을 사용해야 한다. 도구가 문제가 아니고, 도구를 사용하는 교사의 역량이 중요한 것이다. 스마트폰을 이용하여 수업 중에 자료를 같이 찾아본다거나 퀴즈 등의 방법을 사용해 본 결과 생각하지 못한 어려움이 발생하기도 했다. 인터넷의 상황도 고려해야 하고, 쉽게 손이나 막대기를 들고 OX 게임을 하면 될 것을 앱을 사용하면서 오히려 시간이 낭비되어 중단하기도 했다. 그럼에도, 다양한 매체나 도구를 이용해 본 실패 과정에서도 학생과 교사 모두 배운다는 사실이 중요하다. 디지로그 시대가 도래했으니 교사는 이제 칠판만 사용하던 강단에서 내려와 학생들의 배고픔을 직접 채워줄 수 있어야 한다. AI가 절대 줄 수도 없고 알지도 못하는 그러한 맛으로 말이다. 온라인, 오프라인의 방법 외에 온갖 다양한 가상 재료를 사용한 혼합형 티칭Blended Teaching 기술을 이용해서 학생들을 교실에 머물게 해야 한다. 그렇지 않으면 학교라는 울타

리를 넘어 탈출할 것이고, 학교 또는 학원 문을 닫아야 할 것이기 때문이다.

실제, 미국 미주리대는 건물 유지비용을 줄이기 위해 건물 8개 동을 철거한다는 발표를 하였다. 애리조나 주립대는 일부 전공과목을 100% 온라인 수업으로 하여 학위 과정을 운영한다. 비대면 온라인 강좌의 한계를 극복하기 위해 인공지능을 활용해 학습 성과를 극대화하기 위한 맞춤형 학습솔루션과 적응형 학습 프로그램을 도입했다고 한다. 마이크로소프트는 프로젝트 위주의 교육을 한 '올린 공대'의 졸업생을 매니저 직급으로 채용한다. 교수진이 기업 최고경영자CEO로 구성된 뱁슨 칼리지의 커리큘럼은 실습 위주로 짜이고, 졸업생 중 10명 중 2명이 창업한다. 한양대 고등교육연구소장은 "학생 수 감소, 온라인 교육 확산 등 대학을 둘러싼 환경 변화로 한국뿐 아니라 전 세계적으로 고등교육이 위기에 처했다"면서 "국내 대학도 백화점식 운영에서 탈피해 차별화, 특성화를 꾀하고 디지털 시대에 발맞춰 교육 내용, 방법의 혁신을 꾀할 때"라고 강조했다. 카이스트 뇌과학과 교수인 김대식과 이스라엘 과학자인 다니엘 바이스의 인터뷰 내용을 중심으로 『창조력은 어떻게 인류를 구원하는가』에 의하면, 혁신은 작은 것에서 시작된다. 관찰을 통해 무엇이 잘못되었는지를 이해하고, 문제를 발견하는 것만으로도 개선된다. 관찰은 드러나지 않은 문제나 불편함을 드

러나게 한다. 한국인은 문제를 해결하는 데는 능숙한데, 질문을 통해 문제에 대한 필요 자체를 찾아내는, 즉 문제를 정의하는 과정은 부족하다고 한다. 이러한 과정을 통해 창의력이 발현되는데, **한국인 대부분이 성장 과정에서 질문하는 법을 배우지 못했기 때문이다.** 바이스는 미래 창조력의 초점은 전 세계적으로 연결된 네트워크로 인해 재미있는 방식으로 시간을 보내는 일에 맞춰질 것이라 한다. 김대식 교수는 제4차 산업혁명에서 기대하는 창조력은 필수요건이라고 말한다. 한국과 이스라엘의 공통적인 특징은 고난 가운데서 생존한 역사가 있다는 점과 강대국에 둘러싸인 상황에서 자원도 없다는 점이 공통점이다. 하지만, 그들에게는 질문을 통해 생각하는 능력이 습관이 되었지만, 우리는 그렇지 못하다. 따라서 우리의 미래를 좌우할 개개인의 창의적인 능력을 키우기 위한 노력이 절실히 필요한 시점이다. **그렇다면, 그 역할을 누가 할 것인가?**

- The 7th. Milestone -

Blended Teaching

팔, 팔팔한 활동을 하라
Designing

교사가 수업을 위해 제일 먼저 하는 것은 수업안 Lesson Plan **을 작성하는 것이다.** 수업의 시간과 내용 그리고 수업의 결과를 통해 어떠한 목표를 달성하고자 하는지를 기록한다. 그래서 수업 목표를 정할 때 반드시 해야 하는 것은 '측정 가능한 목표를 정하는 것'이다. 예를 들어, 수업 후에 '학생이 어떠한 문장을 말하거나 쓸 수 있다'와 같이 어떤 행동에 변화를 주는 것을 목표로 정해야 한다. 하지만, 수업 후 바로 변화가 이루어지지 않거나 눈에 보이지 않는 경우가 많다. 이제는 수업의 목표를 측정할 만한Measurable 것이 아니라, 어떻게 동기부여Motivating를 할 것인지로 목표를 바꿔야 하는 시대다. 교사가 학생들에게 긍정적이고 건강한 동기부여를 한다면 학생들의 행동에 긍정적인 변화가 있을 것이다. 설령 그 변화가 측정 가능한 것이 아닐지라도 말이다.

엄마는 옷을 디자인하고 만드는 의상실을 하셨다. 개개인에게 맞는 맞춤 정장을 만드셨는데, 손님이 원하는 옷을 만들기 위해서 제일 먼저 하시는 일은 디자인하는 것이었다. 그런 모습을 보면서 자라서인지 나도 디자이너가 되었다. 바로 영어수업 디자이너Lesson Designer다. 각기 다른 수준과 능력 그리고 나

이와 목표에 따른 수업을 위해 수업 계획Lesson Planning을 짜곤 한다. 수업 계획 만들기는 교생 실습에서도 반드시 하는 과정이지만, 내가 하는 디자인은 좀 간단하다. 준비시간도 5분이면 충분하다. 수업하기 전에 수첩에 간단하게 적으면 된다. 무엇이든지 시간이 걸리면 지속하기 힘들어지니까 간단하게 준비한다.

나의 수업 디자인은 5P's를 중심으로 진행된다. 책을 선정하기 위해 사용하는 다섯 손가락 규칙Five Finger Rule:영어 연애 십계명 2를 참고처럼 간단하게 수업을 디자인하는 방법이다. 내가 직접 만들어 사용하는 〈5P's for Lesson Planning〉을 소개하고자 한다. 이러한 계획은 각 수업에서 이뤄야 할 목표Goal 에서 벗어나지 않고 효과적이고 효율적으로 수업을 진행하기 위해서도 필요한 과정이다.

먼저, 5P(Preview, Present, Practice, Play game, Post-activity)란 정해진 수업 내에 어떤 내용을 어떻게 가르칠 것인지를 계획하는 것이다. 우선 교재도 살펴보고 배우는 학생들의 학습 스타일영어 중매 십계명 2를 참고도 생각하면서 학생들에게 삼삼한 재미도 주고, 개인 맞춤을 위한 수업을 디자인하는 것이다. 60분 수업을 기준으로 어떻게 시간을 사용하는지 좀 더 자세하게 소개하면 다음과 같다.

1. Preview(미리 보기)

원래는 미리 보기, 시사회 등을 뜻하는 말이지만, 수업 전에 지난 수업에 배우고 가르친 것을 점검하는 시간이다. 수업이 계획대로 잘되었는지 예상치 못한 문제가 있었는지 학생들의 반응은 어땠는지를 살펴보는 것이다. 또한, 수업에 참여할 마음의 준비를 하는 Ice Breaking이나 Warm Up과 같은 시간이다. 한마디로 수업을 위한 심리적인 신뢰 관계인, 래포rapport를 자연스럽게 만드는 것이다5분 정도.

2. Present(제시하기)

그날 배울 내용을 학생들에게 제시하는 과정이다. 교재를 이용하거나 다양한 도구를 이용해 가르칠 내용의 핵심을 제시하고 설명하는 과정이다. 수업을 위해 책을 먼저 펴는 것보다는 예전에 배운 내용을 말이나 카드와 같은 다른 것을 이용해 복습한다. 과제가 있다면 과제를 확인하고 발표하는 시간을 갖는다. 이러한 시간을 통해 말하기의 유창성Fluency과 정확성Accuracy을 연습하는 것이다. 상황이나 분위기에 따라 게임이나 어떤 다른 매체를 이용해 수업할 내용을 보여주는 것도 좋다20분 정도.

3. Practice(연습하기)

교재에서 배운 내용을 다양한 방법으로 연습하는 시간을 갖도록 한다. 이 과정에서 이 아이 저 아이를 살펴보는 것이 필요

하다. 왜냐하면, 학습 수준과 이해도가 다르기 때문이다. 연습하는 중에 서로를 도와주는 행동Peer Work을 하도록 격려하고 이끌어 준다. 타인에게 설명을 해주거나 돕는 행동은 학습 피라미드영어 중매 십계명 7 참고에서도 알 수 있듯이 가장 확실하게 배우는 방법이기도 하고, 소통과 협업하는 태도도 키울 수 있게 된다10분 정도.

4. Play Games(놀이하기)

다양한 게임을 통해서 팔팔한 활동을 한다. '팔팔한'이란 무조건 움직이는 수업을 말하는 것은 아니다. 재미있고 의미 있는 다양한 활동을 통해 재미와 동기 부여를 한다. 영어로 말해야 한다는 부담감이 없거나 아주 적은 상태로Low or Zero Anxiety 게임을 하면서 자연스럽게 말하는 경험을 하는 것이 중요하다. 그래야 자존심이 구겨지지 않고영어 연애 십계명 9를 참고 영어와 편하게 사귈 수 있게 되는 것이다. 이러한 게임은 저학년에게 유익한 게임이긴 하지만, 성인도 기본적인 말하기, 특히 질문하고 답하는 기본적인 연습이 필요한 경우에 누구나 즐기며 할 수 있다. 게임을 통해 문장의 어순이나 표현도 자연스럽게 익힐 수 있게 된다. 수업 내용과 관련한 게임을 주로 하지만, 예전에 배운 내용을 복습하는 게임을 해도 학생들은 무척 좋아한다10분.

5. Post-Activity(독후활동)

　주로 수업 내용과 관련한 내용을 쓰고 만드는 활동Hands-on Activity을 한 후에, 발표하는 시간을 가진다. 시간이 부족하면 다음 시간에 발표하는 시간을 갖기도 한다. 이러한 과정을 통해 수업에서 배운 내용을 삶과 연결하여 살아있는 배움의 경험이 되도록 한다. 이러한 과정을 통해 쓰기와 읽기, 말하기, 듣기의 4가지를 연습 할 수 있다. 홀인원의 비결이 여기에 있다고도 할 수 있다. 시간이 부족한 경우에나 스스로 과제로 해 올 수 있다면 숙제로 내주고 다음 시간에 발표한다15분 정도.

　위와 같이 수업 계획을 세우는 일은 이전 시간에 가르친 내용을 돌아보는 데서 시작한다. 그 후, 어떤 내용을 어떻게 가르칠 것인지를 계획하는 것이다. 이러한 계획을 세우지 않고 바로 수업을 한다는 것은 어떤 옷감으로 어떤 스타일의 옷을 만들 것인지 디자인하지도 않은 채 가위로 옷감을 자르는 것과 같은 것이다. 그렇다고 매번 다른 디자인을 한다는 것은 불가능한 일이다. 그저 5P에 따라 수업에 대해 생각하는 것은 좋은 선생님이 되기 위한 첫걸음이다.

　이때 중요한 것은 학생들의 나이와 수준에 따라서 다양한 수업 활동을 계획하는 것이다. 유, 초등 저학년인 경우, 우선 쉽게 부를 수 있는 영어 노래와 함께 수업을 시작한다. 수업을 진

행하는 가운데, 여러 수업과 관련한 카드 게임을 진행한다. 수업이 끝나기 전에는 학생들이 좋아하는 보드게임 등 팔팔한 활동을 통해 재미를 느끼게 하면서 영어 수업 전체를 즐거운 놀이로 여기도록 한다.

팔팔한 활동은 학생들의 나이와 수준에 맞는 노래와 춤을 즐기면서 즐거운 분위기와 함께 영어에 대한 심적인 부담감을 줄여준다. 학생의 수준에 따라 카드게임이나 보드게임을 통해 영어 단어와 문장을 자연스럽게 익히고 말하도록 한다. 배우고 있는 내용과 관련된 다양한 만들기나 쓰기 활동과 발표 등을 통해 쓰고 말하기를 연습한다. 수업 내용을 이해하였는지 확인을 위해 필기시험 대신에 퀴즈나 OX게임 등을 이용하기도 한다. 물론 이런 수업 방식은 초등학생들에게나 할 수 있었다. 중고등 학생들은 학교 내신과 시험 준비로 인해 이러한 수업을 하기는 쉽지 않기 때문이다. 그래도 시험 기간이 아니 경우엔 이러한 수업을 통해 재미를 주고자 한다. 사실 재미있는 수업이 동기를 부여하는 수업이라고도 말할 수 있다. 문제는 디지털 신인류에겐 이러한 재미의 맛이 너무나 심심하게 느껴지고 아날로그식으로 느껴진다는 것이다.

아날로그Analog의 사전적 의미는 '수의 값을 연속된 물리량으로 나타내는 것'이다. 일반적으로 실제Real 세계에서 만나는 자

연의 모습, 움직임, 소리 등을 표현하거나 측정하는 것을 가리킨다. 그래서 '아날로그 세계'는 '실제 세계'를 가리키는 말로 사용하기도 한다. 반면에 디지털Digital의 사전적 의미는 '자료를 수의 값으로 처리하거나 숫자로 나타내는 것'이다. 디지털 Digital은 '손가락'이란 뜻의 라틴어 '디지트Digit'에서 온 말로, 이는 모양으로 표시되는 아날로그에 비해 분명하게 1, 2, 3을 셀 수 있다는 뜻이다. 그러므로 '디지털 세계'는 전자적 장비로 만들어진 '전자 세계' 또는 '가상Cyber 세계'를 가리키는 말로 사용된다. **디지털 시대에 아날로그를 접목한 〈디지로그〉라는 혼성어의 의미가 중요하게 여겨지는 시대가 되었다.** 디지로그Digilog란 디지털Digital과 아날로그Analog라는 서로 상대되는 뜻을 가진 두 개의 개념을 결합한 용어다. 이어령 저자가 IT를 대표하는 디지털과 자연과 인간관계를 대표하는 아날로그의 결합을 나타내는 말로 〈디지로그〉라는 혼성어를 처음 소개했다. 교육 Education과 오락Entertainment이 결합된 에듀테인먼트Edutainment라는 단어처럼 서로 다른 개념인 교육과 오락을 결합하려는 노력을 하지만, 이제 초기 단계에 머물고 있다. **디지로그나 에듀테인먼트처럼 디지털과 아날로그, 그리고 교육과 오락을 접목하여 교육의 극대화를 이루려는 노력은 계속되어야 한다.**

현실 세계에서 서로 얼굴을 마주 보고 대화를 나누며 하는 게임은 AI가 할 수 없는 일 중에 하나다. 가상세계에서는 즐길

수 없는 소중한 인간의 활동이기에 가치가 있다. 그래서 몇 가지 소개한다면 다음과 같다. 먼저 카드 게임으로 가르치고자 하는 단어나 동사 또는 동사구의 카드를 만든 후 Slap Game, Speed Game, Guessing Game, Motion Game 등을 할 수 있다. 보드게임으로는 주사위 게임, Guessing Game, Sentence Making, Scramble 등 다양한 게임과 활동을 할 수 있다.

• Singing & Dancing

저학년 학생을 대상으로 간단한 노래와 춤을 통해 영어의 리듬과 연음 등의 감각을 키울 수 있고 성인도 가능하다.

• I See Game

주변에 있는 물건의 이름을 배우면서 동시에 문장의 구조를 배우는 게임이다. I See… 라는 문장으로 시작된다.

• 5 Sense Game

감각동사를 이용해 문장을 사용하도록 가르친다. Guessing Bag추측 백을 이용하여 물건을 넣은 후, 만지면서 추측하는 게임이다. I feel…이라는 문장으로 시작된다

• Race Game

알파벳 대문자 소문자를 구별하는 게임이다. 칠판에 단어나

알파벳 카드를 붙여 놓고, Caller가 부르면 달려가 먼저 집는 Player가 가져간 후, 많은 카드를 가진 팀이 승리. 그 후에 카드에 쓰인 단어나 알파벳을 읽음으로써 자연스럽게 연습을 하는 게임이다.

• Fishing Game

알파벳 대문자 소문자를 구별하는 게임이다. 낚싯대에 자석을 붙인 후에 클립으로 단어나 알파벳 카드에 붙여 놓고, Caller가 부르는 카드를 많이 가진 팀이 승리한다. 그 후에 카드에 쓰인 단어나 알파벳을 읽음으로써 자연스럽게 연습시킨다.

• Slap Game

단어가 쓰인 카드를 바닥에 놓고는 단어의 소리를 듣고 먼저 탁 치면서 가져가는 게임이다. 먼저 집은 사람이 그다음 Caller가 되어 단어를 부르면 다른 Player가 잡는 게임으로, 단어를 읽고 말하는 연습을 동시에 할 수 있는 게임이다.

• Speed Game

일정한 수의 단어카드명사나 동사를 보여주면 시간 내에 많이 읽어내는 팀이 승리하는 게임이다. 능숙도가 높은 대상인 경우, 한 사람이 영어로 설명하면 어떤 단어인지 맞추는 게임으로 응용할 수 있다.

• Guessing Game

같은 분야의 여러 종류의 카드를 이용하여, 상대의 카드를 추측하는 게임으로 문장의 형식을 연습할 수 있는 게임Do you have~ , Are you a ~? 으로 Yes, or No의 대답도 가능하다. 단어의 뜻을 영어로 설명하면 추측하는 게임 등으로 응용이 가능하다.

• Motion Game

동사나 동사구 또는 단어스포츠, 동물 등를 연습한 후, 한 명의 Player가 나와 행동을 하면 어떤 단어인지 추측하는 게임이다.

• Treasure Hunt

부활절, Easter Egg 게임을 응용한 게임으로 단어를 적은 카드를 교실이나 방 여기저기에 숨겨 놓은 후에 찾는 게임으로 그곳에 쓰인 단어를 읽거나 동사와 관련된 행동을 하는 경우, 보상 Point를 얻게 되는 게임이다.

• Scrambling

문장의 구조를 연습하기 위해 문장을 단어별로 자른 후, 주어, 동사, 목적어 순으로 단어를 배열하는 연습이다.

• Quiz

읽기 교재를 연습한 후에, Yes, or No로 된 막대기를 이용하여,

이해도를 확인하는 게임이다. 학생의 수준에 따라 문장으로 대답하도록 연습시킨다.

• **Relay Reading**

돌아가면서 소리내어 읽기Reading Aloud를 하다가, 잘못 발음하면 다른 사람이 이어서 읽는 방식으로 마지막 문장을 읽은 사람이 승자가 되는 게임이다. 읽기의 정확성Accuracy을 키우는 활동이다.

• **Debate**

팀별로 주어진 주제에 대한 찬성과 반대의 의견을 나눈 후, 발표하고 반박하는 과정에서 발표하는 태도와 사고력을 키울 수 있는 활동이다.

• **Board Game**

다양한 보드게임을 이용하여 단어와 문장 만들기를 익히고 추측하는 능력과 단어도 익히게 되는 게임이다.

• **Video Recording**

수업을 녹음 또는 녹화하거나 프레젠테이션Presentation하는 장면을 촬영하고 공유한다. 이러한 공유를 통해 서로 피드백을 주기도 한다.

그 외 많은 활동이 있지만 이러한 아날로그적이고 고전적인 방식과 신기술을 어떻게 혼합하여 사용할 것인가가 고민이긴 하다. 디지털과 아날로그 방식을 조화롭게 사용하는 것, 즉 디지로그를 사용하는 것이 지금으로서 할 수 있는 최선이다. 디지털 신인류도 서로 얼굴을 마주 대하고Face to Face, 협력하면서 소통하는 시간을 좋아한다. 경쟁과 삭막한 환경이지만 함께 얼굴을 마주 보고 즐기는 재미있는 시간이 필요한 것이다.

이러한 수업을 계획할 때 염두에 두어야 하는 것은 영어의 4 기둥인, 듣기, 읽기, 말하기, 쓰기를 할 기회를 주어 홀인원 하도록 디자인하는 것이다. 또한, 가능한 팔팔한 활동을 통해서 수업에 삼삼한 재미를 주려고 노력하고, 무엇보다 학생들의 생활이나 컨디션에 대해 묻기도 하고 얼굴 표정도 살펴본다. 수업에 오기 전에 여러 가지 이유로 피곤하고 싫증도 나고 화도 나고 등등 마음 상태가 좋지 않은 경우가 많기 때문이다. 게다가 영어 자체가 스트레스의 요인이 되기에 즐겁게 수업에 참여할 수 있도록 친절하고 밝은 모습을 보이고자 노력해야 한다.

수업에서 어떤 팔팔한 활동을 할 것인지에 대해 생각하고 준비를 해야 그나마 삼삼한 재미를 줄 가능성이 있는 것이다. 또한, 영어 연애 십계명 5에서 말한 것처럼 오감으로 소통하는 것이 필요하다. 이러한 다양하고 팔팔한 활동은 영어에 대한 긴장감과

불안감을 잊게 해 주는 데 큰 도움이 된다. 그리고 영어와 함께 한 즐거운 경험은 영어와 십년지기를 하는 데도 큰 도움이 될 것이다. 이 모든 것은 수업 디자이너의 손에 달려있다. 이러한 계획 없이 진행한 수업은 확실하게 학생들의 만족감이 줄어드는 것을 보게 된다. 그렇다고 무조건 계획대로 수업하려고 애쓰지는 말자. 수업 중 학생들의 흥미와 반응에 따라 계획이 바뀌기도 하니, 지나치게 자신이 만든 디자인에 얽매일 필요는 없다. 수업 디자인의 주인공은 교사가 아닌 학생이기에, 상황에 따라 유연하게 바뀌기도 한다는 것을 염두에 두자.

- The 8th. Milestone -

Blend with Digilog!

구, 구구절절 설명하지 말라
Do not say Bla Bla

『교실이 없는 시대가 온다』의 저자이자 애플 교육 담당 부사장인 존 카우치는 태어날 때부터 엄청난 정보에 노출된 디지털 네이티브들에게 가장 중요한 것은 지식의 암기가 아닌 동기부여, 즉 '무엇을 배우느냐'가 아니라 '왜 배우느냐'라고 말한다. 디지털 시대에 기술이 학습을 지배할수록 교사의 역할은 정보 전달자에서 학습 조력자Helper가 되어 학생이 자신의 재능을 발견하도록 돕는 것이 된다. 디지털 네이티브들은 그들 스스로 콘텐츠의 소비자라기보다는 창작자가 되고 싶은 적극적인 학습자이다. 스스로 질문을 하고 관련성이 있는 활동을 통해 문제의 답을 발견할 수 있게 하는 것. 그 과정에서 협력과 창의성을 촉진하면서 학습에 적극 참여하게 하는 것이 교사의 역할이라고 한다. **같은 교실에서 수십 년간 반복되는 일방적인 강의식의 지도 방식과 구시대적인 커리큘럼이 바뀌지 않는다면, 교실이 없는 시대가 올 것이다.**

칠판 앞에서 구구절절 설명하면서 "밑줄 쫙~" 그으라고 친절하게 설명을 하던 강사가 유명세였던 시절이 있었다. 그리 오래전 이야기가 아니다. 요즘에도 수능 전문 강사나 교사들의 강의를 들어봐도 그리 변한 것 같지는 않다. 왜냐하면, 여전히

영어 참견러's 중매 십계명

우리의 교육 평가방식이 변하지 않고 수능에 초점을 둔 교육 시스템이 변하지 않고 있기 때문이다. 학창 시절 공부가 재미없었던 이유는 바로 교사가 늘 구구절절 설명하였기 때문이다. 설명 대부분이 이해가 안 되기도 했지만 왜 의자에 앉아 필기만을 하고 있어야 하는지에 대한 목적도 재미도 없었다. 그래도 시험 기간이 되면 시험을 위한 공부를 위해 노트와 책에 있는 내용을 암기했다. 그저 그 시간을 견디는 것 외에는 다른 탈출구가 없었기에 나에겐 암흑의 시대처럼 여겨졌던 시절이다.

세월이 흘러 21세기 4차 산업혁명과 AI 시대에 살게 되었다. 실제 사회와 문화가 너무 많이 변했고 계속해서 변할 것이다. 그것도 정신 차리기 힘들 정도로 급격하게 말이다. 더불어 디지털 문맹 교육Digital Illiteracy Education에 대한 필요가 높아지고 있다. 학생들에 대한 교육이 아니라 교사들의 디지털 문맹 교육이 절실히 필요한 시점이다. 19세기 교실에서 20세기의 교사가 21세기의 아이들을 가르치자니 너무 힘들다. 교사들도 아이들도 학부모들도 모두 말이다. 지금 교실의 모습은 칠판에 초점을 맞추고 바라보도록 놓여 있다. 요즘에도 서로 마주 대하고 이야기를 나누다간 휴지나 초크Chalk가 날아오는지는 모르겠다. 학생 수는 많이 줄었지만, 아직도 서로 얼굴을 마주 보면서 질문하고 토론하기에는 학생 수가 너무 많다. 그 외 TV와 프로젝터가 있는 것 외에는 그리 달라진 것이 없다. 수업 내용

과 평가 방법을 보아도 나 때라떼~ 시절과 달라진 것이 없다. 그러한 틀 안에서 교사의 수업 방식도 달라지기가 힘든 것이다. 하지만 이제는 설명하고 암기하는 시대가 저물어 가고 생각하는 시대가 도래했다. 보고 듣는 것이 많아진 학생들은 이제 더 이상 구구절절 설명만 하는 수업을 견디지 못한다. **그러므로 이제는 생각하는 연습을 통해 생각하는 습관을 길러야 한다. 생각하는 능력을 키우기 위해서는 자신을 이해하는 것에서 시작한다.**

인생 전반전을 마치고 후반전을 시작해야 하는 시점에서 '무엇을 하면서 어떻게 살 것인가?'에 대한 고민이 나를 사로잡았다. 우울이나 외로움과는 다른 차원의 고민이었다. 해답을 찾기 위하여 생각 여행을 떠났다. 나의 정체성을 찾기 위한 여행이었고, 필요한 준비물은 오직 '질문'이었다. 바로 나 자신에 대한 질문에서 시작되었는데, 다행히 한두 달 만에 찾을 수 있었다. '나는 누구인가?' '가장 좋아하는 것이 무엇인가?' '언제 행복한가?' 답은 바로 크리스천이라는 것과 영어를 좋아한다는 사실이었다. 그래서 시작된 것이 NIV 영어 성경 읽기 모임과 영어 관련 책 쓰기였다. 지금은 영어성경 스터디를 하고 있다. 유튜브를 통해 어떻게 영어를 지도해야 하는지에 관한 영상도 공유하고 있고, 앞으로 온라인 수업 영상도 제작할 계획이다. 이 모든 것이 질문을 통해 얻은 성과다.

올해 1월부터 매주 '줌 챗Zoom Chat' 시간에 NIV 성경 읽기를

같이 해온 동료들과 함께 '질문'을 가지고 대화를 나누고 있다. 1월 주제는 자신에 대하여 말하기Talking about Myself이다. 자신의 과거와 현재 그리고 미래를 바라보는 대화를 하면서 4주의 여행을 마쳤다. 다른 이야기는 하지 않고 오직 자신만의 이야기를 하는 시간이다. 남이 아닌 나를 바라보기! 이러한 질문에 대하여 생각하는 것조차 힘겨워하는 모습을 보였다. 우리는 사실 매일 매 순간 수많은 생각을 하고 산다. 하지만 그러한 생각 속에 자신에 대해 생각하거나 추억을 회상하거나 자신을 관찰하는 시간을 갖지 못한다. 또는 기억하고 싶지 않아 일부러 외면하거나 무의식중에 잊고 살아온 탓이기도 하다.

한편으로는, 자라오면서 가정이나 학교 혹은 지역사회 그 어디에서도 이러한 질문을 통해 자신을 바라보는 경험을 하지 못한 탓일 것이다. 여러 가지 탓할 것도 많고 생각하기 힘들기도 하지만, 이러한 자신을 바라보는 시간 여행은 그 어떤 여행보다도 가장 필요하고 중요한 일이다. 건강을 위해 근육을 늘리는 과정에서 조금씩 중량을 올리듯이 생각도 마찬가지다. **생각의 근육을 늘리기 위해서도 연습이 필요하고 생각의 중량을 늘려야 한다.**

심리학자인 로버트 앨런 비요크Robert A. Bjork의 학습과 기억에 관한 연구에서도 깊이 있는 생각Deep Thinking을 위해서는 적당

히 어려운 과제Desirable Difficulties가 필요함을 보여준다. 강의가 너무 명확하면, 생각하지 않고, 도전하지 않기에 더 나은 학습으로 이어지지 않는다는 것이다. 학습 과정에서 학습자 스스로 생각을 많이 할수록 정보에 대한 장기기억은 더 좋아진다. 이것을 생성 효과Generation Effect라고 하는데, 이는 누군가가 제시한 쉬운 정보를 받아들이기보다는 스스로 정보를 만들어 낸 결과인 것이다.

영어 말하기 모임에서 김 자매Sis는 이러한 질문을 통해 자신에 대해 생각하도록 해주어 고맙다는 말을 한다. 치매 예방 차원에서 영어로 대화를 나누고자 했는데, 예상치 않은 생각 훈련 시간이었다고 말이다. 이러한 질문을 통한 생각 연습은 치매 예방에도 큰 도움이 될 것이라고 확신한다. 왜냐하면, 생각 연습의 가장 큰 수혜자는 우리의 뇌가 될 테니 말이다. 하지만, 이러한 시간을 너무 힘들어한 최 자매는 과거의 자신이나 추억을 바라보기 힘들어하고 나누기도 버거워했다. 따라서 질문에서 벗어난 다른 말을 하곤 했다. 주변 사람들에 대한 부정적인 생각과 남에게 훈계하는 본인 성격이 단점이라고 말하면서도 그러한 자신의 프레임에서 벗어나지 못하는 모습이다. **그래서 질문이 더욱 중요하다. 힘들어도 버거워도 생각의 중량을 좀 늘려야 한다. 성장하길 원한다면 말이다.**

인류의 역사에서 스마트한 생각을 하고 실행에 옮긴 결과,

산업문명의 발전과 혁명을 일으킨 두 기둥 같은 인물이 있다. 20세기는 타일러가 산업혁명 무대에서 선두 주자였다면, 21세기에서는 스티브 잡스가 유일한 주인공이 되었다. 타일러가 공장과 교실의 모습을 바꾸었다면, 스티브 잡스는 인간의 문화 전체를 바꾸었다고도 말할 수 있을 정도다. 스마트폰 없이는 살 수 없는 문화 말이다. 그의 스마트폰은 스마트한 생각에서 나온 것이다. 그가 애플의 모토Motto를 'Think Different'로 정하자마자, 'Think Differently'처럼 부사Adverb를 사용하지 않은 문법적인 오류라고 지적을 당하였다. 그러자 이에 대해, 'Think Something Different!'의 의미라고 해명을 해야만 했다. **스마트한 생각의 핵심은 그저 남들과 다르게 생각하는 것이 아니라 사물에 대해 다른 것을 생각하는 것이기 때문이다.**

『Smart Thinking』의 저자인 아트 마크먼Art Markman에 의하면, '스마트한 생각'이란 현재 가지고 있는 지식을 활용해 새로운 '문제를 해결하는 능력'이다. 스마트하게 되기 위한 각각의 요소는 일반인의 정신적인 능력Mental Toolbox 안에 이미 존재한다. 스마트 씽킹은 재능이 아니라 체스처럼 기를 수 있는 기술이다. 우리에게 그저 필요한 것은 멘탈 박스에서 꺼내 쓸 수 있는 스마트한 생각이다. AI가 딥러닝Deep Learning을 통해 그 성능이 업그레이드되었듯이, 우리도 딥 씽킹Deep Thinking을 통해 업그레이드될 필요가 있다. 경제학자였던 피터 드러커Peter

Drucker도 우리는 지식 경제Knowledge Economy 세계에 살고 있다고 하였고, 높은 수준의 지식High-Quality Knowledge을 가지는 것과 필요할 때 그 지식을 찾아내는 것이 스마트한 생각을 위한 일반 법칙이라고 했다. 이러한 생각을 위해서는 스마트한 습관Smart Habit이 필요하다. 하지만 교사의 설명에만 익숙한 학생들은 더 이상 생각하지 않고 수용하는 습관이 만들어지게 된다. **그러므로 이러한 생각하는 습관을 위해서는 교사가 먼저 생각하는 습관이 있어야 한다. 생각하는 습관은 육하원칙을 이용한 질문에서 시작된다.**

내 논문은 관찰에서 시작해 호기심으로 그리고 질문으로 이어졌다. 아이들의 영어 일기 첨삭을 하면서, 변화되지 않는 오류를 발견하게 되었다. 첨삭 후에도 어떤 긍정적인 변화가 없다면, 어떻게 해야 효과적으로 교정이 될 것인가? 스스로 교정하는 방법은 없을까? 관행적인 행동과 생각에서 벗어나 첨삭이 꼭 필요할까? 라는 질문을 하기 시작했다. 그 후, 교정 피드백과 관련한 지식을 찾았고 학생들과 대화를 통해서도 문제점을 발견하게 되었다. 모든 문제가 모두 해결된 것은 아니지만, 이러한 경험을 통해 생각의 근육이 생기게 되었다.

AI Times에 의하면, 올해로 16회째를 맞은 '에듀테크 코리아 페어Edutech Korea Fair'는 '에듀테크, 학습 혁신과 메타버스의

시작'을 주제로 3차원 형태의 가상전시관에서 열렸다. 교육부와 산업통상자원부가 주최하는 행사로 교육부에서는 에듀테크의 중요성을 인지하고 이러한 박람회를 개최하여 교육 현장에서 구체적으로 적용되도록 하는 노력을 기울이는 모습이다. 에듀테크Edutech는 교육Education과 기술Technology의 혼성어로 교육에 정보통신기술ICT을 접목해서 학습자의 교육 효과를 높이는 산업이다. 에듀테크는 교육과 기술을 결합하여 학습자가 중심이 되어 개인의 학습 속도와 내용에 맞춘다거나 일방적인 지식 습득의 교육이 아닌 문제 해결형 교육을 한다는 점에서 획일화된 기존의 전통 교육을 탈피할 수 있다는 점에서 기대를 모으고 있다. 에듀테크는 온라인 화상 수업을 포함해 학생 관리 시스템과 그 외 다양한 교육 콘텐츠 제공 등 그 범위가 넓다.

그런 의미에서 이미 인터넷과 컴퓨터를 이용하여 교실에서 보조적인 역할을 하고 있었다. 하지만, 앞으로의 에듀테크는 다양한 AI형 학습기술과 AI 보조교사의 등장으로 교육과 기술의 진정한 만남이 이루어질 것이다. 이러한 기술로 인해 장밋빛 전망이 쏟아지고 있다. **획일화된 교과과정과 내용을 암기하고 습득하는 형태의 교육에서 학습자가 자기 주도적으로 문제 해결을 할 수 있는 학습이 가능하다고 말이다.**

〈행복한 교육〉 저널에서 이현청 한양대 교수는 이렇게 에듀

테크를 정의한다. "교육은 사람에 의한, 사람을 위한, 사람의 교육이기 때문에 기술과 교육의 만남인 에듀테크가 중요한 흐름이라 할지라도 결국 **그 핵심에는 인간을 위한 인간에 의한 인간의 에듀테크가 될 때 교육적 목적을 달성할 수 있을 것이다.** 캠퍼스 없는 교육이 일반화되는 현실 속에서 무엇을 위해 학습을 하고 학습의 결과를 어떻게 활용할 것이며 에듀테크와 함께 어떻게 학습을 제대로 효율적으로 할 것인가는 학습자만의 선택이 아니라 사회 전체의 공유된 가치와 교육에 대한 소원이 함께 담겨질 때 바람직한 에듀테크의 활용이라 볼 수 있다. 한마디로 **학습자들의 '학습 정체성**Learning Identity**'과 관련된 문제로서 AI형 에듀테크나 AI형 교사는 학습의 보조수단이라는 점을 제대로 인식하고 활용할 때 에듀테크 시대의 도래는 교육 르네상스를 가져다줄 수 있을 것이다.**"

정리하자면, 구구절절 설명하는 교사가 좋은 교사가 아니고, 질문하고 깊이 생각하고 답을 찾아가도록 도와주는 교사가 좋은 교사다. 학생들이 왜, 어떻게, 무엇을 배울 것인지를 생각하도록 교사가 질문하면서 답을 찾아가는 시간을 반드시 가져야 한다. 그런 교사가 되기 위해서는 스스로 질문과 생각을 통해 문제를 해결해 나가는 경험을 쌓아야 한다. 그러한 생각하는 습관이 있는 교사만이 생각하는 학생의 좋은 선생님이 되어줄 수 있을 것이다.

Think Smart & Deep!

십, 십자가를 바라보라
Head UP to the Cross!

골프에서 공을 잘 치기 위해서 하지 말아야 할 것 중 하나가 바로 HEAD UP머리 들기이다. 머리를 들지 말고 땅에 있는 공을 끝까지 바라보아야 한다는 말이다. 공을 치기 전에 머리를 들어서는 안 된다는 일종의 규칙이다. 하지만 이것은 초보의 이야기다. 어느 정도 기초를 잡고 나면 머리를 들고 홀컵목표의 방향을 잡아야 한다. 그래서 난 "머리를 들라"고 외치고 싶다.

곧 메타버스 시대가 되리라는 것을 누구도 의심하지 않는다. 페이스북Facebook의 이름도 메타Meta로 바뀌었다. 하지만 어찌 보면 인간은 이미 태초부터 메타버스 시대를 살아가고 있었다. 성경에는 그러한 이야기로 가득 차 있기 때문이다. 그리스 철학자들이 물질적인 현상의 세계를 넘어 정신적인 세계인 이데아의 세계를 찾았다면, 성경에서는 3원론적인 세계인 영적인 세계 즉, '천국'의 삶에 대해 말하고 있다. 알파Alpha,처음와 오메가Omega,마지막이자 세상을 창조한 신God이 만든 세계, 세상의 땅만 바라보았기에 보이지 않았던, 아니 눈에 보이지 않았기에 무시했던 장소인 천국이 나에겐 메타버스다.

메타버스 시대에 어떻게 가르칠 것인가, 과연 어떤 능력을 갖추어야 할까? 에 대한 질문의 답을 찾아 헤매었지만 결국은 십자가 아래로 다시 돌아왔다. 왜냐하면, 십자가가 바로 메타버스로 안내해 주는 통로Passage이자 현실 세계를 넘어 추상 세계와 이어주는 다리Bridge가 되어주기 때문이다. 그리스 철학자들, 특히 소크라테스와 그의 제자 플라톤이 그리도 열심히 찾았던 이데아의 세상을 바라보기 위해서는 '믿음'이라는 VR 기어Gear, 장비가 필요하다.

믿음은 바라는 것들의 실상이요 보이지 않는 것들의 증거니
히브리서 11:1

Now faith is being sure of what we hope for
and certain of what we do not see
Hebrews 11:1

아니, **왜 교사에게 이러한 믿음이 필요한 것일까?** 각기 다른 종교를 가지고 있거나 없더라도 무슨 상관이 있을까? 라고 항변하거나 거부하기도 할 것이다. 하지만, 난 십자가를 바라보라고 말하고 싶다. 왜냐하면, 난 아직 이것 외의 다른 길을 찾지 못했기 때문이다. 십자가는 인간을 향한 온전한 용서와 사랑의 증표로 신이 인간에게 준 최고의 선물이다. 그곳은 청년 예수가 두 손가락과 발에 못 박힌 채, 매달려 피와 물을 다 쏟

은 곳이기도 하다. 그 당시 로마의 식민지하에 있었던 이스라엘인들에게는 가장 극한 형벌로 극악무도한 인간이 받는 형벌이었다. 그런데 왜 그 추악한 십자가를 바라보아야 할까? 〈영어 참견 1〉에서 동행한 그리스 철학자인 소크라테스의 마지막 심판의 장면을 보면서 난 이스라엘의 청년 예수가 떠올랐다. 비슷한 듯하지만 너무나 다른 모습의 재판 장면이었다. 소크라테스나 예수나 너무나 억울한 누명을 쓰고 사형을 당했다는 면에서는 동일하다. 하지만 죽음을 받아들이는 모습에서 차이가 있다. 그의 제자인 플라톤이 『소크라테스의 변명』을 통해 기록한, 그의 스승인 소크라테스가 자신에 대해 항변을 하는 모습은 너무나 당당하였다.

반면에 청년 예수는 변명이나 항변의 말 한마디 없이 빌라도의 재판에 순응하였다. 자신을 따라다니면서 병 고침을 받고 오병이어의 기적으로 인해 먹기도 하고 물이 포도주로 바뀐 가나안 잔치에서는 술도 한잔하며 늘 함께한 유대인들이 돌변하여 "십자가에 못 박으라!"는 소리에 아무 반응도 대꾸도 하지 않았다. 다만, 골고다히브리어: 해골 언덕에서 십자가에서 마지막으로 남긴, "엘리 엘리 라마 사박다니My God, my God, why have you forsaken me?"라는 외침이 전부였다. 게다가 그의 옷도 군인들이 네 쪽으로 나누어 한 깃씩 가져가고, 통으로 짜인 속옷도 빼앗

기는 처참한 모습이다요 19:23. 이러한 모습 또한 예언서에 그대
로 기록되어있음이 놀라울 따름이다.

우리가 전한 것을 누가 믿었느냐 여호와의 팔이 누구에게
나타났느냐. 그는 주 앞에서 자라나기를 연한 순 같고 마른 땅에서
나온 뿌리 같아서 고운 모양도 없고 풍채도 없은즉 우리가 보기에
흠모할 만한 아름다운 것이 없도다. 그는 멸시를 받아 사람들에게
버림받았으며 간고를 많이 겪었으며 질고를 아는 자라 마치 사람들이
그에게서 얼굴을 가리는 것 같이 멸시를 당하였고 우리도 그를 귀히
여기지 아니하였도다. 그는 실로 우리의 질고를 지고 우리의 슬픔을
당하였거늘 우리는 생각하기를 그는 징벌을 받아 하나님께 맞으며
고난을 당한다 하였노라. 그가 찔림은 우리의 허물 때문이요
그가 상함은 우리의 죄악 때문이라 그가 징계를 받으므로 우리는
평화를 누리고 그가 채찍에 맞으므로 우리는 나음을 받았도다.
우리는 다 양 같아서 그릇 행하여 각기 제 길로 갔거늘 여호와께서는
우리 모두의 죄악을 그에게 담당시키셨도다. 그가 곤욕을 당하여
괴로울 때에도 그의 입을 열지 아니하였음이여 마치 도수장으로
끌려가는 어린양과 털 깎는 자 앞에서 잠잠한 양 같이 그의 입을
열지 아니하였도다. 그는 곤욕과 심문을 당하고 끌려갔으나 그
세대 중에 누가 생각하기를 그가 살아있는 자들의 땅에서 끊어짐은
마땅히 형벌 받을 내 백성의 허물 때문이라 하였으리오

이사야 53:1-8

왜 죽은 자도 살리는 능력이 있던 하나님의 아들이라던 예수

는 이러한 죽음을 피하지 않았을까? **그것은 바로 사랑 때문이었다.** 전 인류를 구원해야만 하기에 신의 아들이지만 인간의 모습으로 가장 추악하고 고통스러운 그 시간을 견딘 것이다. NQ가 없었더라면 불가능한 일이었을 것이다. NQNetwork Quotient는 인간과 인간이 그리고 신과 인간이 더불어 행복하게 잘 살아갈 수 있는 행복지수이자 공존능력이다. 그의 희생적인 죽음으로 인해 '믿음'이라는 VR 고글을 장착만 한다면 누구나 현세의 땅에 살면서도 이생의 천국에서처럼 살 수 있다. 물론 세상은 천국이 아니다. 가난과 전쟁과 기근, 그리고 폭력과 질병으로 고통받아야만 하는 현실 세계다. 게다가 육체적인 죽음도 넘어설수 없다. 하지만 천국의 기쁨과 평안을 느끼면서 살아가는 것이 바로 진정한 메타버스다.

이러한 세상에서 교사의 역할은 더욱 힘써 사랑하는 것이다. 사랑하기 위해서는 기도부터 시작해야 한다. 왜냐하면, 인간에게는 사랑할 능력이 없기 때문이다. 특히 이 땅에 좋은 교사로서기 위해서는 자신을 부인하고 십자가를 져야만 한다. 교사 똥은 개도 먹지 않는다는 할아버지의 말처럼 그렇게 힘든 직업임을 이제야 느끼는 것을 보면 이제 교사로서의 사명을 다한모양이다. 돌아보면 나도 작은 십자가를 여러 번 지곤 했다. 때로는 그 십자가를 내려놓고자 했었지만, 다시 짊어질 수 있었

던 이유는 바로 '의인은 일곱 번 넘어져도 여덟 번 일어난다.'는 민음과 성령의 도움이 있었기에 가능했다. **십자가를 바라보지 않았다면 지금까지 영어 중매쟁이를 포기했을 것이 분명하다.**

오늘 아침 안젤라에게서 전화가 왔다. 요즘엔 거의 문자로 주고받는 시대가 되었기에 전화를 했다는 것은 무언가 급한 일이 생긴 것이다. 제법 규모가 큰 영어 학원에서 근무한 지 1년이 되었고 나와 문법지도에 관한 비디오를 일주일에 한 번 찍어 유튜브에 소개하는 중이다. 쓰기 지도를 위해 첨삭을 했는데, 학부모에게 잘못된 첨삭이라는 항의 전화를 받았다는 것이다. 어떻게 해야 하는지에 고민을 털어놓았다. 이런 일이 생길 때 영어 중매쟁이는 가장 힘들다. 안젤라의 이야기를 들으면서 내 기억에 사진처럼 기록된 세 장면이 떠올랐다.

어느 날, 수학학원을 운영한다던 두 학생의 엄마가 학원에서 수업하는 아이들의 모습을 보았다. 수업을 누구나 볼 수 있도록 커다란 유리로 교실 한 벽을 만들었기에 가능한 일이었다. 수업 중에 나를 부르더니, "왜 진도를 빨리 나가지 않는가!"라며 항의의 말을 하였다. 자녀들 둘 다 학습력이 좋지 않았는데, 본인이 보기엔 진도를 질질 끌면서 학원비를 벌고 있다고 느낀 모양이다. 무엇보다 그 교만한 태도에 아무 말도 하지 않았고, 얼마 지나지 않아 두 학생은 그만두었다. 또 한번은 학원비 문

자를 보낸 것에 대한 항의 전화였다. 학원비 안내 문자를 잘 보내지 않다가 학생들이 늘어나면서 미리 문자를 보내었더니, 예전에는 문자를 보내지 않다가 자신이 조금 밀리자 보냈다는 것이었다. 이유를 설명했지만, 몇 주가 지나 본인의 아이뿐만 아니라 자신이 소개한 아이들 모두 학원을 그만두었다. 그날 저녁, 샤워하면서 처음으로 소리 내어 운 기억이 난다. 서글프기도 하고 학생들을 가르친 보람과 열정이 한순간에 무너지는 느낌이었다. 오래전 이야기인데도 글을 쓰면서 눈에 눈물이 고인다. 세 번째 기억은 영어 연애 십계명에서 소개한 바 있는 솔이가 학원에 처음 온 날, 어머니께서 아기를 업고 오셨는데, 10년이 지나 그 셋째 아이도 가르치게 되었다. 어느 날, 한 학생이 왔는데, 솔이 동생과 관계에 문제가 있었다. 서로 사이가 좋아질 기회라 생각했는데, 눈에 보이지 않는 갈등으로 인해 둘 다 그만두게 되었다. 세 가지의 일 모두 사소해 보이는 일이다. 하지만, 이토록 오래 생생하게 기억나는 것을 보니 나름 힘들었던 시간이었나 보다.

세 분의 어머니를 생각해 보면, 날 신뢰하였기에 많은 학원 중에서 내게 자녀들을 보낸 것이다. 하지만, 그들의 생각과 기대를 인지하지 못했다. 열심히 학생들을 지도하는 것을 넘어서 부모님들의 마음도 헤아려야 하고, 소통을 적극적으로 해야 하

영어 참견러's 중매 십계명

는데 그렇지 못했다. 첫 번째 경우는 내 선입견과 교만한 마음으로 인해 적절하게 대처하지 못했다. 두 번째의 경우는 수업에 집중하려는 의도였다고 변명하였지만, 학원생의 수가 늘어나면서 관계보다도 운영의 편리성에 초점을 맞추기 시작했다. 세 번째의 경우는 그 관계의 심각성을 잘 알지 못한채, 내 생각대로 판단하였다. 이러한 사소해 보이지만, 중요한 문제가 발생한 원인을 모두 학부모의 탓이라 여겼다. 그렇다고 지금에 와서 모두 내 탓이라는 것은 아니다. 하지만, 네트워크 지수이자 행복지수인 NQ가 높았다면, 쉽게 해결될 수 있었던 문제들이었다.

학원은 아카데미 혹은 기관Institution이라고 불린다. 아카데미Academy는 소크라테스의 제자이자 고대 그리스의 철학자인 플라톤이 아테네에 연 아카데메이아그리스어: καδημ α에서 유래해, 르네상스 이후 학술단체, 학회 등의 의미로 사용되고 있다. 현재는 학원學院의 명칭으로 사용된다. 하지만, 이름의 유래와 의미로 비추어 볼 때, 수준이 터무니없이 부족해 보인다. 고전 경제학의 아버지로 불리는 『국부론』의 저자인 애덤 스미스에 의하면 시장경제는 '보이지 않는 손'에 의해 움직인다. 시장경제 주체인 소비자와 생산자가 합리적으로 소비와 생산을 선택하는 가운데 정해지는 시장 가격에 따라 경제 문제가 저절로 해

결된다고 보았다. 이 책을 집필하기 전 그는 철학 교수로서『도덕감정론』을 통해 인간의 감정을 도덕성을 확인하는 단서로 삼았다. 매 순간 오르락내리락하는 감정을 도덕성으로 판단한다면 과연 나의 도덕성 점수는 몇 점일까? 학원도 시장의 원리로 움직인다. 사교육 시장이니까. 때로는 경쟁심리와 불안이라는 감정 혹은 공교육을 믿을 수 없다는 불만으로 인해 움직인다. 신종플루가 유행하던 시절, 학교는 가지 않는 학생들이 학원에 왔고, 그중 한 학생에게 전염되어 한 달간 기침으로 고생하였다. 공교육의 부족함을 채워주기 위한 사교육이 어느 순간부터 공교육을 대체하면서 학원의 역할에 대한 정체성에도 혼란이 왔다. **또한, 영어를 가르쳐야 한다는 프레임에 갇혀 학생의 시선으로 바라보지 못했고, 학부모의 마음도 헤아리지 못했다.** 그저 그날 어떤 교재를 어떻게 어느 정도를 가르칠 것인가에 관한 계획만을 세우곤 했다. 그들을 위해 기도한다고는 했지만, 형식적인 매일의 루틴이 되어 버렸다.

메타버스 시대, 좋은 선생님이 되기 위해서는 메타인지 능력이 필요하다. 그런데, 자신을 바로 아는 가장 좋은 방법은 십자가를 바라보는 것이다. 십자가 이외에 어느 것도 나 자신을 온전히 바라보도록 해주지 못했다. 성령Holy Spirit이 내 눈을 열어주는 경험을 21세에 하였고, 나의 악함과 무지함과 어리석음을

볼 수 있었다. 그 후에도 계속 성경을 묵상하면서 나 자신을 바라보는 시간을 갖곤 한다. 하지만 언제나 그 **첫걸음은 십자가를 바라보는 것에서 시작한다.**

어느새 영어 중매 십계명의 마지막 장이 되었다. 청년 예수를 오랜 시간 따라다니면서 나의 질문에 대한 답을 찾고자 하였다. 쉽고 간단한 해답을 얻을 것을 기대하였는데, 예수의 제자인 마태와 누가를 통해 들은 말은 예상과는 전혀 다른 말이다.

이에 예수께서 제자들에게 이르시되 "누구든지 나를 따라오려거든 자기를 부인하고 자기 십자가를 지고 나를 따를 것이니라."

마태복음 10:38

또 무리에게 이르시되 "누구든지 자기 십자가를 지고 나를 따르지 않는 자도 능히 내 제자가 되지 못하리라."

누가복음 14:27

며칠 전, 책을 펴기만 하면 반수면 상태로 전환되는 재민이에게 마인드셋과 학습 스타일에 관해 쓴 내 글을 보여주면서 이야기를 나누었다. 어려서는 피아노를 잘 쳤는데, 악보를 보아야 하는 상황에서 피아노를 그만둔 사연이 있다. 다중 지능검사를 해보니, 예상대로 음악, 미술, 체육 지능이 1, 2, 3순

위를 차지한다. 반면에 언어지능이 맨 마지막인 6위를 차지해서 좀 놀랐다. 절대 음감이 뛰어나 악보를 보지 않고도 피아노를 잘 치던 아이기에 언어지능도 높을 것이라 예상했는데 아니었다. 신경 시냅스의 가지치기 이야기도 해주었다. 재민이와는 정반대로 나는 오로지 악보만을 보았기에 소리에 귀를 기울이지 않았고, 그 결과 쉬운 노래도 악보가 없으면 치지를 못한다. 그래서 요즘에는 악보 없이 소리를 들으면서 피아노를 치는 연습을 하고 있다. 재민에게 글을 읽는 연습을 해야 시냅스가 연결된다는 말을 하였다. 그러자 갑자기 나에게 MBTI라는 성격검사를 해보라고 하는 것이다. 재민이도 선생인 내가 궁금했던 모양이다. 간단한 검사에서 ENFJ가 나왔는데, 본인은 ENFP라고 말한다. 이 검사는 4가지씩 2개의 다른 유형인지라 총합이 16가지로 나오는 조합이다. 검사 결과에 관한 이야기를 나누면서 우리는 조금씩 서로를 이해하기 시작했다. 물론 수업은 내가 디자인한 것과는 전혀 다른 방향으로 흘렀지만 말이다.

그날, 강아지 산책길에 재민이를 만났는데 주말에 보충 수업을 하자고 먼저 제안을 하는 것이다. 친구들과 랩 콘서트를 가야 한다면서 바쁘다고 거절하였는데, 생각이 바뀐 것이다. 변화가 시작되었음을 느꼈고, 무슨 데이트 신청을 받은 것처럼 기뻤다. 토요일에 북 카페에서 라테를 마시면서 수업을 마치고 보드게임을 하였는데 즐거워하는 모습을 보니 기분이 좋았다. 이

렇게 해답은 바로 가까이 우리 자신 안에 있었다. 2008년부터 스마트폰Smart Phone이 전 인류의 삶에 깊숙이 파고들었고, 스마트폰을 이용하는 학생들의 모습을 보면서 인간을 스마트하게 해주는 기기가 아니라 어리석게 만드는 폰Foolish Phone이라고 학생들에게 경고하곤 했다. **하지만 문제는 스마트폰이 아니고, 스마트폰을 다르게 생각하지 않는 사람, 바로 나 자신이 아닐까 하는 생각이 든다.**

- The 10th. Milestone -

The First-Aid kit is NQ.

08
인생 내비게이터

Life Navigator

디지털 문명에 살면서 혜택을 많이 보는 기기Device를 하나 고르라면 나는 내비게이션을 꼽을 것이다. 이것만 있으면 세상 어디나 갈 수 있을 듯 마음이 든든해진다. 하지만 가까운 곳도 내비가 없으면 불안을 느낄 정도로 내비 의존도가 높아졌다는 것이 문제다. 가끔은 속으로 길치방향 감각이 없는 자가 되어 버린 것은 아닌가 하는 의심이 들기도 한다. 어제는 독서모임을 가는 길에 루시를 픽업하려고 내비를 켰고, 도착 시간도 정확히 알려주는 내비를 따라 아무 의심 없이 출발하였다. 자주 다니는 고속도로가 아닌 일반 국도로 설정하였는데, 도착지점 근처에 와서 보니 낯선 길 한복판에 서 있는 것이었다. 당황하여 살펴보니 위치가 변경되어 있었고, 새로 지정을 해 출발을 했는데 다시 길을 잃고 있었다. 믿는 도끼에 발등을 두 번이나 찍히고 나니, 등골에 땀이 나면서, "내가 완전 바보가 되어가는구나!"라는 생각이 들었다. 인생을 살아가는 데서도 내비게이션은 꼭 필요하다. **내비게이션은 질문이다. 반드시 수시로 업그레이드해야 하고, 목적지를 확인 또 확인Double Check해야 한다. 길을**

영어 참견러's 중매 십계명

잃지 않기 위해서 말이다.

　몇 달 전, 국제학교로 전학을 앞두고 잠시 가르친 시윤이와 버거를 먹으면서 어머니와 마지막 인사를 나누게 되었다. 그때 어머니께서 하는 말이 나를 만난 것이, 시윤이 영어 인생에 전환점Turning Point이 되었다고 한다. 과연, 두 달 만에 어떤 변화가 있었기에 그러한 말을 하는 걸까? 들어보니, 짧은 시간에 말하기에 자신감이 생겼고, 어떻게 글을 써야 할지도 배웠다는 말이다. 사이가 좋지 않은 누나로 인해 늘 주눅 들어있던 아들이 변했다는 것이다. 마지막 수업 날, 내게 짧은 영상을 영어로 찍어 보냈는데, 누나와 함께한 자리지만 구겨지지 않고 당당하게 인사를 하는 모습이다. 사실 내가 학생과의 마지막 만남에서 버거를 먹고자 했던 이유는 쓰기의 원리를 다시 설명해 주고 기억하도록 하기 위함이었다. 문득, 내 인생 내비게이터가 되어준 예수의 행동을 따라 하고 있었다는 생각이 든다. 제자들이 쉽게 이해하도록 비유를 통해 또는 직접 사물을 보여주면서 가르쳤던 예수님. 마지막 만남에서 직접 생선을 대접한 이유는 **'목적이 있는 삶'을 살도록 가르치기 위함이었을 것이다.**

　시윤이를 처음 만난 날, 친구 문제로 어려움을 겪는 상황에서 틱 장애가 심해 보였다. 정신과 상담도 받고 왔다고 하였다. 읽기 실력이 좋았지만, 말하기에 자신이 없어 보였고, 쓰기 경

험도 많지 않아 보였다. 이미 국제학교에 갈 예정인지라 영어에 대한 재미를 느끼게 해주려고 했는데, 문제는 영어가 아니었다. 시윤이는 자신을 싫어하고 있었다. 부모님께 사랑도 많이 받고 있었고, 공부도 잘하고, 예의도 발라 친구들에게 인기가 있는 학생임에도 불구하고, 자존감이 바닥을 치는 듯 보였다. 틱 반응을 보일 때마다 티 나지 않게 수업을 진행해야 했기에 아이의 얼굴을 살피곤 했다. 예전에도 비슷한 학생을 가르친 경험이 있긴 했지만, 그래도 어떻게 수업을 해야 할지 당황스러웠다. 하나님께 SOS기도를 치는 수밖에 없었다. 그러자, 자연스럽게 교재 내용을 통해 시윤이의 심리를 조금씩 알게 되었고 문제의 실마리가 조금씩 풀리기 시작했다. 마요네즈를 만드는 과정을 통해 누나와의 관계를 회복하는 방법을 같이 고민하였다. 아기 초음파 사진을 보면서 태어나는 과정을 나누면서 누나의 어려움에 대한 이해와 함께 고마움도 갖도록 하였다. 무엇보다, 본인이 그리 뛰어나지 않다고 말하면서, 평범한 사람Normal Person이라는 말에는 사지가 없이 태어난 닉 부이치치가 수영하면서 즐거워하는 영상을 보여주며 평범하다는 것이 얼마나 감사한 일인지를 알려주었다. 하나님이 창조한 어떠한 작은 생명체일지라도 귀한 존재임을 서로 눈빛으로 마음으로 공감하였다. 그제야 자신을 사랑하는 듯 보였고 우연인지는 모르겠지만, 그 후론 틱 장애의 모습도 보이지 않았다. 시윤이 어머니는 내가 마치 상담사 같다는 말을 했는데, 사실 나도 시윤

이를 이해하지는 못했다. 하지만 아주 간단하고 변함없는 진리인 '하나님이 만든 귀한 존재'라는 말 한마디가 그 아이의 마음에 위로와 격려가 된 것이다. 그리고 도움을 청할 때마다 도와주는 보이지 않는 손 덕분이다. 정신과 의사였던 데이비드 호킨스의 『의식 혁명』을 읽던 중 눈에 띄는 한 문장을 발견했다.

'사랑과 기도라는 전통적 해결책은 훌륭한 과학적 근거를 갖는다.'

재민이에게 이 이야기와 함께 전환점의 의미를 말해 주었더니, "그러면 샘이 영어 내비게이션이네요."라는 말을 하는 것이다. "그렇지, 그런데, 운전자가 가끔 졸기도 하고 말을 잘 듣지 않아서 문제지!"라고 말하며 웃는 순간, 문득 교사는 인생 내비게이터가 되어야 한다는 생각이 든다. 나의 인생에도 전환점이 있었다. 21세가 되던 여름날, 죠이선교회 수련회에서 마지막 날, 예배를 드리려고 앉아있는데, 그동안 내가 지은 모든 죄를 파노라마로 보게 되었다. 그 마지막 장면에는 십자가를 짊어진 젊은 청년 예수가 있었고 그의 고통이 마음에 그대로 전달되었다. 바로 내 죄를 위해 희생 제물로 죽어간 어린 양이었음을 깨닫게 된 순간이었다. 너무 놀랍고 부끄럽기도 하였지만, 그 자리에 엎드려 눈물로 회개하면서 동시에 신의 사랑을 깨달은 기억은 기억은 평생 잊을 수 없다. 그 후로 **예수는 내 인생의 내**

비게이터이자 좋은 선생님이 되어주었다. 덕분에 20여 년이 넘은 세월 동안 학생들에게 영어를 가르치면서 나름 행복한 인생을 살아왔노라 고백할 수 있는지도 모르겠다. 영어는 인생의 목표나 목적지가 아닌 도구에 불과하다. 영어를 배우는 이유도 좀 더 행복한 삶을 위해서다. 그런데, 영어를 배우거나 가르치는 이유나 목표, 또는 목적지가 잘못 설정되면 그 과정에서 스트레스가 되는 것이다.

오늘 아침에도 상쾌한 기분으로 강아지와 함께 산책길에 나섰다. 비 온 뒤라 그런지 도토리 몇 개가 한꺼번에 우두둑 떨어진다. 이번에는 강아지가 짖지 않는다. 하늘에서 떨어지는 것이 그리 위험한 존재가 아닌 것을 강아지도 알아차렸나 보다. 나도 놀라지 않았다. 오히려 반가웠다. 바닥에 떨어진 채 사람들에게 이리저리 밟힌 도토리들의 모습이 보였다. 갑자기 도토리묵이 먹고 싶어졌다. 결혼해서 자식을 낳아 살다 보니, 인생은 단지 무엇을 해 먹을까 정도의 문제가 아니었다. 어떻게 해야 좋은 부모가 될 것인지가 중요한 문제였다. 부모는 가정에서 자녀를 위해 멀티플레이어의 역할을 해야 한다. 그래도 부모라는 정체성은 누가 뭐래도 확실하다.

하지만 **사교육 시장이라는 곳에서 학생을 가르쳤던 나에겐 교사의 정체성이 혼란스러웠다.** 시장에서 물건을 파는 장사꾼

영어 참견러's 중매 십계명

은 당연히 아니지만, 자꾸 시장이라고 하니 자존감이 낮아지는 느낌이 들었다. 그렇다고 공교육 교사처럼 나라의 공무원이 아니니 정식 교사나 강사라고도 말할 수 없었다. 청년 예수도 나처럼 호칭에 대해 좀 혼란스러운 모습을 보였다. 한 유대인 지도자가 "선한 선생님Good Teacher, 제가 무엇을 해야 영원한 생명을 얻겠습니까?"라고 묻자, "왜 나를 선하다고 하느냐, 선한 분은 하나님 한 분뿐이다!"누가복음 18:18라고 밀하였다. 왜 그렇게 대답을 하였을까?

그의 대답 속에는 이 땅에 와야만 했던 이유가 담겨있다. 바로 선함이 없는 인간을 위해 대속죄를 대신 짊어지고 십자가에 달리는 것. 속죄 제물인 어린 양이 되어 인류를 죄에서 구원Salvation하기 위해 온 것이다. 그것이 그의 인생의 목적이자 목표였다. 신이지만 인간의 육체적인 죽음을 맛보고 부활을 통해 영생Eternal Life과 천국Heaven이 있음을 보여주기 위해 이 땅에 온 것이다. 그래서 다른 구도자처럼 도를 찾거나 상담자나 정신과 의사처럼 인생의 문제를 고민하거나 철학자처럼 자신이 누구인지 질문할 필요가 없었다. 그는 나사렛 출신 예수, 목수의 아들, 마리아의 아들, 치료자, 상담자, 메시아, 유대인의 왕으로 불리었다. **하지만 그의 정체성은 중보자다.** 중보자는 하나님과 인간을 연결하는 다리가 되는 것이고, 신과 인간의 다리가 되기 위해서는 신성과 인성을 동시에 소유해야 한다.

태초에 말씀로고스이 계시니라. 이 말씀이 하나님과 함께 계셨으니
이 말씀은 곧 하나님이시니라

요한복음 1:1

하나님이신 로고스Logos가 인간의 몸을 입고 이 세상에 오셨
는데, 그분이 하나님의 독생자 예수 그리스도다. 『하나님의 마
스터 플랜』의 저자인 정을기 목사는, 신격적 용어인 로고스를
비 신격적인 '말씀'으로 번역한 것은 오역이라고 말한다. 헬라
사회에서 '로고스'는 말, 언어 이외에 근원, 원리, 불Fire 등의 의
미로, 나아가 하나님과 인간, 아래 세상과 위 세상을 연결해주
는 원리, 그리고 '중보자Mediator'의 뜻으로 사용되었다. 요한복
음 1:1절에서의 태초는 창세기 1장 1절에 나오는 태초와 같
이 이 세대가 시작되는 시점이다. **즉, 이 세대가 시작될 때 로
고스, 즉 중보자가 시간과 공간을 초월하여 존재하고 계셨다는
것이다. 즉 중보자는 창조주 삼위일체 하나님 중 한 분이셨다.**

태초에 하나님이 천지를 창조하시니라

창세기 1:1

만물이 그로 말미암아 지은 바 되었으니 지은 것이 하나도
그가 없이는 된 것이 없느니라

요한복음 1:3

말씀이 육신이 되어 우리 가운데 거하시매
The Word became flesh

요한복음 1:14

영어 참견러's 중매 십계명

그는 근본 하나님의 본체시나being in very nature or form of God
하나님과 동등됨을 취할 것으로 여기지 아니하시고 오히려 자기를
비워 종의 형체를 가져 사람들과 같이 되었고 사람의 모양으로
나타나셨으매 자기를 낮추시고 죽기까지 복종하셨으니
곧 십자가에 죽으심이라

빌립보서 2:6-8

성육신을 통해서 인간의 세계에 들어오신 예수님은 하나님과 인간을 연결하는 중보자 즉, 다리가 되어주었다.

나는 길이요 진리요 생명이니 나로 말미암지 않고는
아버지께로 올 자가 없느니라

요한복음 14:6

하나님은 한 분이시요 또 하나님과 사람 사이에 중보도 한 분이시니
곧 사람이신 그리스도 예수라

디모데전서 2:5

청년 예수는 이처럼 인류의 중보자인 동시에, 어떤 교사도 흉내 낼 수 없는 좋은 선생님의 본보기가 되어주었다. 제자들의 발을 씻겨준 것도 모자라 자신의 목숨을 준 것은 인류를 향한 최고의 사랑과 섬김의 모습이다. 십자가형을 치르고 나서 본인이 말한 대로, 삼 일 만에 부활한 후, 제자들에게 자신의 몸을 보였지만, 자신을 세 번이나 모른다고 부인했던 베드로는 다른 제자들과 함께 밤새 고기를 잡고 있었다. 그런 제자들을

찾아가 손수 생선을 구워주고 빵을 떼어주는 모습은 좋은 선생님의 역할 모델Role Model이 되어 준다. 그것은 바로 사랑으로 섬기는 리더십Servant Leadership이다. 또한, 인생의 여정에서 길을 잃지 않도록 올바른 방향을 수시로 알려주는 인생 내비게이터Life Navigator의 모습이다. 밤새 수고했지만, 아무것도 얻지 못해 실망하였을 제자들을 향해 '고기 잡는 어부로서의 삶'이 아니라 이제는 '사람을 낚는 어부로서의 삶'을 살 것을 말하고 있다. 삼세번의 질문과 대답을 통해서 '어떻게 살아가야 할 것인지' '무엇을 해야 할 것인지'를 확실하게 인지시켜 준다. 내 양을 먹이라!

그들이 조반을 먹은 후에 예수께서 시몬 베드로에게 이르시되
"요한의 아들 시몬아 네가 이 사람들보다 나를 더 사랑하느냐"
하시니, 이르되 "주님 그러하나이다"
"내가 주님을 사랑하는 줄 주님께서 아시나이다"
이르시되 "내 어린양을 먹이라Feed my lamb" 하시고
또 두 번째 이르시되, "요한의 아들 시몬아 네가 나를 사랑하느냐"
하시니 이르되 "주님 그러하나이다"
"내가 주님을 사랑하는 줄 주님께서 아시나이다" 이르시되
"내 양을 치라Take care of my sheep" 하시고
세 번째 이르시되, "요한의 아들 시몬아 네가 나를 사랑하느냐"
하시니 주께서 세 번째 네가 나를 사랑하느냐 하시므로
베드로가 근심하여grieved or hurt 이르되,
"주님 모든 것을 아시오매 내가 주님을 사랑하는 줄을 주님께서
아시나이다" 예수께서 이르시되 "내 양을 먹이라Feed my sheep"

요한복음 21:1-17

영어 참견러's 중매 십계명

'메타버스 시대, 영어를 어떻게 가르칠 것인가?'라는 질문으로 시작된 생각 여행은 3년 이상의 시간이 걸렸다. 사실, 마음고생을 좀 하고 돌아왔다. 그래도 동행해준 청년 예수 덕분에 〈영어 중매 십계명〉이라는 기념품을 얻게 되었다. 여행에서 보고 듣고 배우고 얻은 것이 있어서 뿌듯하다.

첫째, 메타인지 능력이다. 여행 내내 나 자신의 부족함과 무지, 그리고 교만을 적나라하게 보았다. 늘 밝은 모습으로 기도하면서 최선을 다해 가르치고 있다는 프레임 속에 갇혀 있었다. 미리 계획한 대로만 수업을 이끌고자 했기에 학생들의 표정과 마음을 잘 헤아리지 못했다. 그들이 무엇을 원하는지 내면의 고민이 무엇인지 질문하지 않았다. 따라서 알지도 못했고 함께 울 수도 없었다. 게다가 오랜 경험과 경력이라는 가면을 쓴 채로 부족함을 감추기 위해 박사라는 또 하나의 페르소나 Persona: 가면를 쓰고자 했다. 바뀌지 않는 공교육과 배우려 하지 않는 다른 사교육 교사들을 향해 들었던 비난의 돌도 조용히 내려놓아야 했다. 간음한 여인을 율법에 따라 돌로 치려는 군중을 향해, 청년 예수가, "죄 없는 자 돌을 던지라!"고 말하자, 모두 그 자리를 떠나야만 했다. 나도 마찬가지였다. 또한, 그 당시, 이방인으로 여기며 상종도 하지 않던 사마리아 우물가 여인을 찾아가 목이 마르지 않는 영생이 있음을 알려주는 예수의 모습과 죽은 나사로를 찾아가서는 비통에 빠진 자매들과 함

께 우는 모습을 통해서 어떻게 사랑해야 하는지를 배울 수 있었다.

둘째, 연결 지능이다. 지금은 인터넷을 통해 전 세계인도 지식도 연결되는 시대다. 예전에 나는 'Think Different!'에 Different다른라는 형용사가 아니라 Differently다르게라는 부사Adverb를 사용해야 한다고 주장하며 틀렸음을 지적했던 완벽주의자였다. 하지만 그러한 완벽주의적 태도와 체면이라는 창문을 깨고 세상 밖으로 나올 수 있었다. 하나의 증표가 유튜브를 시작했다는 것이다. 안젤라와 함께 성장 마인드셋을 장착하고 문법 지도 방식에 관한 영상을 올리고 있다. 완벽주의와 체면의식이 있었다면 하기 힘든 행동이었다. 여기에 연결 지능을 장착하니, 생각대로 움직이는 놀라운 자동차가 되어 나를 낯선 여행지로 인도하고 있다. 앞으로는 무인 자동차 시대가 될 것이기에 질문이 필요가 없어지고, 생각하지 않는 사람들이 점점 더 많아지는 세상이 될 것이다. 목적지만 설정하면 알아서 운행해 주기에 어떻게 가야 할지, 어떤 예상치 않은 일이 생길지 등에 관해 생각할 필요도 없다. 따라서, 이러한 생각 여행도 곧 옛 추억이 될지도 모르겠다. 하지만, 이러한 보물찾기하는 듯한 지식 연결에서 오는 즐거움을 인생 마지막 순간까지 계속해 나갈 것이다.

셋째, 네트워크 지수도 향상되었다. '나는 누구인가?'에 대한 질문 후, 영어 성경 녹음 모임을 시작했다. 점차 영어 성경 스터디와 영어 말하기 모임과 바리스타와의 영어 대화 그리고 유튜브 촬영까지로 확장되고 있다. 이러한 영어 모임 덕분에 네트워크 지수가 부쩍 좋아졌다. 온라인이나 오프라인, 디지털과 아날로그, 나이나 국적, 그리고 직업과 상관없이 다양한 만남을 통해 소통하는 열린 마음Open Minded을 가지게 되었다. 책을 집필하고 홍보하는 과정에서도 네트워크 지수가 필요하기에 더욱 노력 중이다. 무엇보다 신God이 직접 인간이 되어 인류의 죄를 위해 피와 물을 다 쏟는 청년 예수의 모습을 보면서 앞으로 어떻게 살아야 할지에 대한 답도 얻었다. 그것은 바로, 사랑이다.

〈영어 참견2〉의 첫 단추는 남편과의 사랑이었는데, 마지막 단추를 달고 보니 사랑으로 끝나게 된다. 인생은 이렇게 사랑에서 시작해 사랑으로 끝나나 보다. 그래서인지 찾고 찾아다녀도 결국은 제자리로 오게 된다. 메타버스 시대에 영어를 어떻게 가르쳐야 하는지에 대한 답도 사랑이라니 의아하다. 자신의 형상Image을 따라 인간을 만든 창조주 하나님의 성품Nature이 바로 '사랑'이기에 그런지도 모르겠다. 아무리 많은 선지자를 통해 말해줘도 사랑의 편지를 보내도 기적을 보여줘도 도무지 신의 사랑을 이해하지 못하는 인류에게 그 사랑을 보여주기 위해

이 땅에 내려와 직접 십자가를 짊어진 사랑. 그래서인지 그 사랑이 내 모든 질문의 답이 되어버리곤 한다. 위대한 이름⋯ 사랑! 메타버스보다 더한 시대가 온다고 할지라도 사랑과 기도 그리고 변화에 대한 믿음을 가져보자. 이 산을 저 산으로 옮기는 수고를 하면서 기쁨을 누리는 교사들이 이 땅에 많아지길 소망해 보면서 영어 참견의 마지막 장을 덮고자 한다. 세상의 마지막이 다가올수록 사랑이 식는다고 하니, 인생 끝날 때까지 사랑해야겠다. 영어도 말이다.

가상과 현실 세계의 경계를 넘나들다 보면 진정 자신이 누구인지 알지 못하고 방황하게 된다. 그리고 세상의 모든 지식과 초능력과 초감각을 가진 슈퍼맨이라는 착각이 일어나면서 현실과의 괴리가 생기게 된다. 이상과 현실의 불일치로 인해 더 많은 고통 속에서 방황하게 되는 것이다. 가상 속에선 슈퍼맨인데, 현실 세계에선 허수아비가 된 듯한 느낌과 감정으로 인해 정체성이 혼란스러워지기도 한다. 이미 우리의 주변에는 부모와 자식, 부부, 친구와 연인, 그리고 교사와 학생들이 이러한 문제를 안고 살아가지만, 현실이 아닌 가상세계인 듯 착각한다거나 문제를 외면하면서 살아가고 있지는 않은가! 이러한 시대에 누군가의 영어 중매쟁이가 되어준다는 것은 한 인간에게 작지만 큰 변화를 일으킬 가능성과 함께 사회에 대한 책임을 어깨에 짊어지는 것이기도 하다. **자, 다시 질문이다. 왜 영어 중매쟁이가 되고자 하는가?**

목적지를 정하지 않은 채 메타버스 시대에 영어를 어떻게 가르쳐야 하는지에 대한 질문만을 가지고 떠난 생각 여행에서 얻은 기념품이 바로 〈영어 중매 십계명〉이다. 대단한 선물은 아닐 수도 있다. 하지만, 20년간 영어 중매쟁이로서 겪은 여러 경험담과 고민이 담겨있다. 즐거운 추억도 아픈 기억도 담겨있다. **영어 중매쟁이가 되고자 하는 분들을 위한 선물이다. 영어를 가르치고자 하는 대상이 자녀나 학생 혹은 성인이 될 수도 있을 것이다. 누구를 중매하든지 간에 이 책을 통해 '영어를 어떻게 가르쳐야 할지에 대한 고민'으로 인해 이마에 주름이 조금이나마 줄어들기를 바라는 마음이다.** 그렇다고 내 이마에 생긴 주름이 부끄럽다는 말은 아니다. 영어 중매쟁이로서 보낸 세월은 너무나 귀하고 의미가 있고, 주름을 가질 만한 가치가 있는 일이었다.

결혼생활을 통해 누린 즐거운 경험과 추억은 단연코 여행이다. 하지만, 목적지와 중간에 들르는 장소 그리고 머물 숙소까지 일일이 계획을 세우고 준비하느라 힘이 들었다. 그래도 여행 중에 예상치 못한 일이 생기곤 했다. 이번에 떠난 생각 여

행도 도무지 예측할 수 없었다. 목적지도 중간에 방문하게 될 곳도, 누구를 만나게 될지 아무것도 모른 채 떠났다. 생애 처음 누려본 즐거운 시간이었다. 어린 시절, 즐거운 추억 중 하나는 소풍에서 먹는 김밥과 장기자랑 이후에 이어지는 보물찾기 Treasure Hunting였다. 사실, 대단한 선물은 없었지만, 여기저기 숨겨 놓은 보물을 찾는 그 기분이 좋았다. 책을 집필하는 과정에서도 보물찾기의 즐거움을 누릴 수 있었다. 서재 한구석 먼지 쌓인 곳에서, 동네 도서관에서, 아파트 내 북 카페와 작은 도서관에서 원하던 보물을 찾을 때마다 즐거웠고 행복했다. 어린 시절의 보물보다 더 값진 보물이었다. 나에겐 '질문'이라는 도구가 있으니 이러한 보물찾기는 언제 어디서나 가능할 것이다. 그래서 인생은 재미있고 살맛이 난다. 자, 다음 질문은 무엇일까?

메타버스 시대라고 여기저기 야단법석이다. 그 버스를 타야 돈과 권력과 명예를 잡을 수 있고 성공하는 지름길이라 외치는 듯하다. 하지만 난 고관절 통증으로 인해 골프 연습을 중단한 상태여서 그런지, 그저 메타버스와 결합한 스크린 골프를 어디에서나 즐길 수 있다는 기대를 해본다. 네트워크Network의 연결을 통해 시간과 공간을 넘어 이미 한국과 미국 LPGA 스크린 골프가 인기다. 이동 거리로 인해 낭비되는 시간과 예약비용도 줄이고, 필드와 같은 환경을 조성한 분위기에서 골프를 즐길

수 있을 것이다. 쇼핑을 좋아하는 이들은 이미 메타버스에서 명품을 구매하기도 하고, 부동산에 관심 있는 이들은 강남땅과 아파트를 구매하기도 한다. 메타버스의 세계에서 사용할 가상 화폐의 상용화로 인해 세상이 어떻게 달라질지 궁금해지기도 한다. 과연 앞으로의 세상은 어떤 맛일까?

the end

영어를 잘 배우고 잘 가르치기 위한 참신한 꿀팁!

권선복 | 도서출판 행복에너지 대표이사

누구나 영어를 잘 배워 유창하게 사용하고 싶어 합니다. 글로벌시대에 영어를 익히면 정말 쓸 곳이 많기 때문이겠지요. 그렇다면 어떻게 하면 영어를 잘 배울 수 있을까요? 이 책은 그러한 질문에 해답을 주는 실용서로 영어를 잘 배울 수 있는 '영어와의 연애법'입니다. 게다가 영어를 잘 가르칠 수 있는 '영어와의 중매법'을 쓴 독창적인 책입니다.

각각 십계명으로 나누어서 알기 쉽게 설명하고 있는 본서를 통해 여러분은 영어와 한 걸음 더 가까워질 수 있을 것입니다. 언어를 배울 때는 여러 방법이 있겠지만 역시 근본적인 핵심을 짚어야 합니다. 본서의 '십계명'은 그러한 핵심을 잘 짚어주고 있습니다. 본서를 통해 그러한 기본에 대하여 다시금 생각해보신다면, 분명 여러분의 의식 수준에 획기적인 변화가 일어날 것입니다.

여러분의 인생에서 영어가 마음의 짐이나 스트레스가 아닌 축복이 되길 바라며, 영어에 대한 열정과 믿음이 팡팡팡! 터지고, 일취월장하여 하루하루 행복한 삶을 사시길 바랍니다!

꽃이 만발한 5월에 기쁜 마음으로 본서를 출간합니다.

감사합니다. 늘 행복하세요!